LE VICOMTE
DE BEZIERS

ROMAN HISTORIQUE

PAR FRÉDÉRIC SOULIÉ,

Auteur des DEUX CADAVRES du PORT DE CRETEIL,
de CLOTILDE, etc., etc.

II.

PARIS,

DUMONT, | CHARLES GOSSELIN,
PALAIS-ROYAL, 88. | RUE ST.-GERMAIN-DES-PRÉS, 9.

1835.

LE VICOMTE
DE BEZIERS.

TOME II.

CORBEIL, IMPRIMERIE DE CRÉTÉ.

LE VICOMTE
DE BEZIERS,

PAR

FRÉDÉRIC SOULIÉ,

AUTEUR

DES DEUX CADAVRES, DU PORT DE CRÉTEIL, ETC.

TOME SECOND.

PARIS,

CHARLES GOSSELIN, | DUMONT,
RUE SAINT-GERMAIN-DES-PRÉS, N° 9. | PALAIS-ROYAL, N° 88.

1835.

LIVRE QUATRIÈME.

LE VICOMTE DE BEZIERS.

I.

Assemblée de Chevaliers.

Au point où nous en sommes arrivés de notre récit, qu'il nous soit permis de demander pardon à nos lecteurs de ce que nous avons employé tout un volume à tendre les fils de cette histoire, sans que l'action en soit encore véritablement engagée; mais peut-être considèreront-ils que ceci est presque autant un tableau qu'un roman, et peut-être nous feront-ils grâce de quelques détails s'ils veulent bien reconnaître qu'ils ont été consciencieusement étudiés dans les mœurs de l'époque et sauvés de l'aridité d'une description par la manière dont ils entrent dans le cœur de notre ouvrage. Peut-être nous excusera-t-on encore par les résultats que chacun des faits établis dans le premier volume va développer dans celui que nous commençons.

Ceci posé, continuons :

Le lendemain du jour de la lice, des hérauts parcoururent la ville de Montpellier, annonçant que le vicomte Roger demandait une assemblée générale de tous les chevaliers présens à Montpellier, pour traiter des affaires générales de la Provence. L'église de Saint-Pierre de Maguelone fut arrangée pour les recevoir. Comme il devait s'y discuter des intérêts profanes, on voila le maître-autel et l'on sépara la nef du chœur de l'église, au moyen de hautes tentures soutenues par des cordes qui traversaient d'un pilier à l'autre. A ces tentures on adossa un rang de siéges, où devaient se placer les suzerains qui relevaient directement du roi d'Aragon. En arrière et au dessus de ces siéges, on avait élevé un trône pour le roi lui-même. A droite et à gauche, il y avait des bancs recouverts de tapis de laine, pour les chevaliers de tous les comtés, présens à Montpellier ou qui, avertis à temps, auraient pu se rendre à l'assemblée; il y en avait de moins élevés encore pour les consuls des villes libres. Un banc particulier était désigné pour les abbés ou évêques qui possédaient une abbaye ou un évêché suzerain. Un siége séparé avait été placé au centre de ce parallélogramme, pour celui dont la requête avait fait tenir cette assemblée. Tandis que d'un côté le sire de Rastoing se donnait tout entier à ces préparatifs, les autres personnages de notre histoire continuaient leurs actives démarches. Dominique avait convoqué, pour le soir, une réunion des prélats qui se trouvaient dans la ville, et avait longuement conféré avec eux, à l'hospice du Saint-Esprit. Le comte de Toulouse s'était gracieusement montré par tous les endroits où la curiosité amenait la foule, et en avait pris occasion de flatter le menu peuple de belles paroles et de petite monnaie, et de faire, aux seigneurs qu'il rencontrait, de grandes promesses et de beaux présens. Le roi d'Aragon seul semblait n'avoir aucun souci de ce qui devait se passer. Le pire de tout ce qui pouvait arriver, dans cette circonstance, lui paraissait devoir être une guerre contre le vicomte, ou une rencontre personnelle avec lui, et cela n'avait rien qui l'épouvantât, ni comme roi, ni comme chevalier. Quant à Roger, il s'occupa presque tout ce jour à expédier des ordres dans les principales villes de ses comtés. Ce travail ne lui laissa aucun loisir de suivre les mouvemens du dehors. Aussi, ne remarqua-t-il, parmi les siens, ni le peu d'empressement que quelques uns mirent à l'aller visiter, ni l'absence complète de quelques autres.

Enfin le fameux jour se leva. Dès le matin, on vit se diriger vers l'église de Saint-Pierre ceux qui avaient le droit d'assister à cette assemblée. On fut long-temps avant de prendre place; et, comme si cette tenture qui séparait l'église en deux parts eût relégué d'un côté tout ce qu'il y avait de sacré dans le temple de Dieu, et affranchi l'autre du respect qu'on devait d'ordinaire à sa sainteté, l'endroit où se trouvaient les seigneurs et châtelains devint bientôt le théâtre d'une bruyante cohue, où l'on discutait avec violence. En demandant par sa proclamation une assemblée pour les intérêts généraux de la province, Roger n'avait fait part à personne de ce qu'il voulait communiquer à cette assemblée, tandis que ses ennemis avaient habilement éveillé partout le souvenir des griefs que chacun pouvait avoir contre lui. Il fut donc le sujet des entretiens animés qui eurent lieu avant son arrivée. Peu d'amis le défendirent contre les accusations qui le cherchaient de tous côtés. Ils le défendirent cependant assez pour donner lieu à la discussion de s'échauffer, de manière que la plupart de ceux qui eussent gardé le silence dans l'assemblée générale, furent contraints à émettre une opinion, qu'ils eussent tenu à honneur de conserver plus tard, si les choses eussent eu leur cours présumable. Quelques uns de ceux qui se vantaient de ne rien connaître en politique, mais qui, disaient-ils, croyaient mieux employer leur temps à exercer leurs chevaux de bataille et à manier l'épée et la guisarme; quelques uns de ceux-là déclaraient nettement qu'ils prendraient tel ou tel chevalier pour un bon juge des intérêts de la Provence, et que ce qu'il ferait, ils le feraient. Ainsi les uns devaient suivre le parti du comte de Narbonne; d'autres seraient de l'avis de Comminges; la plupart voulaient s'en rapporter au jeune et loyal marquis de Sabran. Toutes ces discussions durèrent une heure environ, au bout de laquelle le vicomte Roger entra dans l'église. Il portait le même costume que le jour de la lice. A son aspect, un profond silence succéda aux bruyans éclats de voix qui retentissaient sous les voûtes de Saint-Pierre, et allèrent mourir d'écho en écho dans les ogives, où elles murmurèrent encore long-temps après l'arrivée de Roger. Le plus grand nombre des chevaliers prit place ; et si quelques uns continuèrent leurs entretiens, ce fut à voix basse et dans un coin de quelque chapelle éloignée. Parmi tous ces chevaliers, on remarquait plusieurs femmes à qui leur titre de suzeraines donnait droit de s'asseoir à ces solennelles convocations. La comtesse d'Urgel était de ce nombre ; Étiennette de Penaultier s'assit parmi les vassaux du comte de Toulouse. Roger, malgré la froide dignité qu'il affectait dans son maintien, en sourit dédaigneusement. Enfin arriva le comte de Toulouse, et bientôt après lui le roi d'Aragon. Le comte, quoique vassal du roi de France, n'ayant pas son suzerain présent à l'assemblée, s'était fait apporter un siége particulier sur lequel il s'assit sur la même ligne que Pierre, et au-dessus de tous ceux qui relevaient de lui. La reine d'Aragon prit place à côté de la comtesse d'Urgel, des sires de Castre et de Montferrier, et de Hugues Sanche, comte de Roussillon, comme vassale du roi d'Aragon, en sa qualité personnelle de comtesse de Montpellier. Le roi d'Aragon, après avoir conduit sa femme au siége qu'elle devait occuper, au lieu de monter sur son trône, comme on s'y attendait, descendit les gradins et vint s'asseoir dans l'enceinte où se tenait Roger.

— Monseigneur, lui dit le vicomte, ne prenez-vous point votre place, et ne commençons-nous pas?

— Sire vicomte, lui répondit Pierre, autant que je puis en savoir sur le motif qui nous appelle ici et d'après ce que vous m'avez dit, il s'agit d'une accusation contre moi. Je ne prendrai donc point ma place comme souverain: parce que, à vrai dire, je ne dois en cette qualité aucune réponse au vicomte de Beziers. Mais, comme je l'estime pour loyal et brave chevalier, je me mets au rang où je puis lui répondre comme tel. Puis se tournant vers Raymond, il ajouta: Ne faites-vous pas comme moi, comte de Toulouse?

— Je ne sais, reprit celui-ci, si mon neveu et vassal le vicomte de Beziers, comte d'Alby, de Razez et de Carcassonne, seigneur de Lauraguais et du Minervois, a quelque accusation à élever contre moi; mais quelle qu'elle soit, et à quelque titre qu'il me l'adresse, je n'ai à m'en occuper que comme son suzerain, et alors je la remets au jour qu'il me plaira de lui indiquer en ma ville de Toulouse. Donc, s'il ne doit être question ici que de ses droits et des miens, je n'ai rien à faire en cette enceinte et je me retire; si, au contraire, il s'agit, comme j'ai droit de le croire d'après ce qu'il a publiquement annoncé, s'il s'agit des intérêts généraux de la Provence, je demeure et garde la place qui me revient. Qu'il s'explique donc avant toute chose sur le motif qui nous réunit, afin que je sache si je dois partir ou rester.

— Gardez votre place, comte de Toulouse, dit dédaigneusement Roger; et vous, roi d'Aragon, reprenez la vôtre. S'il y a accusation contre l'un de nous dans ce que je dois communiquer à ces nobles chevaliers, ce n'est pas à moi seul qu'il en faudra répondre; si je me trouve le premier et le plus grandement lésé de tous en cette circonstance, ma cause n'en est pas moins la leur, mon danger ne les menace pas moins. L'un et l'autre vous savez assez que, lorsqu'il s'agit de la défense de mes droits personnels, je n'en appelle à d'autres qu'à moi-même. Le chemin de Toulouse ne m'est point inconnu, et je sais par où l'on passe pour y aller demander réparation des insultes qu'on me fait. Si le comte de Toulouse l'a oublié, le comte de Comminges, son vassal, peut le lui rappeler; car c'est celui qui m'a apporté à Saverdun, de la part de son suzerain, la satisfaction que celui-ci m'avait refusée. J'avais alors quatorze ans à peine comptés : depuis dix ans que cela s'est passé, je ne sache pas que le chemin se soit alongé entre Saverdun et Toulouse, et qu'il y ait plus d'une grande journée de marche entre ces deux bonnes places du comte Raymond.

Le comte de Toulouse, à qui Roger rappelait une guerre où il avait été forcé de plier devant l'audace de son jeune vassal, montra qu'il s'en souvenait entièrement en lui répondant amèrement:

— Alors, mon neveu, vous aviez pour vous le comte de Foix, votre beau cousin.

— Et vous n'aviez pas, pour l'arrêter, l'assistance du marquis de Barcelone? répliqua vivement Roger, en faisant ainsi allusion aux projets secrets du comte, découverts par lui dans les dépêches que Buat avait enlevées à Perdriol.

Le roi d'Aragon coupa court à la discussion qui semblait prête à s'engager, en montant à sa place et en disant d'une voix forte:

— Vicomte de Beziers, puisqu'il s'agit de la cause de tous, nous sommes tous prêts à vous entendre.

Aussitôt chacun se mit en devoir d'écouter Roger. Celui-ci attendit que le murmure qui précède d'ordinaire toute sérieuse attention se fût calmé; il promena lentement son regard sur toutes les parties de l'assemblée, et aperçut parmi les chevaliers quelques châtelains qui n'avaient point assisté à la lice et qui étaient arrivés sur son invitation. L'un d'eux, homme d'une haute taille et d'un aspect farouche, se tenait debout, appuyé sur son épée à l'extrémité d'un banc où il n'avait pu trouver place. A côté de lui, la tête baissée et le visage pâle, était assis le marquis de Sabran qui entrait seulement à cet instant et auquel on avait offert avec empressement un siége sur ce même banc. Roger échangea un léger salut avec le nouveau venu, mais il chercha vainement le regard du sire de Sabran qui manifestement le détournait de lui. Enfin, le silence le plus complet régna dans l'assemblée, et Roger commença ainsi.

— Sires chevaliers, je vous prie de prêter grande attention à mes paroles. Peut-être pourrais-je vous dire, pour mieux vous persuader, qu'un avertissement céleste m'a inspiré les alarmes que je conçois. C'est souvent un habile moyen de rejeter sur la sagesse divine l'audace de ses projets et de se faire absoudre par avance de toutes les accusations qu'on doit élever. Je ne ferai point ainsi : je demeurerai le garant de mes pensées, je resterai le soutien de mes accusations.

Ce commencement où se trouvait tout entier le caractère décidé et ouvert du vicomte excita un léger murmure ; on ne pouvait y deviner ni approbation, ni désapprobation ; mais il semblait dire : C'est bien toujours la même assurance, c'est bien toujours le même homme confiant en lui. Roger remarqua que plusieurs abbés suzerains chuchotèrent vivement entre eux ; il les connaissait pour ses ennemis et savait leur habileté à trouver trace d'hérésie dans les moindres paroles de chacun; il se résolut à leur imposer silence tout de suite pour les empêcher de fomenter autour d'eux de mauvaises dispositions ; il continua donc ainsi :

— S'il y en a qui cherchent dans mes discours matière à faire douter de ma foi chrétienne, ainsi qu'y paraissent disposés les saints abbés de Maguelone, de Fontfroide et le prieur de Lespinasse, je vais tout de suite leur dire sur quoi ils peuvent exercer leur sagacité. Si j'ai dit que je ne me targuais, pour excuser mes paroles ni d'une inspiration divine ni d'un commandement de Dieu, ce n'est point en bravade de la toute-puissance de Notre-Seigneur Jésus-Christ; c'est parce que je crois que le Très-Haut a mesuré la sagesse humaine aux événemens humains, et que c'est par le bon ou mauvais usage que chacun fait de la sienne en ce monde qu'il méritera ou déméritera devant son éternelle justice. C'est donc avec les simples lumières de mon esprit, avec la puissance de ma seule réflexion que je suis arrivé à prévoir et à craindre le destin futur de la Provence que vous abandonnez aux desseins d'un ambitieux : c'est donc sans mêler la cause de Dieu à la nôtre, comme le fait cet homme, que j'accuse ici devant vous le pape Innocent III de marcher à la désunion de la Provence et au renversement de nos droits de suzerains.

Cette hardie déclaration causa un mouvement général de surprise et presque d'effroi. Le comte de Toulouse, qui voyait la discussion s'éloigner de lui, sourit avec joie ; Alphonse devint plus sérieux et tous les chevaliers furent plus attentifs. Roger répondant à ce mouvement reprit aussitôt :

— Oui, sires chevaliers, je porte ici cette accusation. Ne croyez pas que ce soit la colère d'un moment qui m'y pousse et que je me laisse aller à un mouvement d'irréflexion. Depuis deux ans que je suis la marche d'Innocent, j'ai été épouvanté de ce qu'il avait obtenu et j'ai jugé ce qu'il pouvait entreprendre. Pendant deux ans j'ai espéré que des hommes, comme il s'en trouve parmi vous, vieillis dans nos luttes contre l'usurpation ecclésiastique, en avertiraient les moins prévoyans : nul ne l'a fait, je m'en suis chargé. Je n'ai point demandé aux chevaliers de la Provence une assemblée générale : car Rome et ses serviteurs, avertis que nous osions regarder à la conduite de nos affaires, l'eût, sinon défendue par ses excommunications, du moins empêchée par ses intrigues. Je l'eusse fait cependant si l'annonce de cette cour plénière ne m'eût offert une occasion favorable de vous voir tous réunis, sans éveiller la tyrannique attention de Rome. Donc je suis venu à Montpellier avec l'intention de vous appeler à une juste défense de nos droits usurpés. J'y venais avec l'aide de la seule force des événemens publics qui doivent frapper les moins clairvoyans et avec l'espoir que mes paroles vous convaincraient de nos dangers. Mais, grâce au Ciel, je m'y trouve maintenant avec la preuve écrite des malheurs qui nous menacent. Dieu l'a mise en mes mains, et vous allez la voir.

En disant ces paroles, Roger regarda sévèrement le comte de Toulouse ; l'assemblée attentive suivit instinctivement cette muette désignation, et l'on put remarquer sur le visage de Raymond ce calme contraint qui accuse encore plus le remords que le trouble qu'on ne cherche point à dissimuler. Pierre d'Aragon vint au secours de Raymond.

— Sire vicomte, dit-il à Roger, continuez. Celui-ci reprit :

— Qu'un moment il soit permis au plus

jeune d'interroger les plus anciens de cette assemblée. Je leur demanderai ce qu'étaient les droits des nobles tels qu'ils les ont reçus de leurs pères. A l'époque que je leur rappelle, celui-là qui était né libre ou noble, ou qui étant né libre devenait noble par sa conduite et son courage, possédait ses terres en aleu, franches de tous péages et services et emportant avec elles le droit de justice haute et basse exercé par nous ou nos viguiers; ayant pour revenus les leudes, péages, toltes et albergues consacrés par l'usage, acquis par nos services dans la défense de nos villes, ou consentis par les bourgeois et manans. Cependant, animés d'un saint amour pour la sainte religion chrétienne, nos pères dépensaient en donations aux églises, aux abbayes et prieurés, en fondations de pieux établissemens, en rachats de leurs péchés, les terres et richesses qu'ils possédaient par héritage ou qu'ils avaient conquis par l'épée. Seulement, voulant laisser aux hommes de Dieu leur tâche divine plus facile à remplir et croyant que les choses de ce monde ne devaient leur être qu'embarras et charge insupportable, ils avaient conservé sur ces domaines ainsi libéralement donnés, leur simple droit de suzeraineté; et des prévôts, des abbés laïques nommés par eux y maintenaient l'ordre et y distribuaient la justice à ceux qui les habitaient; quelques uns d'entre vous ont vu ce temps; tous, nous en avons eu connaissance par les récits de nos pères et les titres de donations qui sont restés dans nos mains. Eh bien! qu'a enfanté cette sainte charité de nos pères? elle a produit d'abord l'oisiveté d'où sont nés tous les vices, et ensuite l'ambition d'où sont venus tous les crimes. Dès que les clercs, moines et chanoines furent riches, la débauche et le sacrilége eurent leurs asiles dans les couvens. Ceci, sires chevaliers, n'est point une vaine accusation que me dicte la colère, c'est le fidèle souvenir des reproches adressés au clergé de France par le saint pape Urbain II, de glorieuse mémoire. L'ambition suivit les vices de près. Vous l'avez tous vue marcher à son but. Ainsi, chaque chose donnée, une fois possédée par les clercs, leur sembla une chose légitimement acquise. Chaque droit que nous avions maintenu en notre faveur leur parut un vol à leur égard. Pour ne pas accabler nos villes et nos serfs de tous les droits dont nos suzerainetés ont besoin, soit pour l'entretien des murailles de nos châteaux, soit pour celui de nos armes, soit pour notre splendeur personnelle, nous avions imposé à nos libéralités des droits de pacage, de leudes, d'albergues et autres; ces droits étaient pour tous; ils enrichissaient le seigneur et déchargaient le pauvre. Quelques uns même ne profitaient qu'à celui-ci. C'est par ceux-là que l'usurpation a commencé. En effet, les clercs ont profité de l'absence des seigneurs croisés pour la Terre-Sainte, et qui ne pouvaient plus protéger leurs hommes liges, et ils ont vendu aux villes et campagnes tels droits qu'ils possédaient depuis long-temps et que nos pères leur avaient conservés dans leurs donations. Les uns, dont les troupeaux paissaient de temps immémorial dans nos pâtures lorsqu'elles étaient en nos mains, ont dû payer aux moines un droit de pacage pour ces mêmes pâtures. Les libres bourgeois n'ont pu tenir leurs foires dans les champs accoutumés, ou conduire leurs marchandises par les chemins ordinaires, sans être soumis à des leudes et péages, qui ont mis un moment la province en pauvreté si gênante, qu'il a fallu une chartre de notre suzerain commun le roi de

France pour en fixer le taux. Les malheurs du temps ont empêché nos pères de porter remède à ce mal, et l'Église, établie à son aise dans son usurpation, a bientôt tenté contre nos droits ce qui lui avait si bien réussi contre ceux des serfs et des bourgeois. Les religieux ont refusé l'administration de nos prévôts et des abbés laïques nommés par nous, et, soutenus cette fois dans leurs prétentions par le concours des souverains de Rome, ils ont fait confirmer par les papes Grégoire VII et Célestin III les abbés ecclésiastiques qu'ils avaient élus, avec cette explication de pouvoir qu'ils tiendraient lieu aux monastères et abbayes de prévôts et d'abbés laïques et seigneuriaux. Que faisiez-vous cependant ? Vous laissiez cheminer l'usurpation, et elle est venue à ce point, qu'après avoir presque tout dérobé, elle a traité d'usurpé ce qu'elle n'avait encore pu envahir. N'est-ce point vrai que depuis vingt ans aucun de vous ne possède un droit d'albergue qui ne lui soit contesté? Que de fois, lorsque vous arrivez avec votre suite et vos hommes à la porte d'un monastère fondé par la libéralité de ceux de votre famille, sous condition de vous nourrir et de vous loger, que de fois cette porte ne s'est-elle pas fermée devant vous, ayant pour barre et défense la sainte croix de Notre-Seigneur, que les moines plantaient en travers, afin qu'il pût y avoir accusation de sacrilége contre celui qui oserait y porter la main! Si ceux de vos droits que vous exercez par vous-mêmes ont été ainsi méconnus, que pouvaient devenir ceux qui étaient confiés aux soins de vos viguiers? Le saint droit romain publié par les empereurs Téodose et Honorius avait toujours été notre loi. D'abord, les clercs ont commencé par mettre le droit des canons et des conciles à sa place, en ce qui touche le jugement des clercs. Ainsi, toute faute, tout crime commis par un clerc a été appelé devant la justice cléricale, même lorsqu'il s'agissait d'un méfait envers un laïque. Bientôt cette justice, ils l'ont étendue à tous hommes serfs habitant leurs terres, et puis bientôt à tous bourgeois libres et laïques y demeurant de même; serfs et bourgeois conservés cependant par nos chartres en notre juridiction. Alors, armés de nos bienfaits, ils ont imposé nos serfs et nos bourgeois, nié nos droits, établi leur justice sur tous ceux des terres qu'ils tenaient de nous, et sont devenus en peu de temps propriétaires de franc aleu et bientôt seigneurs et suzerains de ces terres qu'ils n'avaient reçues qu'en redevance. Nous avons tout laissé faire, tout permis, tout supporté. Vous avez peut-être cru leur ambition au bout, et leur soif satisfaite, parce qu'ils s'étaient établis seigneurs dans les terres que nous leur avions données comme nous le sommes dans celles qui nous appartiennent. Vous avez pensé que leur ambition s'arrêterait à la borne de leurs champs. Vous devez être appris du contraire. Et maintenant, je ne parle plus aux anciens de cette assemblée, aux barbes blanches et aux cheveux gris. C'est à vous tous, jeunes et vieux, que je m'adresse ; car tous, vous avez été témoins des audacieuses entreprises d'une plus insolente usurpation. En celle-ci comme en la première, la marche a été la même, et elle a gravi de bas en haut, du collier de nos serfs à nos couronnes de comtes. Écoutez bien. Une fois sortie du cercle de ses possessions, l'extension des droits de l'Église nous sembla impossible; en effet, disions-nous, il y aurait folie aux clercs à prétendre des droits de quête et de toltes sur nos terres. O sires chevaliers, que nous avions mal mesuré la grandeur de l'ambition cléricale, et que nous ne savions guère par quelle audacieuse enjambée elle dépasserait nos craintes! Ainsi, tandis que nous nous tenions en garde pour la défense de ces priviléges de nos terres, l'usurpation s'adressait aux personnes, et, lorsque nous pensions à lui refuser une quête, elle nous imposait une justice. Écoutez bien.

« Rien ne semblait pouvoir soumettre des hommes liges à d'autres qu'à leurs suzerains, nul crime n'y donnait occasion. Eh bien, pour établir une justice si nouvelle que la leur sur nos terres et nos hommes, les clercs ont inventé des crimes nouveaux, et s'en sont attribué le jugement. Ils n'auraient osé y appeler un de nos bourgeois ou serfs pour ce qui concerne les affaires de ce monde; mais ils se sont prétendus leurs juges pour ce qui regarde les affaires du Ciel. Lorsque la conduite d'un homme est restée innocente et pure envers son maître et seigneur, ils l'ont fait coupable envers Dieu dont ils se représentent comme vicaires et lieutenans, et, en cette qualité, ils l'ont mandé en leur justice, atteint par leurs hommes d'armes, jugé par leurs lois, et puni par leurs bourreaux. La croyance d'un homme est devenue un crime sur lequel ils avaient droit de vie et de mort; l'hérésie a été le chemin de la nouvelle usurpation. Sires chevaliers, bien peu, et je suis de ce nombre, n'ont point voulu céder à cette insolence. Seigneurs de Toulouse, de Comminges, de Conserans, de Narbonne, de Lodève et de Nîmes, vous avez admis cette justice dans vos domaines. Dites-moi maintenant quel homme lige vous avez en vos terres, qui vous appartienne et que vous puissiez protéger. Ceux qui accusent d'hérésie jugent l'hérétique. Quel innocent peut exister avec ce crime nouveau qui n'a ni commencement, ni fin, qui est dans ce qu'on fait et dans ce qu'on ne fait pas? Quel homme assez sûr de sa foi, de ses paroles ou de ses actions pour ne pas avoir oublié un de ses saints devoirs, dit un mot léger, fait un geste coupable? Autrefois l'Église avait des indulgences pour ces péchés; ces indulgences, elle les faisait payer du prix de leurs terres aux bourgeois et de leur or aux marchands; aujourd'hui, elle n'a plus que des bourreaux et des confiscations, mais elle ne perd rien, sires chevaliers, et ses châtimens lui rapportent autant que ses absolutions.

L'assemblée était devenue profondément

attentive. Jamais tous ces chevaliers là présens n'avaient entendu tant d'audace réunie à tant de raison. Chacun, honteux et convaincu, baissait les yeux. Les plus hardis s'entre-regardaient avec des signes d'assentiment. Tous les intérêts particuliers qui étaient venus siéger dans cette réunion s'étaient effacés en présence de cette commune cause; toutes les haines s'étaient confondues dans l'universel effroi de cette situation. A ce moment, Roger animé, le front haut, la parole vibrante, l'œil fièrement élevé, les tenait tous suspendus à sa parole; il continua :

— Oh! mais, ce n'est pas tout, sires chevaliers; la croyance d'un homme et sa conduite religieuse n'ont pas été la seule matière au crime d'hérésie. Maintenant que vous leur avez reconnu par votre faiblesse le droit de juger l'hérésie, tout s'est fait hérésie en leurs mains. Le meurtre d'un homme est devenu hérésie, les droits des villes défendus par les bourgeois sont de l'hérésie, les droits des serfs défendus par les seigneurs sont de l'hérésie. C'en est fait, toute justice nous échappe, nos hommes sont à l'Église, l'Église a leur vie, leurs biens, leurs libertés. Est-ce tout? Non, sires chevaliers, non : notre heure est venue, notre heure est sonnée, l'entendez-vous, l'avez-vous entendue? Les conciles des évêques sont assemblés.

Allons, allons, nobles, marquis, comtes, vicomtes et chevaliers, et vous aussi, roi d'Aragon, il vous faut y courir pour ployer les genoux et recevoir la justice des évêques, car le crime d'hérésie est chose du Ciel ; et quel homme est si haut placé, qu'il puisse récuser le Ciel pour son suzerain ? nous sommes à ce titre hommes liges de Rome ; le savez-vous, le voyez-vous enfin ? Trop faible encore pour les exterminations qu'elle veut, Rome a prononcé ses anathèmes, et nous a commis à les exécuter d'abord contre nos vassaux, puis les uns sur les autres; le seul rôle qu'elle nous ait gardé vis-à-vis de nos populations et de nos frères, c'est le rôle de bourreaux. Quelques uns, vous avez reculé devant cet affreux commandement; malheur à vous ! vous en serez punis. Entendez-vous les commissaires d'Innocent III, parcourant la France, l'Aquitaine, la Bourgogne, la Normandie, et les invitant à venir en notre province mettre à exécution les ordres auxquels nous résistons ? Ces provinces et ces royaumes ont été sourds à leurs cris, il est vrai, et, jusqu'à ce jour, les différends du roi Philippe et du roi Jean nous ont sauvés de l'inondation des barbares de France et de Normandie. Jusqu'à ce jour, ces deux grands souverains ont refusé à leurs comtes, ducs et chevaliers la permission de se ruer sur nous comme sur des Infidèles, et de venir, la croix sur l'épaule, ravager la terre chrétienne de la Provence. Mais que leurs querelles s'éteignent et que le besoin qu'ils ont de leurs hommes l'un contre l'autre, vienne à se passer, et demain tout ce torrent de soldats, de chevaux et de bannières descendra dans nos plaines et les dévorera. Ne savez-vous pas assez que ces barbares de France ont soif de nos climats, de nos vins, de nos fleurs, de nos oliviers et de notre soleil? Voyez: les comtes d'Auvergne et de Velai avec leurs sires de Mercœur et de Polignac, ils pressent le Gevaudan et le Rouergue; les vicomtes limousins de Turenne poussent au Quercy : plus haut le Périgord, la Sologne, la Lorraine, le Maine, l'Anjou, l'Orléanais, moitié français moitié anglais; plus haut encore, les barons normands, qui, arrêtés dans leur conquête, ne finiront leur course qu'aux bords de la Méditerranée; à droite, les brigands flamands et bourguignons se pressent sur le Viennois et le Valentinois; la Saône portera les uns à Lyon, le Rhône y conduira les autres; ils déborderont sur vous comme les eaux d'un torrent, comme les eaux d'une mer furieuse, et vous serez envahis et foulés aux pieds. Vous vous lèverez alors, n'est-ce pas?

Toute l'assemblée s'était levée, en effet.

— Vous vous lèverez, s'écria Roger, mais il sera trop tard; car la porte est déjà toute prête à s'ouvrir aux ennemis. Il y en a parmi vous qui ont vendu la clé de la Provence; il y en a dont la vie et les domaines doivent servir de prix à ce marché. Il y a un homme, c'est le comte de Toulouse, qui se mettra du parti des barbares et les introduira dans nos terres; il y a un homme, c'est moi, qui paiera ce service, moi, dont les quatre comtés appartiendront alors au comte Raymond. L'insensé! qu'ambitionne-t-il donc? mes terres, mes villes, mes hommes d'armes? mais ne vois-tu pas, comte de Toulouse, que bientôt il n'y aura plus pour les seigneurs de la Provence ni terres, ni villes, ni hommes d'armes? Tu crois que c'est moi qu'ils abattent dans ce marché: non, comte de Toulouse, c'est toi qu'ils entament, c'est toute la Provence qu'ils envahissent, c'est toute autorité qu'ils usurpent. Tu seras, outre ce que tu es aujourd'hui, comte de Beziers, de Razez, de Carcassonne et d'Alby; vains titres! vains titres, te dis-je, tu seras le serf d'Innocent III; vous le serez tous, sires chevaliers, si vous n'osez vous unir pour résister tous ensemble à cette épouvantable destinée. A Dieu ne plaise que je m'estime plus haut qu'aucun de vous, et peut-être c'est parce que l'on m'estime plus bas que personne, qu'on m'a choisi pour me frapper le premier; mais, je vous le dis, ma cause est la vôtre; moi tombé, vous tomberez comme des feuilles sous ce vent du nord, soufflé par la bouche du pontife de Rome. Vous faut-il des preuves des desseins d'Innocent? Rappelez-vous tout ce qu'il a envahi, souvenez-vous de tout ce qu'il a osé : entendez ses commissaires qui prêchent la guerre contre vous : ces preuves, elles retentissent d'un bout des Gaules à l'autre, elles sont claires comme la lumière du ciel. Vous en faut-il de la complicité du comte de Toulouse? les voici.

Et il présenta tout aussitôt les papiers qu'il portait cachés en son sein. L'assemblée tumultueusement levée s'écria :

—Lisez! lisez!

A ce moment la cause de Roger était gagnée; il y avait parmi tous ces hommes un généreux et unanime mouvement de dignité, une lumière irréfragable des dangers de la Provence, un magnifique élan d'indépendance et d'union. Le comte de Toulouse, tremblant sur son siége, voyait tous les regards le menacer, tous les gestes le désigner; il entendait des voix qui criaient : Lisez! lisez! infamie et malédiction au traître! D'un geste de la main, Roger commanda le silence : le silence se rétablit, mais ce qui le domina ce ne fut point la voix de Roger : ce furent les sons lents et terribles de la cloche de Saint-Pierre. La haute tenture qui séparait la nef du chœur de l'église tomba, et l'on vit dans toute la splendeur de ses habits pontificaux un homme debout sur les marches de l'autel : c'était Milon. Chacun se retourna. A droite et à gauche de l'autel étaient le prieur Guy et le moine Dominique; dans les stalles qui entouraient le chœur étaient assis presque tous les évêques de la province qui n'avaient point assisté à l'assemblée, attendu qu'ils n'étaient suzerains d'aucunes terres. D'un geste Milon ordonna à ceux qui étaient parmi les chevaliers de venir prendre leurs places, et tous se rangèrent derrière lui, dans un profond silence.

Rien ne peut peindre l'étonnement de tous ces chevaliers en face du représentant de Dieu si hautement accusé et si soudainement apparu en la personne de son légat comme pour répondre à l'accusation; il sembla qu'avec la tenture d'étoffe qui cachait les évêques, s'était écroulée la digue qui reléguait derrière elle la sainteté du temple; on eût dit que son caractère sacré s'épandait à flots et envahissait toutes ces âmes muettes d'effroi et de respect, et une attente indicible et craintive succéda au tumulte qui ébranlait la voûte de Saint-Pierre. Milon prit la parole.

— A toi, comte de Toulouse, dit-il, moi, maître Milon, notaire du seigneur pape et légat du saint-siége apostolique: sur ce qu'on dit que tu n'as pas gardé les sermens que tu as faits pour l'expulsion des hérétiques; sur ce qu'on dit que tu les as favorisés; sur ce qu'on dit que tu as entretenu des routiers et des mainades à ton service; sur ce qu'on dit que tu as violé les jours de carême, de fête et des quatre-temps, qui sont jours de sainteté, et le seuil des églises qui sont lieu d'asile; sur ce qu'on dit que tu es suspect en ta foi; sur ce qu'on dit que tu retiens les domaines de Saint-Guillem et autres églises; sur ce que tu as fait entourer de murs des abbayes et monastères pour en faire des forteresses et les exposer au pillage de tes guerres injustes; sur ce que tu as confié à des juifs les offices publics; sur ce que tu lèves sur tes terres des péages et guidages indus; sur ce que tu as chassé de son siége l'évêque de Carpentras; sur ce qu'on te soupçonne d'avoir trempé dans le meurtre de Pierre de Castelnau de sainte mémoire, et principalement sur ce que tu as mis le meurtrier dans tes bonnes grâces; sur ce que tu as fait arrêter l'évêque de Vaisons et ses clercs, que tu as détruit son palais avec la maison des chanoines et envahi son château; enfin, sur ce qu'on dit que tu as vexé les personnes religieuses à ton gré et caprice, et commis à leur égard plus de brigandages que je n'en saurais rapporter; pour tous ces crimes je te donne ajournement pour te laver des uns et te racheter des autres, ainsi que tu as dit le désirer, et ce, en la cité de Valence, en présence des archevêques et évêques de toute la Provence au jour quinzième du mois de juin de cette présente année 1409, la douzième du pontificat du seigneur pape Innocent III : te déclarant en outre que c'est ainsi que le veut le seigneur pape, et qu'ainsi seulement tu rentreras dans le giron de l'Église, dont tu es chassé par une première excommunication, laquelle je renouvelle ici pour que tu la subisses jusqu'au jour où tu te seras lavé de tes crimes; et que je renouvelle pour l'éternité, si, selon ton ordinaire, ton repentir n'était que malice, et si tu manquais à l'absolu commandement que je t'apporte.

Raymond, accablé par les accusations de Roger, en butte aux cris de l'assemblée, déjà tremblant et égaré, sembla demeurer anéanti sous cette nouvelle charge de malédictions et d'anathèmes; il glissa de son fauteuil, et, tombant à genoux, la tête basse et les mains jointes, il répondit d'une voix sinistre :

—Seigneur, j'irai.

L'aspect d'un si puissant suzerain si bas humilié inspira quelque pitié aux uns et souleva quelque orgueil dans le cœur des autres. Ainsi Pierre d'Aragon s'écria :

—Comte de Toulouse, lève-toi, et, sur mon épée de roi, je te jure que nous oublierons tout, que nous te serons en aide et que nous te rendrons assistance pour abandon, fidélité pour traîtrise.

Oh! si à ce moment le comte de Toulouse se fût relevé le front haut, avec le visage d'un homme déterminé à combattre, s'il eût poussé un cri d'appel ; oh ! sans doute, cette masse de chevaliers, encore pleine au cœur des paroles de Roger, eût répondu par un cri unanime de résistance et par des sermens de défense. Mais Raymond demeura à genoux, le front courbé vers la terre, la tête dans ses mains, comme aveugle et comme sourd à tout ce qui s'offrait à lui. Un morne étonnement surprit les chevaliers et les tint immobiles. Roger seul, la rage au cœur, frappant la terre du pied, le mépris et la colère l'agitant tout entier, s'écria tout-à-coup :

— Eh ! ne voyez-vous pas que de toutes les lâchetés il accomplit la plus infâme, de toutes les trahisons la plus perfide ! Voyez, la suzeraineté de toute la Provence est à genoux devant l'Église, en la personne de son suzerain le plus puissant des chevaliers.

Il allait continuer lorsque la voix de Milon l'interrompit soudainement.

— A toi, vicomte de Beziers, s'écria-t-il, moi, maître Milon, notaire du seigneur pape et légat du Saint-Siége apostolique : sur ce qui est prouvé que tu as protégé les hérétiques, leur as donné asile, et les as enlevés à la justice cléricale ; sur ce qui est prouvé que tu as participé au meurtre de Pierre de Castelnau, et que tu as protégé son meurtrier, sur ce qui est prouvé que tu es en commerce et intelligence avec les routiers et mainades; sur ce qui est prouvé que tu les as soutenus dans leurs brigandages ; sur ce qui est prouvé que tu as adultèrement séduit une fille de cette ville, au mépris des sermens du mariage; sur ce qui est prouvé que tu as eu commerce avec une fille mécréante; sur ce qui est prouvé que tu as monstrueusement commis ce monstrueux crime en l'accomplissant dans l'enceinte bénite d'un monastère; sur ce que tu es un hérétique : je t'excommunie sans recours de grâce ni de pardon, et délie tous vassaux et hommes liges de tes comtés de leur hommage et de leur foi; ordonnons à tous de te refuser aide et travaux ; te rejetant du sein de l'Église, t'interdisant l'entrée de ses temples, et vouant à la damnation quiconque te prêtera asile et te donnera l'eau et le pain qu'il faut à la vie de l'homme.

Cet anathème retentit comme une parole inspirée sous les voûtes silencieuses de Saint-Pierre. Un murmure tumultueux lui succéda;

on se refusait à croire toutes ces accusations ; on s'interpellait, on doutait, tout était incertain.

— Mensonges et faussetés ! s'écria Roger avec un accent si puissant et si terrible qu'il rétablit le silence.

— Vérités et crimes ! cria Dominique en s'approchant et en dressant sur les marches de l'autel son corps maigre et son front chauve ! Vérités et crimes ! Vicomte de Beziers, tu as donné asile aux hérétiques et les as enlevés à la justice cléricale. Voici le sauf-conduit signé de ta main et donné par toi à Pierre Mauran arraché par toi à sa sainte pénitence.

Roger sourit amèrement et voulut s'expliquer : Dominique l'interrompit :

— Vérités et crimes ! reprit-il. Tu as eu commerce avec les routiers et mainades, car tes domaines ont été seuls épargnés par leurs brigandages.

— A ce titre, dit Roger avec dédain, c'est mon épée qui est coupable, car c'est par elle que j'ai eu commerce avec eux, c'est par elle seule que j'ai conclu le traité qui les écartait de mes terres.

— Pourquoi donc alors ont-ils respecté ta vie, lorsque tu étais dans leurs mains ; pourquoi donc alors as-tu détourné vingt chevaliers ici présens d'aller reprendre le château de Montadieu où tu avais laissé les routiers tes complices?

Roger suffoquant de rage éleva la voix. Dominique l'interrompit encore, et Roger l'écouta, tant l'accusation qu'il abordait lui paraissait impossible à justifier.

— Tu as participé au meurtre de Pierre de Castelnau et as donné asile à son meurtrier, et cela à la face du ciel, en plein jour, devant tous les seigneurs de la Provence.

— Où donc? dit Roger avec une amère impatience.

— Avant-hier à l'heure de deux heures; en la lice du pré Marie, devant tous ces seigneurs ici présens, en le protégeant contre leur colère, en l'admettant à ton service et en l'achetant insolemment lui et sa compagnie de brigands.

— Qui? Buat? s'écria Roger.

— Non, Jehan de Verles, l'assassin de Pierre de Castelnau.

— Jehan de Verles! reprit Roger foudroyé de cette nouvelle.

— N'est-ce pas lui, s'écria Dominique, comte de Toulouse, n'est-ce pas lui?

Raymond, comme un homme qui parle à regret, mais que la vérité emporte, répondit à voix basse :

— Ceci est vrai.

A ces mots, une amère indignation se peignit sur le visage de Roger; un rire sombre et désespéré agita ses lèvres; il comprit qu'il était dans les serres d'un terrible piége : et, avec la rage d'un homme qui sent qu'il n'y peut échapper, il s'y agita comme pour en serrer les nœuds, comme pour en faire pénétrer les pointes plus profondément. Ce fut lui qui continua l'accusation, et qui en repassa les articles l'un après l'autre, en les accompagnant d'une expression de raillerie furieuse.

— Et j'ai séduit adultèrement une fille de cette cité.

— Tu as séduit la pupille des consuls de Montpellier, Catherine! Catherine Rebuffe, surprise nue dans tes bras par le sire de Rastoing.

Une larme vint aux yeux de Roger; il grinça les dents, et, d'une voix entrecoupée et furieuse, il reprit encore :

— Et j'ai commis un sacrilége avec une fille mécréante en un lieu saint!

— Tu as commis ce sacrilége avec l'esclave

musulmane Foë, en l'hospice du Saint-Esprit.

— Et j'en suis témoin, dit Étiennette aussitôt.

— Ah! s'écria le vicomte, et je suis un hérétique aussi, n'est-ce pas!

— Et tu es un hérétique, ajouta avec une sombre joie Dominique, toi qui as assisté Guillabert de Castres dans l'hérétication de Pierre Mauran, en la maison de ladite fille Catherine Rebuffe.

Roger ne répondit plus ; un sourire convulsif errait sur ses lèvres...

— Or, s'écria Dominique, je répète l'anathème, et délie tous les chevaliers de leur foi et hommage envers Roger, autrefois vicomte de Beziers, de Carcassonne, de Razez et d'Alby.

Le vicomte promenait un regard insensé autour de lui. On eût dit que, bravant sa destinée et son malheur jusqu'au bout, il excitait lui-même tous les chevaliers à son abandon, tant il y avait de mépris dans l'expression de ses traits.

Aimery de Narbonne se leva le premier.

— Pour le salut de mon âme, dit-il, je retire ma comté de l'hommage que je devais audit vicomte convaincu d'hérésie.

Roger fit un signe et murmura railleusement ces mots à voix basse :

— Bien! bien!

Aimery se retira; Étiennette se leva à son tour:

— Pour l'honneur de mon nom, je retire mes châtellenies de la suzeraineté dudit vicomte adultaire et sacrilége.

— Bien! bien! répéta Roger avec un accent plus prononcé de dégoût. Soudainement quelques autres suivirent cet exemple : le vicomte de Lautrec, le vicomte d'Esseyne, les sires de Prezenas et du Cayla entre autres. A chaque déclaration, Roger continuait son geste et les suivait de l'œil, tandis que les chevaliers sortaient à mesure. Ainsi, de banc en banc, de chevalier en chevalier, il arriva jusqu'à Pons de Sabran. A son aspect, toute la farouche expression de son visage s'effaça : il sembla qu'il arrivât à une espérance, et un moment il fut prêt à sourire et à tendre la main au jeune et loyal chevalier.

— Je sépare ma cause de celle du vicomte, dit Pons d'un air triste et abattu, je la sépare du mensonge et de la déloyauté.

Roger tomba sur son siége en poussant un cri, et, la tête cachée dans ses mains, il n'entendit plus rien de ce qui se dit autour de lui.

Chacun le voyant ainsi confondu l'abandonna à son aise, abrité dans sa honte par la honte générale, les plus intimes et les plus obligés. Roger, reconnaissait quelquefois les voix amies qui avaient prêté serment et juré amitié, il les entendait le renier et s'éloigner l'une après l'autre. Comme un orage qui s'échappe et se perd peu à peu dans les échos des montagnes, le bruit des pas et des voix s'éteignit doucement sous les voûtes de l'église. Alors Roger releva sa tête ; un seul homme était près de lui : c'était le vieux chevalier à la taille athlétique et au regard farouche.

— Ah ! c'est toi, Pierre de Cabaret ! s'écria Roger en tombant dans ses bras.

Le vieillard ne lui répondit pas et l'entraîna hors de l'église.

II.

Suites et Conséquences.

Lorsqu'un homme tombe d'un point élevé, du sommet d'une tour ou d'un arbre, le premier sentiment de sa chute n'a, pour ainsi dire, rien de douloureux, ou, pour mieux dire, ce sentiment n'a rien d'aigu; c'est un choc affreux, mais confus, qui peut tuer, mais sans que la victime ait la conscience de ce qui la tue, ni par où cela la tue. Ce premier instant passé, lorsque celui qui est tombé veut se relever, les douleurs se dessinent et se particularisent : c'est un bras rompu, un pied dénoué, le crâne entr'ouvert qui fait souffrir; cet *assommement* universel se brise en souffrances partielles, moins complètes, sans doute, mais plus insupportables, car la conscience du mal revient, et la supputation de la douleur peut se faire à l'aise. Soit physique, soit morale, toute chute a de pareils résultats; tout choc violent est suivi d'un anéantissement où se confondent toutes les douleurs, après lequel vient toujours l'heure où l'on compte les trahisons, les lâchetés, les abandons, les liens rompus, les espérances éteintes, trop heureux s'il ne reste pas au cœur quelques affections à moitié déchirées, et qui s'achèvent dans le premier effort qu'on fait pour reprendre sa vie et se remettre debout.

Si cette observation n'est pas vraie pour tous les hommes et toutes les circonstances, elle l'est du moins pour Roger et pour l'événement qui a fait la matière du dernier chapitre que nous avons écrit. Dès que Roger fût rentré dans sa maison, il demeura quelque temps silencieux et absorbé dans la réflexion de tout ce qui venait de se passer et de tout ce qu'il avait entendu. En se remettant en mémoire l'audace de l'interdit lancé contre lui, et l'habileté qui avait tissu les moindres actions de sa vie pour en faire un piége où il devait être pris, il s'irritait et se réjouissait presque ; il s'irritait de tant d'insolence, et se réjouissait de la nécessité où on le mettait de combattre et de briser sans ménagement toute cette tourbe qui s'attaquait à lui. Mais lorsqu'il arrivait aux derniers détails de cette scène, l'abandon de la plupart des chevaliers lui apparaissait dans tout son danger ; le triomphe de cette usurpation qu'il avait si vivement dénoncée lui semblait chose assurée : il voyait se mourir toutes les flammes d'ambition qui couvaient depuis long-temps dans son esprit.

Si, comme la plupart de ceux de son temps, Roger n'eût porté en lui que la prétention d'être le plus terrible combattant de la Provence, rien de ce qui s'était passé n'eût sans doute porté atteinte à son orgueil ; mais Roger n'avait pas seulement le désir d'être un brave chevalier : cette gloire il l'avait acquise trop aisément, et la possédait trop supérieure et trop incontestable pour qu'elle pût lui suffire ; il avait surtout souhaité celle du politique, celle de l'homme hautement capable et intelligent. Son jeune génie avait même si bien compris l'époque où il vivait, que ce n'était pas d'elle qu'il attendait sa juste appréciation et sa récompense; il espérait en l'avenir, soit pour le mettre à sa place, soit pour lui être reconnaissant de la puissante association qu'il voulait organiser pour la défense et l'indépendance de la Provence : et c'est tout plein de ces hautes pensées, à l'instant même où il avait entrepris de les produire, qu'il se trouvait arrêté par la tourbe d'un moine et son audacieuse accusation. Son orgueil se révoltait de se voir réduit au rôle ordinaire des suzerains de son temps. Quelquefois il se demandait si Dominique l'avait deviné à toute sa portée, et si son acharnement ne venait point de ce qu'il avait conçu la puissance de ses desseins, la hauteur de ses vues; mais alors il s'irritait, par-dessus tout, de la petitesse des moyens par lesquels on l'écrasait; des intrigues de femme, des rapports avec des brigands, sa protection donnée à un hérétique, un baiser d'esclave, toutes actions qu'il ne comptait point dans sa vie comme associées à son existence politique, et avec lesquelles on tuait cependant celle-ci. Tout cela lui paraissait odieux et misérable.

Dans le cours de ces pensées, quelques soudaines illuminations d'espoir, non pour sa fortune, mais pour sa gloire, venaient cependant le consoler. Assuré qu'il ne pouvait triompher de la ligue qu'on allait organiser contre lui, il entrevoyait cependant que sa défaite pouvait le relever à la hauteur qui échappait à sa victoire, et qu'il pourrait forcer ses ennemis à le combattre par des moyens si énormes, qu'ils rendraient, malgré eux, sa chute un digne objet d'admiration. Toutes ces longues agitations de son âme s'étaient passées en lui, sans autre expression extérieure que celle d'une profonde et active préoccupation; mais lorsqu'il se fut arrêté à cette dernière pensée, et qu'il l'eut changée en une détermination irrévocable, l'heure de douleur commença. C'est quand il voulut se relever, qu'il sentit tout ce qu'il y avait de brisé en lui.

Le premier soin qui lui vint à l'esprit fut d'appeler autour de lui ses plus fidèles amis; le premier ami auquel il pensa fut Pons de Sabran. Ce simple souvenir changea tout le cours des pensées du vicomte; l'homme intime, l'homme dévoué, l'homme qui vit d'amitié, d'amour et de puissantes affections, se trouva meurtri, blessé, atteint au cœur. Cet abandon d'un jeune homme si loyalement aimé, si loyalement ami, désespéra sa courageuse résolution; quelques larmes lui vinrent aux yeux. Il en triompha et voulut poursuivre; mais son jour de malheur n'était pas fermé, et, comme nous l'avons dit plus haut, il se trouva d'autres sentimens qu'il ne soupçonnait pas atteints et qui achevèrent de se déchirer en lui et de se séparer de lui, dès qu'il voulut s'y attacher; et nous aurons le courage d'en faire le récit, pour montrer jusqu'où la fatalité poursuivit cet homme, jusqu'où elle le tortura, pour qu'il se trouve parmi nos lecteurs une larme de regret à tant d'infortune, un salut d'admiration donné à tant d'héroïsme.

Voilà où en était le vicomte depuis une heure à peu près qu'il était rentré. Lorsqu'il fut revenu de la stupeur où il était plongé d'abord, et de la préoccupation qui lui avait succédé, il fit appeler Buat; dès que celui-ci fut entré :

— Buat, lui dit-il, prends vingt de tes hommes les plus déterminés, cours chez Catherine Rebuffe; dis-lui que l'heure est venue de tenir sa promesse, que le danger que je lui avait prédit s'est levé, qu'il faut qu'elle quitte Montpellier à l'instant; tu lui diras de choisir pour sa demeure l'une de mes meilleures villes; conseille-lui Carcassonne, et conduis-la cependant où elle désirera.»

Buat s'éloigna, et au même instant parut Arnauld de Marvoill; il avait l'air grave et soucieux et considéra long-temps le vicomte avant de lui adresser la parole. Celui-ci, dont l'esprit agitait tout l'avenir de sa nouvelle destinée, s'apercevait bien de la présence d'Arnauld; mais il n'avait ni le temps, ni le désir d'interrompre ses réflexions pour lui donner audience. Enfin, Marvoill s'adressa à lui :

— Sire vicomte, lui dit-il, je viens vous demander votre congé pour quitter votre service.

— Toi! s'écria Roger ramené par ce peu de mots à la douleur de sa position, toi, tu me quittes, Arnauld, toi aussi?

— Ne devais-je pas le faire hier? dit Arnauld.

— Et mon malheur n'a pas changé ta résolution: c'est d'un cœur héroïque; eh bien! soit; va-t'en.

— Je ne pars point seul, reprit Arnauld,

et je vous apporte, sinon d'autres adieux, du moins d'autres désirs.

— De quel abandon vous êtes-vous fait messager? reprit Roger; parlez vite, maître : j'ai hâte de me sentir libre et éclairé dans mes amitiés et dans mes haines. Quel nouvel ennemi trouverai-je de plus au bout de ma lance?

— Ce n'est point un ennemi, vicomte de Beziers, c'est une femme que vous avez chassée et qui s'en va.

— Agnès!

— Agnès qui n'accepte point votre ordre, mais qui vous transmet ses résolutions. Lorsque vous la chassiez pour lui sauver, disiez-vous, la honte de vous abandonner dans l'infortune, elle ne savait pas que cette infortune lui imposerait cette séparation comme un devoir.

— Vous avez trouvé ce devoir dans mon infortune, messire poète : c'est d'un habile homme.

— Je l'ai trouvé dans la dignité d'Agnès de Montpellier, vicomte de Beziers. Aujourd'hui qu'il est publiquement reconnu qu'elle ne vous est que la dernière des femmes, moins que Catherine Rebuffe à qui vous donnez vos meilleures murailles pour asile, moins qu'une esclave noire que vous protégez contre son maître, et que vous avez impudiquement introduite dans le sanctuaire où languissait votre épouse, à quel titre voulez-vous qu'elle demeure dans cette maison?

— A aucun titre, s'écria Roger, à aucun titre; la pauvre enfant! qu'elle parte, qu'elle me quitte, ce n'est pas à elle que j'en voudrai de me croire coupable. Allez, dites-lui que je veux la voir avant son départ; j'ai à lui parler.

— A elle? dit Marvoill.

— A elle, dit le vicomte avec hauteur, sans intermédiaire de conseiller ni d'ami. Dites-lui que je l'en prie, et souvenez-vous que je le veux.

Le ton dont ces derniers mots avaient été prononcés ne permit pas à Arnauld la plus légère observation : il sortit. Le vicomte frappa le timbre qui était à côté de lui : Kaëb parut. Le vicomte, toujours absorbé dans les pensées qui lui occupaient l'esprit, calculant sans cesse à part lui les mesures qu'il avait à prendre pour la grande lutte où il lui fallait se préparer, vit entrer son esclave sans le regarder, et lui dit tout aussitôt :

— Fais-moi venir mon argentier; dis à Peillon de rassembler tout ce qu'il a des douze mille sols melgériens qu'il a reçus de Raymond Lombard, et de les tenir prêts d'ici à une heure.

En disant ces mots, Roger avait la tête baissée et les yeux fixés à terre; depuis quelques minutes il se croyait obéi, lorsqu'en relevant ses regards devant lui, il rencontra ceux de Kaëb qui semblaient vouloir plonger au plus profond de son cœur. Sans doute, il comprit la pensée de l'esclave, ou bien il la supposa telle qu'il l'aurait eue lui-même, car en l'apercevant ainsi debout et immobile, il se leva avec une expression de colère terrible :

— En suis-je donc là que je doive compte à chacun de mes actions, ou qu'il me faille répondre à tous ceux qui m'entourent des paroles qu'on a élevées contre moi? Esclave, sors et obéis; tais-toi et ne me regarde pas ainsi; va-t'en, va-t'en donc; ne vois-tu pas que je t'aurais déjà poignardé, si tu m'avais adressé une question?

— Vous m'avez donc trahi puisque vous voulez me tuer, répondit Kaëb; alors soyez meurtrier pour que je ne le devienne pas. Et tout aussitôt il se mit à genoux et tendit sa tête comme un condamné au bourreau.

Le vicomte se prit à rire, et, le poussant du pied avec mépris, il répondit :

— Ton sang sur mon épée! Esclave, tu es fou; il n'est bon que pour le fouet de mes chiens.

— Le fouet de vos chiens est usé, reprit Kaëb; car une peau noire est dure à déchirer.

— C'est ce que mes valets sauront bientôt.

— Ils l'ont déjà appris, et ils sont fatigués pour l'avoir appris.

— Fatigués! reprit Roger avec quelque surprise.

— Fatigués pour avoir frappé une femme sans avoir pu la faire crier.

— Une femme! s'écria Roger à qui chaque parole de Kaëb paraissait une énigme; quelle femme?

— Celle que tu leur as livrée d'abord, pour la livrer ensuite au bûcher de tes prêtres.

— Oh! je deviens fou, ou tu l'es déjà, Esclave; quelle est cette femme? réponds.

— Ne l'entends-tu pas? dit Kaëb; ils ont enfin triomphé; écoute comme elle crie; il faut qu'ils l'aient déchirée jusqu'aux mamelles pour que Foë crie ainsi.

Roger tout aussitôt, en s'approchant de la fenêtre, vit Foë qui se débattait entre les bras de ses valets; ceux-ci la faisaient monter dans une litière qui s'éloigna au trot de deux mules qui la portaient.

Roger ne comprenait rien à tout ce qui se passait; il avait appelé un de ses valets, qui était accouru, et il lui demandait d'une voix si irritée, qui avait donné l'ordre barbare de maltraiter ainsi cette malheureuse, que le serf stupéfait le regardait, la bouche béante, comme plus étonné que tremblant de cette question. On voyait qu'il paraissait n'avoir exécuté qu'un commandement de son maître. Enfin, il répondit à Roger dont la colère croissait à chaque moment :

— Nous avons obéi au sire de Saissac qui nous a dit que votre volonté était que cette esclave fût fouettée honteusement, et ensuite rendue au sire Raymond Lombard; et c'est lorsque nous avons exécuté cette dernière partie des instructions du sire de Saissac, qu'elle s'est prise à crier et qu'elle s'est échappée de nos mains, car elle était demeurée immobile et silencieuse tant qu'avait duré le supplice.

Roger cherchait à comprendre les paroles de ce valet, et à s'expliquer comment le nom de Saissac se trouvait mêlé à sa réponse, lorsque le vieux chevalier parut lui-même. Il était accompagné de Pierre de Cabaret et de quelques autres châtelains des comtés de Roger, entr'autres, Guillaume de Minerve et Gérard de Pépieux. Roger, en voyant entrer Saissac, se plaça devant lui, croisa les bras, et, le mesurant d'un regard irrité, il s'écria violemment :

— C'est donc toi, suzerain de Saissac, qui es descendu de ton nid de vautour pour prendre le commandement de mes valets et en faire des bourreaux de femme? Tu crois donc que Milon m'a laissé beaucoup de patience, à défaut de beaucoup de puissance, pour supposer que je ne punirai pas cette insolente cruauté, tant qu'il me restera une main libre et une épée entière?

— Roger, répondit Saissac sans prendre garde à cette menace, il faut que je te parle. Et d'un geste impératif il fit signe aux valets qui étaient accourus de s'éloigner.

Cependant Roger ne le quittait pas de l'œil, le mesurant des pieds à la tête, comme pour lui dire qu'il n'y avait place si bien couverte d'acier surtout son corps que lui, Roger, ne pût la percer de son poignard, s'il n'avait eu pitié de sa vieillesse. Le peu d'instans que les valets mirent à sortir de la chambre porta au comble l'impatience de Roger qui s'écria, dès qu'ils furent seuls avec les autres chevaliers :

— Maintenant je t'écoute.

— Roger, dit Saissac, je sais tout; il y a deux heures que je suis à Montpellier, et Pierre de Cabaret m'a tout appris. Il ne s'agit pas de te blâmer, il faut te sauver : j'y ai dévoué ma vie; écoute, et, au nom de ta mère, je t'en supplie, crois une fois en ta vie les conseils de l'expérience.

Roger s'assit, et, le regardant moqueusement, il répondit :

— Voyons ces conseils.

Saissac ne se laissa point emporter par la colère qu'eût pu lui inspirer ce dédain, et il reprit avec la persévérance d'une véritable amitié :

— De tous les griefs que renferme l'accusation de Milon, trois seulement présentent quelque caractère de gravité, mais tous trois sont faciles à renverser. Le premier est ton aventure avec cette esclave; la punition que je lui ai fait infliger et l'empressement que tu as mis à la rendre à son maître détruiront facilement cette accusation, et il sera aisé de n'y montrer qu'une calomnie maladroitement inventée.

Roger écoutait, en souriant avec dérision, les raisonnemens de Saissac; celui-ci continua :

— Le second grief concerne la protection donnée au meurtrier de Pierre de Castelnau. Sans doute, tu prouveras facilement que tu ne le connaissais pas lorsque tu la lui as accordée, et, en le livrant à la punition qu'il mérite, tu satisferas aux justes réclamations de Milon.

Roger ne put retenir un rire de mépris et de pitié à la fois; ce rire était ensemble si insolent et si triste, qu'il étonna Saissac qui s'arrêta et dit au vicomte :

— Ne veux-tu pas m'entendre

— Oh! je veux t'entendre, au contraire, répondit Roger en s'agitant sur sa chaise; tu peux continuer.

Saissac acheva : — Le dernier grief est celui où tu es accusé d'hérésie; la seule preuve qu'on en donne, c'est que tu as assisté à l'hérétication d'un nommé Pierre Mauran, dans la maison d'une fille nommée Catherine Rebuffe. Eh bien! il faut porter la peine d'une faute lorsqu'on l'a méritée; mais il ne faut pas accepter le poids d'un interdit pour une légèreté excusable à ton âge. Tu diras la vérité, et tu avoueras que tu étais en amourette chez cette ribaude Catherine Rebuffe.

A ces mots Roger se redressa, pâle, agité, les dents serrées et les poings fermés, et demeura un instant immobile devant Saïssac. Un instant il discuta en lui-même s'il ne le tuerait pas sur la place; et, à coup sûr, si à ce moment il y eût eu devant lui un homme au lieu de ce vieillard; si, sur le visage de ce vieillard, au lieu d'y lire le dévoûment maladroit d'un ami qui croyait avoir beaucoup fait pour son salut, Roger eût trouvé le moindre signe de bravade et de commandement, certes, homme ou vieillard, il l'eût saisi à la gorge, et de son bras forcené il lui eût brisé le crâne contre un mur; mais cet homme était un vieillard, ce vieillard était un ami; et Roger, se prenant la tête dans les mains, se pressa le front avec désespoir, et s'écria :

— Ah! ces hommes sont fous; sur mon âme, ils sont fous. Oh! il faut qu'ils soient fous.

A leur tour les chevaliers considérèrent Roger avec étonnement; ils se parlèrent entre eux; mais Roger, les interrompant soudainement, dit à Saissac avec une explosion terrible :

— Tu as appelé Catherine Rebuffe une ribaude, Saissac, et je te pardonne, car tu es vieux, et je t'ai aimé comme mon père, car je n'ai pas eu le temps d'aimer mon père. Tu veux que je me défende d'un mensonge, et tu me demandes de faire le plus infâme mensonge que puisse faire un homme en cette terre ; un mensonge d'un homme contre une femme, d'un chevalier contre une femme, d'un suzerain qui a quatre comtés contre une femme, d'un soldat qui a une épée et une lance contre une femme : et cette femme est une fille bourgeoise sans puissance; et cette femme est une enfant qui n'a ni frère ni père pour m'assassiner, s'ils ne pouvaient me combattre ; et cette femme est un ange de pureté et d'innocence. Ah! j'ai raison, te dis-je, tu es fou ; il faut que tu sois fou.

— Je suis ton ami, Roger, reprit Saissac; et si ce que j'ai dit te blesse si profondément, n'en parlons plus. Il nous reste d'autres moyens de satisfaire aux exigences de Rome ; et je pense que la fantaisie qui t'a livré cette esclave infidèle ne te tient pas si vivement au cœur que la nécessité de la rendre à son maître excite en toi la même colère.

— Vrai, dit Roger, nous l'avons fait fouetter comme une chienne de chasse, et nous l'avons jetée toute saignante à Raymond Lombard, et nous jurerons que c'est une calomnie d'avoir dit que j'avais cherché les baisers de cette femme! Et si c'est une calomnie réellement, ne vois-tu pas que la vérité sera aussi impossible et aussi inutile en cette circonstance que le mensonge tout à l'heure? Et ne vois-tu pas que si c'est une calomnie, et mes ennemis le savent, et mes amis ne l'ont pas supposé; ne vois-tu pas que si c'est une calomnie, ils l'ont sans doute si habilement arrangée, que mes sermens ne paraîtront que parjures, et que ma cruauté ne sera qu'un crime de plus? Oh! je te dis que tu es fou.

— Ainsi cette esclave.... dit Saissac.

— Cette esclave! s'écria Roger avec emportement; que m'importent cette esclave et son amour? l'ai-je accepté? l'ai-je partagé? Suis-je coupable de ce qu'un moment elle s'est jetée comme une folle dans mes bras, et de ce qu'elle a touché mes lèvres des siennes? Non; mais pour cela il ne faut pas que je lave la souillure de ma bouche avec son sang; il ne faut pas que je sois son bourreau.

— Eh bien! dit Saissac, ce qui est fait est fait. Mon ignorance de tes rapports avec cette esclave nous a plus servi que nos meilleurs calculs; car elle a été au-delà de ce que tu eusses voulu, et de ce que je t'eusse conseillé : il faut en profiter; il faut accomplir l'œuvre par un dernier effort, par un dernier sacrifice.

— Et ce dernier effort, ce dernier sacrifice?

— C'est de livrer l'assassin de Pierre de Castelnau à la justice des clercs et à ses bourreaux.

— Oh! dit Roger amèrement et tristement, il faut que j'aie du cœur et de l'intelligence pour tous; mais me croyez-vous donc si fort que vous m'apportiez en outre de mes dangers, en outre de mes peines, tous les embarras et toutes les douleurs de vos conseils et de vos résolutions folles? Ce que tu me dis de faire, Saissac, j'en ai eu un instant la pensée; un instant, quand tu as prononcé le nom de ribaude à côté de celui de Catherine, il m'a pris envie de donner ce Buat au bourreau, et d'en réclamer la tête pour te l'envoyer; je ne l'ai pas fait cependant, je ne le ferai pas, parce que, moi j'aime ceux que j'aime, autrement que vous ne savez aimer, vous autres; parce qu'il y a du sang et des larmes que je ne puis pas faire couler, moi.....

— Roger, lui dit doucement Saissac, je ne te comprends pas; mais si le sacrifice de cet homme doit te coûter, arme-toi de courage, car il est nécessaire.

—Saissac, n'en parlons plus; bientôt tu sauras mes raisons.

— Bientôt! dit Saissac; il sera trop tard, l'heure presse.

— Ah! dit Roger en reprenant son impatience, tais-toi; d'ailleurs cet homme n'est plus à Montpellier.

— Il y est, dit Saissac.

— Il en est parti à cette heure.

— A cette heure il doit être arrêté en sortant de chez Catherine Rebuffe où on l'a vu entrer.

— Et c'est par ton ordre? s'écria Roger reprenant toute sa colère.

— C'est par mon ordre.

— O Saissac, reprit Roger en saisissant son manteau et son chaperon, et s'avançant vers la porte, tu répondras de cet homme à l'âme qui est au ciel, s'il a péri; tu répondras de Catherine à moi, si elle est perdue par ta faute.

— Elle est perdue pour vous, dit un homme en entrant.

— Buat! s'écria Roger; car c'était Buat qui venait d'entrer. Buat, Catherine est perdue pour moi, dis-tu, et par ta faute, Saissac, sans doute?...

— Par sa volonté: lisez. Et il remit à Roger un parchemin roulé.

Pendant le temps qu'avaient duré toutes les scènes que nous venons d'écrire, la nuit était venue, et Roger ne put lire à l'instant le billet de Catherine; il appela pour qu'on lui apportât un flambeau, et, pendant qu'un de ses serviteurs courait le chercher, il se mit à interroger Buat.

— Que t'a-t-elle répondu?
— Rien.
— L'as-tu vue?
— Oui.
— Lui as-tu dit ce que je t'avais dit?
— Je le lui ai dit.
— Tout?
— Tout.
— Mes propres paroles?

— Vos propres paroles.
— Et que t'a-t-elle répondu ?
— Rien.
— Rien !... Il faut que je la voie.
— Vous ne la verrez plus.
— Est-elle partie ?
— Comme elle me remettait cet écrit, la garde des consuls est arrivée. Le sire de Rastoing la commandait. Il a fait monter Catherine dans une litière; et ils se sont éloignés.
— C'est violence, cria Roger.
— Elle a dit au sire de Rastoing : « Je vous attendais. »

A ce moment on apporta le flambeau. Roger le saisit et se retourna pour lire la lettre de Catherine. Il aperçut alors les chevaliers excités tout bas par Saissac; ils avaient tiré leurs épées et s'étaient glissés le long de la porte. Aussitôt Saissac s'écria :

— Voilà l'assassin de Pierre de Castelnau ! saisissez-le. Et comme ils allaient s'élancer vers lui, Roger, par un mouvement rapide et irrésistible comme la foudre, saisit Saissac par le bras; et, le traînant jusque auprès de Buat, il lui cria avec une colère mêlée d'une singulière émotion :

— Mais regarde-le donc, malheureux, regarde-le donc!

A ces mots, il posa son flambeau près du pâle et beau visage de Buat. A cet aspect, Saissac laissa tomber son épée qui retentit sur le pavé, et ses bras tendus vers Buat pour le saisir semblèrent s'ouvrir pour l'embrasser; mais Roger, l'arrêtant encore, lui dit rapidement, d'une voix triste et profonde:

— Pas devant eux, pas devant moi, Saissac. Ne vois-tu pas qu'il y a un nom qui doit m'être sacré, et sacré à toute la terre, que vous prononceriez dans vos embrassemens!

Et sur-le-champ il les laissa l'un en face de l'autre, et se mit à lire la lettre que lui avait apportée Buat. La voici:

« Roger, je t'ai dit: On m'appellera une fille
« perdue, quoique je sois innocente; mais j'au-
« rai ton amour en place de renom et de
« vertu, et je vivrai heureuse. On m'appelle
« une fille perdue, et je n'ai pas ton amour. Je
« n'ai pas pu mourir: plains-moi. Foë est donc
« bien belle? »

— Oh! s'écria Roger en tombant sur un siége avec désespoir. Elle aussi! elle!... Il me l'ont tuée et prise. O mon Dieu! mon Dieu!

Puis il éclata en amères exclamations et en cris terribles et sans suite, qui lui déchiraient la poitrine; et Saissac, qui venait de comprendre qu'il y a d'autres dangers que ceux de la puissance menacée, d'autres douleurs que celles du suzerain en guerre avec tous ceux de sa contrée, Saissac s'approcha pour le consoler. Mais Roger ne l'écoutait ni lui ni les autres. Quant à Buat, il ne parlait pas: Buat était un cœur de la trempe de Roger, qui sait qu'il y a des tortures de l'âme pour lesquelles il n'y a pas de baume dans les paroles d'un homme. Nos lecteurs ont bien deviné qu'ils étaient frères.

Il y a de ces fatalités ingénieuses, de ces heures terribles qui trouvent à croître la douleur quand il semble qu'il n'y a plus matière à souffrance dans l'homme, et alors il arrive qu'à ce moment de comble les plus faibles sont les plus accablantes; les plus présumables deviennent les plus imprévues; les plus indifférentes sont tortionnaires. Après la perte de Catherine, que restait-il d'amour à briser au cœur de Roger? après l'abandon de Pons, quel abandon le pouvait étonner? Ce ne fut rien, presque rien; mais ce fut la goutte d'eau surabondante, le vase en déborda. Un homme entra : c'était Arnauld de Marvoill.

— Agnès de Montpellier, dit-il, attend votre bon plaisir de la recevoir avant de s'éloigner de cette maison.

Roger essuya ses larmes et se remit : cependant il n'eut pas la force de se lever. Agnès entra : elle était pâle et avait les yeux baissés ; elle s'approcha en tremblant.

— Buat, dit-il, fais appeler Peillon. Puis il se tourna vers la vicomtesse.

— Agnès, lui dit-il, vous allez me quitter ; mais il ne faut pas, je ne veux pas que vous ayez a mendier de qui que ce soit, fût-ce de votre frère d'Aragon, ou de votre sœur Marie, un asile qu'un mot ou un regard pourrait vous reprocher ou vous rendre odieux. Aujourd'hui, dans cette ville qui m'est ennemie, je ne puis faire pour vous tout ce que je dois ; car, Dieu sait, dans l'état d'interdit et de malédiction où je suis, si j'y trouverais des hommes pour approuver de leur sceau et témoigner par leurs noms des donations que je veux vous faire. Les temps viendront, je l'espère, où j'accomplirai ce devoir. Ne considérez donc ce que je fais en ce moment que comme le premier paiement de la dette que je contracte ici envers vous. C'est tout ce que je puis, Agnès. J'espère que je n'ai pas perdu si complètement l'estime de toutes les âmes que vous ne soyez assurée que je fais tout ce que je puis.

— Seigneur vicomte, dit Agnès, je ne puis ni ne dois...

— Ne me refusez pas, Agnès, dit le vicomte, je vous en prie. Ce que je vais vous donner ne suffit pas à la vie d'une femme; ce qui me restera, dût-on m'arracher mes quatre comtés, suffira toujours à la vie d'un homme. Il me restera mon épée, et, quand je n'aurai plus ni ville, ni bourg, ni palais, ni chaumière, ni toit où abriter ma tête, je la planterai sur quelque lande stérile ou sur quelque grève déserte et je me coucherai à côté, sûr de ma vie comme sous la main de Dieu.

Agnès ne répondit pas, et Buat rentra aussitôt: mais il avait à la fois l'air consterné et irrité.

— Peillon est parti, s'écria-t-il; Peillon s'est enfui, emportant votre trésor et tout l'or que vous lui aviez confié.

— Peillon est parti, s'écria Roger en se relevant le visage consterné et le regard perdu.

— Seigneur, dit Agnès timidement, je n'ai besoin de rien.

— Oh! merci, merci, de votre pitié, Madame, dit Roger en se laissant aller à pleurer comme un enfant; vous voyez bien que je suis le plus malheureux des hommes.

Et comme Agnès, entraînée par Arnauld, s'éloignait lentement, et en jetant sur Roger un regard qui semblait lui demander la permission de rester, il se reprit à dire, comme un homme sans force et sans courage :

— N'est-ce pas que je suis bien malheureux?

Puis, quand cette jeune fille fut sortie, comme si elle emportait sa dernière espérance, comme si elle brisait le dernier lien qui l'attachait au monde, cette jeune fille qu'il détestait la veille, il tomba à genoux et s'écria :

— Mon Dieu, mon Dieu! prenez pitié de moi!.. Et il s'évanouit.

III.

Conseil.

Il se passa près d'une heure avant que Roger reprît entièrement connaissance. Lorsque les amis qui l'entouraient virent qu'il était revenu à lui, ils lui conseillèrent le repos et voulurent se retirer. Roger les pria de rester et sortit lui-même un moment. Ils se regardèrent entre eux avec confusion. Gérard de Pépieux, le premier, rompit le silence.

— Il faut penser à notre défense personnelle,

sires chevaliers; la force d'âme du vicomte s'est perdue en débauches et en intrigues de femmes; il n'a plus ni la tête assez libre, ni le bras assez ferme pour pourvoir à la sûreté de ses quatre comtés. C'est à nous à voir ce que chacun peut espérer de son propre courage et de sa propre prudence.

— Quel que soit l'état du vicomte, sire de Pépieux, reprit Saissac, chacun de nous ne doit espérer que dans le courage de tous et dans la prudence de tous; car, si j'ai bien compris vos paroles, il serait convenable que chacun se retirât dans ses terres et châtellenies, et que là il lui fût libre de mesurer s'il peut résister à nos ennemis ou s'accommoder avec eux. Prenez garde qu'en une pareille détermination le courage deviendrait folie et la prudence trahison. Ce qu'il y a de plus convenable, c'est de prendre tous ensemble une décision que nous exécuterons tous ensemble.

Certes Saissac était un ami dévoué du vicomte; mais il avait été son tuteur, et il avait tellement gardé l'habitude du conseil et de la tutelle qu'il y revenait à toute occasion où se montrait le moindre point pour l'y glisser.

— Cependant, dit Pépieux, si le suzerain

manque à ses vassaux, les vassaux ne peuvent être liés envers le chef, et je ne me sens pas disposé à prêter aide et obéissance à qui ne peut me rendre ni aide ni protection.

— Ceci est mal raisonné, reprit Saissac, car vous ne vous êtes pas cru délié de votre foi et hommage envers le vicomte lorsqu'il était faible et mineur, quoiqu'il ne pût vous rendre alors par lui-même l'aide et la protection qu'il vous devait en retour. Il en est aujourd'hui de même. Qu'il soit mineur par l'âge ou par la faiblesse de son caractère, nul de ses chevaliers ne peut se séparer de lui sans traîtrise ; mais chacun doit concourir de son mieux à lui faire un conseil d'où sorte son salut.

— Ah! s'écria Pierre de Cabaret le silencieux capitaine, selon la chronique, c'est de nos épées que sortira son salut et le nôtre ; le bruit d'une lance sur un heaume et d'une épée sur un bouclier parle plus haut que tous les conseils. Sus, mes frères, aux armes ! voilà tout le conseil et toute la prudence.

— Ceci est d'un loyal châtelain, répondit Saissac. Mais avant d'en venir à cette extrémité, il faut épuiser toutes les voies d'accommodement ; et il serait nécessaire qu'un de nous, chargé du pouvoir des autres, fût député vers le légat, et vît s'il n'y a point de miséricorde à attendre de sa justice.

— Et je prétends que, pendant ce temps, ajouta Gérard de Pépieux, chacun de nous doit se retirer en sa terre pour se préparer à combattre.

— Ou à se rendre, sinon à se vendre, dit Guillaume de Minerve.

— Est-ce pour moi que vous parlez, sire de Minerve? reprit aigrement Gérard la main sur son épée.

— Je parle pour ceux qui ont la peur et le calcul au cœur. Tenez, sire Gérard, vous êtes de nous tous le plus riche en terres, en armes et en bourgs; mais vos bourgs et vos terres sont en rase plaine, et votre château de Pépieux n'a pas de fossés que ne puisse franchir un trait lancé à la fronde, et des murs que ne puissent atteindre des échelles à la main. Vous pensez à tout cela, et vous préféreriez un accommodement qui sauvât vos terres du ravage et votre château de la destruction à une guerre qui vous porterait, à coup sûr, grand préjudice. Eh bien! sire Gérard, ceci est la preuve que Dieu est juste pour tous en ce monde : car si, durant la paix, vous vous êtes gobergé en abondance de toutes choses, tandis que moi, par exemple, et notre ami Pierre de Cabaret, nous récoltions à peine dans nos lambeaux de terre, dispersés dans des creux de rochers, de quoi nourrir nos chevaux de bataille; si vous avez été ainsi favorisé, c'est à nous de l'être à cette heure : car l'heure est venue, où nos châteaux, plantés au sommet des rochers, l'heure est venue où nos chemins, taillés dans le flanc des montagnes, et nos fossés creusés en ravins par les torrens du ciel, nous protègeront mieux que vos abondantes récoltes et vos larges plaines. Mais comme notre pauvreté n'a pas été pour nous une raison d'abandonner notre seigneur et suzerain en d'autres temps, le préjudice qui vous menace n'en doit pas être une pour que vous le quittiez en celui-ci.

— Qui parle de le quitter? dit Gérard avec impatience.

— Vous n'en parlez pas, dit Pierre de Cabaret, mais vous y pensez.

— Sire Pierre, vous m'outragez et m'en ferez raison.

Pierre de Cabaret haussa les épaules et lui répondit :

— Si tu veux, Gérard, si tu veux, demain : car ta colère, ta bravoure, ton dévoûment, c'est toutes choses d'une heure; ta trahison de même. Crois bien que si je ne compte pas sur toi pour nous, je ne compte pas sur toi pour nos ennemis.

— Qu'il en soit ainsi ou autrement, s'écria Gérard, cette heure est plus qu'il n'en faut pour t'apprendre à parler dignement d'un chevalier.

Pierre Cabaret fit un signe à Guillaume de Minerve qui s'apprêta à le suivre, et Gérard fit un signe pareil à un autre chevalier qui était Guillaume de Lérida, chevalier citadin de Carcassonne, fameux par son hérésie et sa farouche exaltation. Ils allaient sortir tous les quatre lorsque Saissac s'interposa :

— Est-ce là votre dévoûment au vicomte? s'écria-t-il : vous, Pierre, ne le montrerez-vous pas mieux en n'exposant point votre vie pour d'autre cause que pour la sienne? et vous, Gérard, votre fidélité ne sera-t-elle pas une meilleure preuve de votre honneur qu'un combat qui ne peut que préjudicier au vicomte, en mettant en danger l'un de vous deux? Demeurez, je vous le commande autant que le peut un homme à qui vous avez eu coutume d'obéir longues années, durant qu'il était tuteur et représentant de votre seigneur qui, je le crains bien, va en avoir besoin plus que jamais.

Les quatre chevaliers, arrêtés et entourés par ceux qui étaient présens, consentirent à ne point vider leur querelle avant d'avoir pris conseil de ce qu'il fallait faire pour le salut commun. Sur l'ordre de Saissac on apporta une grande table où se trouvaient des flambeaux de cire, une écritoire avec ses plumes d'aigle et une quantité de parchemins de toutes grandeurs. Tous les chevaliers s'assirent autour. Outre ceux que nous avons nommés il s'y trouvait Amblard de Pelapoul, Galard du Puy, Pierre Hosloup, Bernard de Miraval, Ugo de Concas, Raymond de Campendu et Étienne d'Agen; douze en tout, sur plus de deux cent cinquante chevaliers ou châtelains qui relevaient du vicomte dans ses quatre comtés. A peine chacun fut-il assis que Saissac prit la parole pour prévenir toutes nouvelles querelles.

— Sires chevaliers, leur dit-il, toute la question à résoudre c'est de savoir s'il faut combattre ou s'accommoder.

— Il faut combattre, s'écrièrent à la fois les sires de Cabaret, de Minerve, de Campendu et le chevalier de Lérida.

— Il faut s'accommoder, dirent quelques autres parmi lesquels on remarquait Galard du Puy.

— Il faut attendre, s'écria Gérard de Pépieux. Ce qu'il faut surtout, c'est que l'on ne sacrifie pas les intérêts des uns à ceux des autres, et que ceux qui ont quelque chose à risquer ne soient pas forcés de le perdre par l'entêtement d'une défense peut-être impossible.

— Et qui t'a dit, s'écria Pierre, que cette défense soit impossible?

— Le temps nous apprendra le nombre de nos ennemis, répliqua Gérard; s'ils accourent peu nombreux et sans chefs de hautes races, sans doute il serait lâche et déshonorant de ne pas nous défendre jusqu'à ce qu'ils soient exterminés de nos terres; mais si les principaux chevaliers du roi Philippe et du roi Jean se croisent avec des milliers de lances, non seulement il sera prudent, mais encore il sera honorable de s'accommoder avec eux.

— Fussent-ils plus nombreux que les étoiles au ciel et le sable dans les mers, repartit Guillaume de Minerve, je les attends dans mon manoir et leur permets de me planter en croix au sommet de mes créneaux, si jamais ils en touchent le faîte du bout de leur lance. Il faut donc nous défendre.

— Or ça, s'écria Gérard, vous appelez donc défendre un pays que laisser ravager et piller à l'aise les plaines et les villes, brûler les fermes, anéantir les bestiaux, arracher les vignes, abattre les forêts, et vous croirez lui avoir rendu un grand service parce que quelques manoirs isolés resteront debout au milieu de ce grand déluge de misères et de dévastations.

— Je ne parle pas de mon château de Cabaret, s'écria Pierre, ni du nombre de nos ennemis; car il faudra entasser les montagnes les unes sur les autres avant que leurs mangoneaux ou leurs pierrières puissent seulement toucher le pied de mes remparts; mais fussé-je seul comme Guillaume de Lérida avec ma lance et mon cheval de bataille, je dis qu'il faut combattre pour notre seigneur et le défendre jusqu'à ce que châteaux et hommes nous soyons tous par terre; et s'il reste quelque chose debout alors, ce sera notre honneur, sires chevaliers! et certes cela vaut bien la peine d'y penser.

— Tout ce que je vois jusqu'à présent de plus clair en tout ceci, dit Saissac, c'est que c'est en nous que le pays doit chercher sa défense, et qu'à défaut du vicomte, nous devenons responsables de son destin futur. C'est une chose grave et qui a besoin de réflexions. Voyons avec calme quel est l'avis de chacun de vous et ses raisons pour le soutenir : nous délibèrerons et déciderons ensuite. Que le plus ancien commence : nous sommes prêts à l'écouter.

—Non, dit Roger en entrant, non, ce sera le plus jeune qui commencera à donner son avis et ses raisons, puis il y ajoutera ses ordres s'il le faut; gardez vos places, sires chevaliers, nous allons nous occuper de nos affaires. Buat, distribue ces missives à quatre de mes valets; qu'ils les portent sur l'heure et reviennent; tu reviendras toi-même pour entendre nos conseils et nous servir d'écrivain.

Et, comme quelques chevaliers marquèrent de l'humeur et de la répugnance à ces paroles, Roger ajouta : —Cela sera ainsi, car je ne sache pas qu'aucun de vous, sires chevaliers, soit tenté de revendiquer cet honneur.

A ce moment rien ne révélait sur le visage du vicomte qu'il venait de subir les plus violentes émotions, il paraissait calme et décidé; et le léger froncement de ses sourcils ne dénotait que l'occupation d'un esprit qui rassemble avec soin toutes ses idées. Dès qu'il eut fini de parler, tous les chevaliers se turent; car, dans cette assemblée, personne, si ce n'est Buat ou Roger lui-même, n'était capable de tenir la plume et d'écrire une déclaration ou une charte quelconque. Les chevaliers s'assirent en silence; mais Roger dont l'activité d'esprit s'excitait, pour ainsi dire, par l'activité du corps, Roger continua à rester debout parcourant la salle à grands pas. Buat rentra; il s'assit à la place qui lui fut désignée, et Roger prit la parole.

— Sires chevaliers, il faut nous préparer à combattre, il faut nous préparer à traiter. Je suis pour ceux qui pensent que la guerre et le fer sont notre dernière ressource; je ne suis point contre ceux qui prennent soin des intérêts de leur fortune et qui ne veulent pas imprudemment livrer au massacre et à la dévastation leurs hommes et leurs propriétés; mais je crois le courage des uns trop précipité, la prudence des autres trop hâtive. Attaquer aujourd'hui serait imprudence, tendre des mains croisées et suppliantes serait lâcheté; il faut chausser nos éperons d'acier et mettre nos gantelets de fer, et alors nous pourrons offrir la main à nos ennemis, mais ouverte et armée, de façon qu'elle puisse s'unir à une main amie ou saisir la poignée du glaive selon la circonstance. Si notre poète accoutumé, le sire de Marvoill, était ici, il vous dirait quel fameux homme de l'antiquité a dit : Si tu veux la paix, prépare-toi à la guerre. J'ai oublié le nom de ce grand homme et non pas son précepte. C'est celui-là qu'il nous faut suivre. Sires chevaliers, nous allons mettre nos villes en état de défense, vous y mettrez vos châteaux ; et, lorsque nous serons ainsi préparés au combat, nous demanderons la paix ; quand nous pourrons parler à nos ennemis à travers les visières de nos casques, alors ils écouteront notre voix, si, comme je le crains, la fureur d'Innocent ne les a pas rendus sourds à toute honorable proposition. A ceci nous gagnerons deux choses : et d'abord le temps de nous munir convenablement ; et ensuite le bon droit, en montrant à tous les peuples de la Provence que nous avons tenté tous les moyens possibles d'accommodement. Cette marche, ce me semble, vous paraît sage et juste.

— Assurément, dit Galard du Puy, cette conduite serait excellente à tenir si nous pouvions la tenir; mais pour ce faire il faudrait que le pays fût en meilleur état. Sans doute le vicomte Roger peut exiger de ses bourgeois, chevaliers et citadins, qu'ils défendent leurs villes. Mais pour la défense d'une ville il faut plus que les hommes qui y sont enfermés, il faut des provisions pour les nourrir, des armes pour les armer; et comment avoir toutes ces choses sans argent, et le vicomte sait mieux que personne en quelle pauvreté nous sommes tous réduits, lui le premier.

— Vous vous trompez, sire du Puy, répondit Roger, je vais vous montrer qu'hommes, provisions, armes et argent, il ne me manquera rien lorsque j'en appellerai à mes fidèles populations.

— Sire vicomte, reprit Gérard de Pépieux, ne vous bercez pas d'une illusion vaine, vous n'ête point en état d'obtenir, par la force, des toltes, quêtes ou prêts forcés qui ne vous sont pas dus, et la position où vous avez mis le pays par votre faute personnelle n'engagera ni serfs, ni bourgeois, ni chevaliers à faire au delà de ce que veut la coutume. Ce n'est point ici le cas où, étant prisonnier de votre personne, ils seraient forcés de s'imposer une taille pour payer votre rançon; il ne s'agit point non plus du mariage d'une de vos filles ni d'un voyage d'outre-mer : et hors ces trois cas aucune tolte extraordinaire ne peut être imposée à aucun homme, bourgeois ou serf, sans son libre consentement. Ce consentement, sire vicomte, il ne faut pas l'espérer d'eux, car ils préfèreront se racheter directement de la conquête en payant leurs ennemis que de s'y exposer en fournissant de quoi les combattre. D'un autre côté, vous n'ignorez pas que les péages et tailles ordinaires vous ont été payés d'avance. Quels sont donc les moyens de défense qui vous restent? Aucuns, à ce qu'il paraît. Et ne vaut-il pas mieux céder tout de suite avant que l'armée des légats ne soit à nos portes que d'être forcés de traiter plus tard, lorsque les dépenses qu'ils auront faites les rendront plus exigeans? Et si quelques uns ici croient que l'honneur y sera compromis, j'ajouterai que c'est le jouer bien plus que de s'exposer à s'humilier après une vaine bravade.

— Sire de Pépieux, je vous remercie de vos avis, et suis charmé de voir que mes chevaliers me rendent si complètement ce qu'ils me doivent : leurs bons conseils quand je les leur demande; leurs armes et leurs personnes, je l'espère, quand je les exigerai. Je suppose que ceci ne vous embarrasse pas plus que moi, et que vous tenez cette ressource pour assurée parmi celles qui me restent. Quant à mes bourgeois et serfs de terre et de corps, je ne les imposerai pas contre leur volonté; mais je ferai, pour les lier à ma cause, ce que nos ennemis ont fait pour attacher tant d'hommes à la leur. Je ferai pour la défense ce que Rome fait pour l'attaque.

— Sire vicomte, reprit Gérard, Rome a en elle une source de richesses supérieures à l'or et à l'argent, car elle est inépuisable et ne lui coûte qu'une parole. C'est avec cette monnaie qu'elle paie ses soldats. Elle a promis indulgence plénière et remise de tous péchés commis jusqu'à ce jour à tout homme qui suivrait la croisade contre notre malheureux pays pendant quarante jours seulement. Qu'opposerezvous à cette formidable puissance qui ne soit bientôt tari et épuisé?

— Les biens du ciel sont précieux sans doute, mais ceux de la terre ne sont pas sans exciter les désirs des hommes. Ceux-ci sont en nos mains, sires chevaliers ; ce sont ceux-là que j'opposerai aux indulgences de Rome ; et je ne sais si je ne trouverai pas plus d'hommes qui achèteront plus cher une chance de bien vivre qu'une chance de bien mourir. Écris, Buat, écris que je donne à tous hommes, serfs de terre ou de corps de mes domaines, le droit de marier leurs filles actuellement vivantes, nubiles ou autres, sans ma permission de seigneur, moyennant pour les serfs de corps vingt-cinq sols melgoriens ou un demi-marc d'argent fin, et pour les serfs de terre moyennant une mesure toulousaine de blé ou avoine qu'ils verseront dans mes greniers d'Albi, de Carcassonne et de Beziers. Ajoute que ce droit passera à perpétuité à leur postérité moyennant qu'ils décupleront la redevance ci-dessus portée. Ajoute que pour pareille redevance ils peuvent obtenir, soit pour eux, soit pour leur postérité, le droit de faire embrasser à leurs fils l'état ecclésiastique sans notre permission suzeraine. Rédige l'acte ainsi que de coutume. Je le scellerai de mon sceau, et tu le remettras en quatre copies à chacun des sénéchaux de nos comtés pour qu'il soit proclamé à son de trompe et de tambour par toutes nos campagnes, et avant deux semaines écoulées, afin que le délai pour tous ceux qui voudront profiter de la présente charte soit écoulé dans un mois.

— Sans doute, dit Dupuy, une pareille mesure produira quelque argent et quelques provisions, mais cela sera bien loin d'être suffisant; car peu d'hommes se pésenteront pour en profiter; et c'est dépouiller la vicomté de ses droits les plus précieux. C'est d'ailleurs une nouveauté sans exemple.

— Vous avez l'esprit si préoccupé de l'impossibilité de notre défense, reprit Roger, que votre raison et vos souvenirs sont absens de vos paroles. D'abord ce n'est point une nouveauté, car vous, Saissac et Gérard, ici présens, avez signé, il y a tantôt vingt ans, pareille concession à Bernard Beausadun et à Arnauld Morel, lorsque vous gériez mes affaires comme mes tuteurs. Ceci doit vous être flatteur, et il me semble que je ne puis faire mieux aujourd'hui que vous n'avez fait jadis. Le reste de vos paroles est encore plus privé de sens et de réflexion. Ou beaucoup d'hommes se présenteront, et alors la ressource sera grande et profitable ; ou peu feront un tel marché, et alors la vicomté ne sera point dépouillée de ses droits. Je vais vous montrer qu'il lui en reste plus que vous ne pensez, dont nous pourrons encore faire argent. Écris, Buat. Dis qu'il sera permis à tout chevalier, citadin, bourgeois, serf de corps ou de terre d'acquérir les terres libres en nos comtés, sans que cette acquisition les soumette aux redevances seigneuriales qui les atteignaient auparavant en passant dans leurs mains, et en faisaient des terres liges et de notre mouvance. Ce droit s'acquerra moyennant une somme de cinq cents sols melgoriens ou dix marcs d'argent fin. Cet acte, tu le feras transcrire en six copies pour être envoyé à nos viguiers d'Albi, de Castres, d'Allet, de Beziers, de Pézenas, de Carcassonne, et de Lille en Albigeois. Je pense, sires chevaliers, que vous vous trouverez honorés et satisfaits de ce que vos terres reçoivent de moi cet honneur et cette valeur, qui, du moment qu'elles vous ont appartenu, deviennent à perpétuité terres libres et de franc-alleu. Cette mesure doit vous honorer puisqu'elle fait que la terre dont souvent le nom seul reste à vos enfans ne peut plus être entachée de servitude; et elle doit vous satisfaire, car elle accroît la valeur de vos biens que les bourgeois ou chevaliers citadins ne pouvaient acquérir qu'en les voyant diminuer de prix, par cela seul qu'ils les acquéraient.

Chacun approuva cette mesure, Gérard de Pépieux plus que tout autre, qui prévoyait ainsi le moyen de se défaire de ses belles prairies et de ses champs pour les changer en richesses plus faciles à défendre et à emporter.

—Sans doute, dit-il, ces deux octrois amèneront l'argent suffisant pour approvisionner les places et avoir des armes. Mais où trouver des soldats? car, en forçant le droit de chevauchée aussi haut que possible, il ne fournira jamais assez d'hommes pour la guerre à laquelle il faut nous préparer.

—Eh bien! dit Roger, les hommes se trouveront comme l'argent. Écris, Buat, deux actes pareils à ceux-ci, le premier en quatre et le second en sept copies: le premier pour nos sénéchaux de campagne, le second pour les viguiers de nos villes. Écris au premier que tous serfs de corps ou de terre qui viendront habiter nos villes y dénommées acquerront, par le seul fait de leur habitation pendant un an dans lesdites villes, la qualité d'hommes libres, et qu'ils en deviendront bourgeois en s'y conformant aux redevances dues par les bourgeois, tant pour le service militaire qu'ils font de leur personne, que pour la quête qu'ils paient pour le bon entretien des murailles.

— C'est dépeupler les campagnes au profit des villes, s'écria Gérard.

— Les campagnes n'ont point bsesoin d'être défendues, puisque, à votre dire, elles ne peuvent l'être ; il faut donc songer à la protection des villes qui doivent devenir dans ce moment notre premier et important asile. Continue, Buat, et écris au second acte que je t'ai commandé que tout bourgeois vivant noblement sera admis à l'ordre de chevalerie, et recevra la ceinture militaire sur l'attestation de vingt-trois bourgeois ou chevaliers de la comté, certifiant son mérite, sa loyauté et son courage, et cela sans que le seigneur de sa ville puisse s'y opposer.

Cette dernière décision excita un grand murmure parmi les chevaliers ; plusieurs se récrièrent que c'était une nouveauté sans exemple, une dégradation de l'ordre de la chevalerie.

— Or donc, Messires, dit Roger après avoir laissé écouler toutes leurs exclamations, vous voulez que la permission d'un seigneur et son caprice soient préférables au choix de vingt-trois des plus honorables habitans d'une ville? vous dites que c'est une nouveauté, et qu'elle amènera la dégradation de la noblesse? Cette nouveauté, Messieurs, est la coutume immémoriale de la ville de Beaucaire, et j'en appelle à messire d'Hosloup, qui a obtenu sa ceinture militaire de cette manière. Est-il aussi aisé de gagner l'estime de vingt-trois notables habitans d'une ville que la faveur d'un seigneur? et quels que soit la valeur et le renom des chevaliers de mes comtés, n'est-il pas avéré que la chevalerie de Beaucaire est la plus célèbre de la province pour son courage et sa splendeur? Faites-donc trêve à ces vaines réclamations, et maintenant que je vous ai montré ce que je pouvais faire, sachez que c'est ce que je veux faire, et que cette volonté est inébranlable. Permis à ceux qui me trouvent coupable ou insensé de ne point s'y soumettre, mais permis à moi de les dénoncer dès ce jour comme lâches et félons, et de les punir et dépouiller de leurs propriétés pour en revêtir tel chevalier qu'il me plaira. N'est-ce pas la loi, sire de Pépieux? n'est-ce pas justice, chevalier de Lérida?

Le premier courba la tête en signe d'assentiment; et le second, qui ne demandait pas mieux que voir un cas de félonie se présenter pour en pouvoir profiter, lui pauvre citadin sans terres ni château, Lérida s'écria :

— C'est justice, Monseigneur, exacte justice.

— Maintenant, Messires, au point du jour nous quitterons cette cité; que chacun de vous aille en prévenir ceux de sa mouvance, chevaliers ou autres; le rendez-vous est ici au soleil levant. Maintenant aussi vous qui m'avez été fidèles, recevez mon remercîment : j'étais encore enfant lorsque vous me rendîtes foi et hommage, jurant de me protéger de votre force et de votre autorité ; aujourd'hui que je suis un homme, je vous rends serment pour serment. Sur mon âme et notre Seigneur Jésus-Christ, je vous jure qu'il ne sera fait tort à aucun de vous, que ce tort ne devienne mien, aucune offense qui ne devienne mon offense; et je vous jure que tant qu'il me restera un champ au soleil, un sol en mon trésor, une épée au poing, une goutte de sang dans mes veines, vous les pourrez demander pour réparer vos torts ou venger vos offenses. Par ainsi, me tenez-vous pour votre ami et votre suzerain?

— Pour notre suzerain et notre ami, s'écrièrent tous les chevaliers.

Ils sortirent tous, à l'exception de Pierre de Cabaret et de Saissac qui demeurèrent sur un signe de Roger. Ni l'un ni l'autre n'avaient fait la moindre observation à tout ce qu'avait décidé le vicomte; Pierre de Cabaret, parce qu'il était de sa nature et de ses habitudes d'obéir aveuglément à tout ordre de son suzerain; Saissac, parce qu'il avait trop de connaissance du caractère du vicomte pour ne point voir qu'il était dans un de ces momens où sa volonté était inflexible comme le roc, et qu'en s'y opposant, il n'eût fait que la rendre moins souveraine pour les chevaliers présens, sans cependant y rien changer; d'ailleurs il avait trop d'habitude des affaires pour ne point reconnaître avec quelle rapidité et quelle supériorité le vicomte avait découvert et employé les ressources qui lui restaient dans ce moment de détresse. Quand Roger se retrouva seul avec ses intimes, il ne craignit pas de descendre avec eux de la fière froideur où il s'était enfermé vis-à-vis des autres; il s'assit, et, après s'être fait servir une coupe pleine d'une eau glacée mêlée de jus d'orange, il dit à Pierre de Cabaret:

— Sur mon âme, mon vieux chevalier, j'ai cru que j'allais mourir quand je me suis laissé aller là tout à l'heure, comme je faisais étant enfant, et que je me coupais le doigt en me façonnant une flèche avec un couteau; c'est une infirmité de ma nature. Il y a des momens où le cœur me manque comme à une fille de quinze ans.

— Ce n'est pas au combat, Monseigneur.

— C'est que, vois-tu, mon bon Pierre, on sait où l'on va au combat; la pire chance, c'est d'y être tué ou vaincu, et on se fait par avance une raison pour ces sortes de malheurs, au lieu que dans la vie il en advient de si inattendus et de si profonds qu'ils vous anéantissent avant qu'on ait pu y prendre garde, et se cuirasser contre eux.

— Et maintenant, Monseigneur? dit Pierre en s'approchant de lui.

— Maintenant tout est fini, mon bon soldat, et nous n'avons plus qu'à nous mettre l'épée au flanc et le casque en tête, et nous battre bravement et à mourir de même, si l'on veut.

— Qui peut empêcher un chevalier de mourir ainsi ? reprit Pierre.

— Qui sait ? dit Roger. Il y a la trahison qui tue le corps aussi bien que l'âme ; on peut donner un coup de poignard ou un gobelet de poison à celui dont on a fait mentir la vie et calomnié le cœur. Mais ne pensons plus à cela. Buat, va voir si les hommes que j'ai fait mander sont arrivés.

Buat sortit; et, pendant qu'il s'éloignait, Saissac le suivit des yeux avec attention, et quand il eut rencontré le regard de Roger, celui-ci lui sourit doucement, lui tendit la main, et, lui montrant Buat d'un signe de tête, il lui dit:

— Il est brave et fort comme le lion, il est patient comme la tortue; si j'avais une vengeance à léguer, je la lui remettrais en main.

Buat rentra.

— Nathanias le médecin et le marchand Nin-Benjamin, tous deux juifs, sont arrivés avec le Pisan Marc-Moreira. Le notaire Jéhan de Frédelas attend aussi.

— Fais entrer Nathanias d'abord, dit le vicomte.

Dès que le médecin fut entré :

— Maître, lui dit-il, je t'ai fait appeler pour te demander s'il ne te convient point de quitter la ville de Montpellier, qui, d'après ce qui s'est passé au logis de Catherine Rebuffe, n'est plus un lieu de sûreté pour toi. Si cela te plaît, et si tu n'as pas encore fait choix d'un asile, je t'offre un logement en mon château de Carcassonne avec trois cents sous de gages par an, pour que tu sois le médecin de nos hommes et de nous-mêmes, et que tu puisses les secourir en cas de blessures graves; car, je sais que tu es grandement expert en ta science.

— Monseigneur, reprit Nathanias, le roi d'Aragon m'a fait assurer de sa protection, si l'église romaine voulait m'inquiéter pour le cas de Pierre Mauran, et je ne puis quitter Montpellier sans son mandat, et sans avoir remis en bonne santé un chétif malade qu'il m'a confié, le poète Vidal qui a été rudement maltraité par les chiens de la dame de Penaultier.

— Et penses-tu le sauver ?

— Je n'en fais nul doute, Monseigneur; un fou, cela vit de soi; car le mal de corps n'est rien si n'était l'âme qui vient toujours l'aiguillonner.

— Tu as raison, dit Roger pensif.

— Ainsi, dit Nathanias, nous aurions sauvé ce pauvre Mauran si n'eût été sa rage d'hérésie et les coups de bûche qu'on lui a donnés, quoiqu'il eût été cruellement maltraité par une compagnie d'infâmes routiers.

— Chien de juif, dit Buat, qui t'a permis de parler mal des routiers?

— Je répète ce que j'ai entendu dire, répondit Nathanias tremblant.

— Ainsi, dit Roger, je ne puis compter sur toi?

— Bien au contraire, Monseigneur, parce que je vous estime comme le plus brave et libéral chevalier de la contrée; or j'irai par inclination et honneur, quoique ma vie soit en sûreté dans Montpellier, et que le roi d'Aragon m'ait fait offrir cinq cents sous melgoriens.

— Assez, dit Roger, je te comprends : tu es sûr d'être brûlé si tu restes à Montpellier, et Pierre d'Aragon t'a fait chasser de son palais. Je vous connais, toi et les tiens. Accepte mon affaire, ou je songerai à Samuel Bien Salomon.

— Samuel Bien Salomon est un ignorant, s'écria Nathanias, et Monseigneur connaît trop le prix de la vraie science...

— Allons, dit Roger, j'ajouterai deux robes fourrées à tes gages, et tu viendras.

— Quand partons-nous, Monseigneur? dit Nathanias.

— Au point du jour. Et, du geste, Roger le congédia. En le regardant s'éloigner, il ne put s'empêcher de dire :

— C'est une singulière et inconcevable race que celle de ces hommes, qui ont tellement le mensonge et la rapacité dans le sang que rien ne puisse les en corriger. En voici un, le plus savant homme qui existe peut-être en Provence, à qui l'étude des grandes et belles sciences eût dû agrandir l'esprit et élever le cœur, et qui trafique de lui et de son savoir comme le dernier marchand d'un manteau de tiretaine. Heureusement qu'il m'a fait la leçon pour l'autre. Buat, fais entrer Nin-Benjamin.

Nin-Benjamin entra. C'était un marchand juif, voilà son portrait. Je pense que nos lecteurs en ont lu quelques uns dans leur vie, ne fût-ce que celui du beau poème de Scott, celui d'Ivanhoë. Dès que Nin-Benjamin fut entré, le vicomte lui dit :

— Tu as vu, en entrant ici, le Pisan Marc Moreira? il va me signer, à l'instant, le marché que je vais te proposer si tu ne me le signes avant lui.

— Je puis faire tout ce que peut faire le Pisan Marc Moreira, si ce que fait Marc Moreira est raisonnable et possible, répondit le juif.

— Tu vas en juger, dit Roger : tu possèdes, par toi ou les tiens, une immense quantité d'or dont l'emploi vous embarrasse?

— Monseigneur se trompe, et nous sommes si pauvres depuis que l'édit du roi Philippe a chassé nos frères des terres de France, que c'est une bien vaine supposition que dire que nous possédons des monceaux d'or.

— S'il en est ainsi, dit Roger, qu'on fasse entrer Marc Moreira.

— Cependant, Monseigneur, s'écria Nin-Benjamin, il est possible que mes frères....

— Écoute, dit Roger, je n'ai pas le temps de te poursuivre dans tes détours de friponnerie; ne m'interromps pas, et dis oui ou non quand j'aurai fini.

— J'écoute, Monseigneur.

— Vous avez des monceaux d'or, et tu sais bien, toi, que les juifs de la Provence en ont d'autant plus qu'on n'y a peu exécuté l'édit du roi Philippe qui les chasse du royaume; mais cet or, vous ne savez qu'en faire. Vous avez beau le convertir en couronnes, bracelets et joyaux, en christs et en vierges, en saints et en calices de toutes formes, il est pour vous un fardeau plus qu'une richesse, car vous n'en trouvez que rarement l'emploi, et jamais suffisamment. D'une autre part, pour l'échange de marchandises un lingot n'est pas chose facile à supputer comme une monnaie courante. Eh bien, je te donne, à partir de ce jour jusqu'à la fin de juillet prochain, qui arrive dans trois mois, je te donne mon sceau pour en frapper monnaie en or et en argent, jusqu'à telle somme qu'il te plaira, en me comptant, d'ici à une heure, une somme de cent mille sous de vingt-cinq au marc d'argent, c'est-à-dire en sous raymondiens, et en me signant un engagement pour pareille somme dans un mois.

— Deux cent mille sous, Monseigneur; c'est folie, c'est impossible, répondit le juif avec un sourire dédaigneux.

— Appelez le Pisan Marc Moreira, dit Roger en se levant.

— Cependant, Monseigneur, si cinquante mille sous...

— Un mot de plus, et je te fais chasser à coups de fouets... va-t'en... voici Marc Moreira.

Le Juif sentait bien que l'affaire était excellente, et si on lui avait demandé quatre cent mille sous, peut-être en eût-il offert deux cent mille; mais conclure une affaire sans marchander lui était aussi impossible que de ne pas avoir soif ou faim. Cependant, voyant que Roger s'avançait vers la porte, il dit avec désespoir :

— Eh bien! Monseigneur, cent cinquante...

— Marc Moreira, maître Marc Moreira, dit Roger en levant lui-même la portière et en appelant le Pisan.

— Vous aurez tout, Monseigneur!... s'écria Nin-Benjamin à voix basse; mais ne dites pas que j'ai fait cette folie.

Le juif mettait le silence comme condition à son marché, pour se dire qu'il avait attrapé quelque chose.

— C'est, dit Roger, à Moreira qui entrait, avec notre notaire Jehan de Fredelas que je voulais d'abord appeler; excusez, mon maître, vous allez avoir votre tour.

—Ah! dit Nin-Benjamin; vous avez une affaire à traiter avec le Pisan : s'il s'agit d'étoffes, d'armures, de chevaux, ou de marchandises de quelque sorte qu'elles soient, nous sommes aussi bien approvisionnés que peuvent l'être tous les Pisans de Montpellier.

—Non, dit Roger, il ne s'agit en ceci ni de vendre ni d'acheter; mais puisque tu as des armures et des chevaux, voici Buat et le sire de Cabaret qui vont t'accompagner et qui en choisiront quelques unes pour notre compte. Maître Fredelas, approchez et faites l'acte que je vais vous dicter.

Selon la coutume pour toute affaire qui engageait les deux parties, Jehan écrivit ledit acte au haut du parchemin, et, lorsqu'il fut arrivé à peu près au tiers de la hauteur, il tourna le parchemin et acheva l'acte de l'autre côté, ayant soin qu'il n'occupât aussi que le tiers de cette seconde page; cela fait, il le recopia au bas du parchemin des deux côtés et sur le tiers aussi de chacun des deux côtés, de façon qu'entre les deux actes il restait un grand blanc. Quand les deux actes furent dûment collationnés et signés tous deux par le vicomte et Nin-Benjamin, Fredelas inscrivit sur le blanc qui restait les lettres de l'alphabet en grandes majuscules contournées, et y apposa sa signature écrite de bas en haut et de haut en bas; puis il sépara les deux actes avec une longue paire de ciseaux, en les partageant également de façon que les lettres de l'alphabet et sa signature fussent coupées en deux, une moitié restant attachée à chaque acte, comme on fait encore de nos jours pour ce qu'on appelle les registres à talon. Les actes ainsi séparés étaient remis à chacune des parties, et, lorsqu'on les produisait en justice, ils devaient se rapporter complètement, sous peine d'être déclarés nuls. Nin-Benjamin sortit pour aller préparer son paiement, et Marc Moreira fut introduit. C'était un grave personnage portant un bonnet fourré; il avait une robe de soie flottante, une large ceinture où se glissait un mince poignard et des bottines d'un rouge écarlate. Roger se leva pour le recevoir, et lui fit donner un siége.

—Maître, lui dit-il, je vous prie de m'excuser si je vous ai fait appeler à une heure aussi indue; mais la nécessité a été plus forte que la convenance; cette nécessité est même plus forte que la prudence que l'on doit garder dans l'espèce d'affaires dont je veux vous entretenir, et le mystère qu'on doit y mettre; mais je vous sais homme d'honneur, et d'ailleurs ce que j'ai à vous proposer n'est chose nouvelle ni pour vous ni pour moi; seulement, nous pouvons conclure aujourd'hui ensemble et dans une heure ce que mon argentier traînait en longueur depuis tantôt deux ans. Vous m'avez fait demander pour notre ville de Carcassonne le droit d'y établir les marchands de Pise. Les Arméniens, vous le savez, et les Candiens me le demandaient aussi : mais je préfère votre nation à la leur, et suis prêt à traiter avec vous, si l'indemnité que vous m'offrez est raisonnable.

—Monseigneur, dit Marc Moreira, la ville de Montpellier nous a permis de nous établir dans le second faubourg; elle nous a donné une rue particulière fermée de chaînes et de portes pour notre sûreté en cas d'émoi et de pillage : elle nous a en outre laissé notre droit de juridiction entre nous pour les faits où ne se sont pas mêlés des citoyens de la ville; elle a permis encore l'établissement d'un consulat chargé de la surveillance et de la protection des marchands pisans, et pour toutes ces concessions, nous avons donné à la ville de Montpellier la somme de mille marcs d'argent fin une fois payée, et une redevance annuelle de cinquante marcs d'argent. J'en produirai le titre quand vous le voudrez.

— C'est inutile, maître, je vous connais et sais que votre parole vaut tous les écrits. Maintenant, que pouvez-vous me donner pour des avantages pareils à ceux que vous venez de me nommer?

— Si, d'un côté, vous voulez considérer que la ville de Carcassonne est bien moins populeuse et riche que celle de Montpellier, vous penserez sans doute que la somme doit être moindre; mais, d'une autre part, si vous voulez vous engager à ne faire ces avantages à aucune autre nation, et à n'admettre pendant dix ans ni les Arméniens, ni les Génois, ni les Candiens, à pareil traité, nous pourrons vous offrir pareille somme.

— C'est conclu, dit le vicomte ; vous ferez dresser l'acte, maître Fredelas va vous suivre. Quant au paiement, je désire qu'il me soit fait à Carcassonne, en monnaie septemne, d'aujourd'hui à un mois.

— En voulez-vous une garantie, Monseigneur?

— Je n'ai besoin que de votre parole. Adieu, maître; que Dieu vous conduise.

Dès qu'il fut sorti, Roger dit à Buat :

— Va maintenant chez ce coquin de Nin-Benjamin; compte trois fois l'argent dans les sacs, quatre fois les sacs sur le dos des valets, et dix fois les valets en sortant; regarde les armures à la lueur des flambeaux, et tu seras volé demain de plus de deux mille sous, je te jure.

— Monseigneur, dit Buat en riant, je me souviendrai que j'ai été routier.

— Tu prendras sur cet argent ce qu'il faut pour payer ta compagnie. La foire libre te protégera quatre jours encore, et tu pourras rassembler tous tes hommes. Fais qu'ils soient équipés en gens de guerre, et non pas en brigands. Demain nous prendrons un lieu de rendez-vous.

Une heure après, Roger s'était retiré dans sa chambre, et, au point du jour, armé de sa cotte de mailles, la tête découverte, le front serein et presque joyeux, Roger, accompagné d'une trentaine de chevaliers, surplus de deux cents qui relevaient de lui, sortit de la ville de Montpellier au galop de son cheval Algibeck, qui s'arrêta instinctivement en passant devant la rue où était la maison de Catherine; mais nul ne s'en aperçut, car Roger le pressa de l'éperon, et le força de continuer sa route, sans détourner seulement la tête ni interrompre la conversation qu'il avait avec Saissac.

LIVRE CINQUIÈME.

I.

Le Suzerain et son Vassal.

A trois mois de là nous retrouvons encore Roger dans la ville de Montpellier. Tout ce temps avait été employé par lui à compléter, par l'exécution, les mesures qu'il avait décidées en présence de ses chevaliers. Ses deux villes de Beziers et de Carcassonne avaient été l'objet particulier de ses soins, parce que c'étaient celles où la fidélité des habitans lui paraissait la plus assurée. Dans l'opinion des plus prudens, la croisade devait y passer comme un torrent, et le fait d'y résister seulement pendant les quarante jours qui étaient imposés aux croisés pour gagner leurs indulgences, promettait une bonne chance ou de la vaincre ou de traiter avec elle; d'un autre côté, elle devait traîner à sa suite de telles exactions et de si grandes cruautés, que Roger ne doutait pas que le premier moment d'effroi passé ou remplacé par le désespoir, toutes les populations ne se levassent pour purger le sol de la Provence d'un si lourd fléau. Alors il comptait bien reprendre sa place en tête de ce mouvement, et y trouver la récompense de sa persécution.

Cependant, comme il était décidé depuis long-temps dans la marche qu'il voulait suivre, il se rendit à Montpellier dès qu'il apprit que l'armée des croisés y était arrivée, quoiqu'il n'eût aucune espérance probable de rien gagner des chevaliers croisés et particulièrement du nouveau légat Arnaud, abbé de Citeaux, qu'Innocent III avait joint à Milon, que les croisés avaient nommé général de la croisade. Cependant il croyait devoir à ses vassaux de tout tenter pour les soustraire aux malheurs d'une pareille guerre, et en outre il comptait profiter de sa présence à Montpellier pour connaître l'esprit et le nombre des combattans qu'il avait pour ennemis; il n'hésita donc pas à venir dans la ville où ils étaient assemblés. Il serait convenable de nombrer ici tous les nobles seigneurs de France qui prirent part à cette croisade; mais cette énumération serait sns doute fatigante, et les renseignemens nécessaires au lecteur pour saisir lucidement le fil de cette histoire se trouvent naturellement exposés dans l'entrevue qu'eurent ensemble le comte de Toulouse et Roger, la veille du jour où celui-ci fut admis en présence des légats.

Dès le matin de son arrivée, Roger avait reçu un message secret du comte de Toulouse; ce message verbal lui avait été transmis par Raymond-Lombard qui, avec quelques chevaliers, avait accompagné son seigneur à Montpellier. Roger fut sur le point de se refuser à cette invitation; mais comme il connaissait le caractère indécis de son oncle, sa marche tortueuse en toutes choses, il pensa qu'il pourrait tirer quelques secrets utiles de cet entretien, et il se décida à voir Raymond. Lorsque Roger entra dans la chambre où l'attendait le comte, celui-ci le salua de la main. Il était pâle, maigri, et profondément soucieux ; en trois mois, ses cheveux avaient grisonné, et son front était devenu chauve et ridé. Roger le regarda avec étonnement, presque avec pitié ; lui-même avait le teint hâlé et brûlé, soit résultat de la fatigue qu'il avait éprouvée dans les trois mois qui venaient de s'écouler, soit que les chagrins qu'il portait en soi l'eussent déjà flétri, tout jeune qu'il était, en le dévorant intérieurement ; car depuis le jour de l'assemblée des chevaliers, ni le nom de Catherine, ni celui de Pons, ni celui d'Agnès, n'étaient sortis de sa bouche. De plus adroits que ceux qui l'entouraient à deviner le secret du cœur des hommes eussent reconnu que sa jeune épouse avait pris rang dans son cœur à une place bien intime, puisqu'il enfermait son nom dans le même silence qu'il gardait sur les deux affections les plus chères de sa vie, l'amour de Catherine et l'amitié de Pons de Sabran. Quand Raymond eut à son tour considéré le vicomte, il branla tristement la tête, et dit :

— Tu m'as voulu sauver les douleurs que j'ai au cœur et les rides que j'ai au front, Roger, et pourtant elles sont venues ; j'ai voulu te faire le chagrin que tu souffres et te donner la pâleur qui te blanchit le visage, et ils sont venus aussi. Misérable vie que celle où le mal et le bien ont le même succès et la même récompense!

— Vous vous trompez, sire comte, dit froidement Roger, il y a différence entre la pâleur de la fatigue et celle de la peur, entre le souci de faire ce qu'on doit et le remords d'avoir fait ce qu'on ne devait pas faire.

Le comte se tourmenta un instant sur son fauteuil en poussant des soupirs désolés, puis il s'écria tout-à-coup:

— Malheur sur moi! Roger; et Dieu veuille qu'il ne faille pas bientôt ajouter malheur sur toi! La Provence est perdue, et la puissance romaine nous envahit comme une plaie dévorante.

— Le voyez-vous enfin? dit Roger.

— Ah! s'écria le comte, c'est Dieu qui t'inspirait le jour où tu nous dénonças les projets de Rome et l'avenir de nos comtés.

— Je ne mets point d'orgueil, reprit Roger, à avoir mieux compris que vous l'esprit de Rome; mais votre tristesse d'aujourd'hui m'étonne autant que votre aveuglement d'alors. Rien n'est commencé encore, et vous désespérez déjà.

— Non, dit le comte, non, j'espère encore en toi, en toi, Roger, l'enfant chéri de ma sœur Adélaïde, que j'ai plus aimée que toute chose de ce monde.

— Je le sais, dit Roger, et c'est le souvenir de cette tendresse pour ma mère qui m'a fait oublier votre haine contre moi, et m'a déterminé à venir en ce lieu.

— Je ne te hais pas, Roger; tu te trompes, c'est fatalité, c'est enchantement qui m'ont ainsi égaré l'esprit.

La tristesse de Raymond était si profonde que Roger ne se sentit pas le courage de l'accabler tout-à-fait en lui reprochant, non point seulement ses fautes, mais ses coupables projets contre lui. Il se rapprocha de son oncle, et, prenant un siége à ses côtés, il lui demanda ce qu'il voulait, et pourquoi il l'avait fait mander. Raymond promena autour de lui un regard inquiet et perçant, puis il commença ainsi à voix basse et par phrase entrecoupéess :

— Tu as été sage et résolu dans ta conduite,

Roger ; tu as grandement fortifié tes villes et tes châteaux, et les as soigneusement approvisionnés ; mais.... mais.

— Eh bien ! dit le vicomte.

— Ton trésor s'est épuisé à tous ces préparatifs, et il te manque d'argent.

— J'en ai plus que le comte de Toulouse, dit Roger avec hauteur, et plus légitimement acquis.

— Non, dit le comte toujours à voix basse, non, tu manques d'argent, et la troupe de Buat n'a pas reçu sa solde depuis huit jours ; elle murmure, et son capitaine a besoin de sa volonté ferme comme la tienne, de son bras fort comme le tien, pour la maintenir ; car Buat a beaucoup de tes qualités et de ton visage... ce pauvre Buat...

— Laissons cela, dit Roger vivement ; s'il me manque d'or, j'en trouverai. Ma venue à Montpellier n'a point d'autre but auquel je puisse espérer atteindre ; car si je me présente devant les légats, c'est plutôt pour accomplir un devoir envers mes populations, que dans l'espérance raisonnable d'en obtenir quelque chose.

— Tu as raison, tu n'en obtiendras que guerre et malédiction ; tu as raison encore, il faut te procurer de l'argent : en as-tu les moyens ?

— Je les trouverai, sire comte.

— Tu n'as qu'un jour, et c'est bien peu..... si tu es embarrassé je puis te les indiquer.

— Mon oncle, dit Roger en souriant, croyez que le vicomte Roger, le prodigue et le fastueux, sait mieux que vous, le suzerain prudent et rangé, où l'on trouve de l'or dans les jours de détresse.

— Sans doute, pour des folies de jeunesse, pour des achats de joyaux ou des fêtes de femmes; mais pour des entreprises de guerre ou de politique, où il faut que le soldat soit largement payé, surtout lorsqu'il n'a pas la chance du pillage, où l'on doit penser à se faire des intelligences dans le camp des ennemis, il faut beaucoup d'or, plus que tu ne crois.

— Eh bien ! reprit Roger, à la grâce de Dieu et de mon épée; après mon trésor il faudra épuiser mes veines; après mon or, mon sang.

— Folie, dit le comte, folie; tu dois avoir des amis, Roger, des amis qui te secourront de leurs richesses.

— La richesse des miens, dit Roger, est

toute dans la bonté de leur lance et la fermeté de leur courage.

— Tu ne me comprends pas, ou ne veux pas me comprendre ; tu as besoin d'or....

— Vous me l'avez déjà dit, et je le sais ; ce que je ne sais pas, à vrai dire, c'est où le trouver.

— Il ne faut pas moins de dix mille marcs d'argent, reprit Raymond en continuant sa pensée ; cela peut suffire pour deux mois ; au bout desquels, si les principaux de cette armée se retirent, car leurs quarante jours de pélerinage seront accomplis alors, nous verrons.... mais, jusque-là, il faut que tu résistes seul... seul, car moi....

Raymond s'arrêta en rencontrant le regard d'aigle du vicomte qui semblait vouloir pénétrer, à travers ses paroles entrecoupées, dans le secret de ses nouveaux calculs. Ils gardèrent un moment le silence; et Roger, qui voyait bien que le comte était tout prêt à le servir, à condition que personne ne pût le soupçonner; à condition que lui-même, Roger, aurait l'air de ne pas s'en apercevoir, le vicomte ajouta

— Sans doute, ces dix mille marcs d'argent me seraient un grand secours; mais, ai-je encore un ami à qui les emprunter, et qui fonde assez d'espoir sur mon existence pour me les prêter ?

— Et ne t'ai-je pas dit, reprit le comte, que je n'espérais plus qu'en toi ? Voici, dans ce coffre, ces dix mille marcs d'argent; quel homme assez sûr pourrait les venir chercher ?

— Buat.

— Oui, Buat, après la nuit fermée, au milieu de la nuit : il peut passer par la porte basse du jardin avec quelques hommes : en voici la clef. Il n'y aura personne dans cette chambre à cette heure, et il pourra emporter ce coffre.

— C'est un vol, ou du moins ceci en a l'aspect.

— Ah! dit le comte avec impatience, veux-tu que je t'envoie cet or en plein jour, par mes valets, et escorté de mes hommes d'armes, en face de toute l'armée ?

— Je n'ai rien dit de pareil, dit Roger; mais je désirerais que quelques hommes des vôtres l'apportassent sûrement dans ma demeure, plutôt que de voir les miens s'introduire furtivement dans votre maison.

— Il faut qu'il en soit comme je t'ai dit pour ma sûreté.

— Il faut qu'il en soit autrement pour mon honneur !

— Et à qui veux-tu que je me confie, moi, reprit le comte avec désespoir, entouré d'ennemis et d'espions, sans un serviteur ni un allié à qui oser demander asile pour ma tête ? Fais ainsi que je t'ai dit, Roger, je t'en prie, pour moi, pour tous deux, pour notre salut.

Roger ne répondit pas ; se réservant d'agir selon la circonstance. Le comte lui remit la clé ; et Roger, l'observant plus attentivement encore, continua :

— Cependant, n'êtes-vous pas parmi vos alliés et vos vassaux ?

— Certes, dit le comte, parmi des vassaux à la foi douteuse, des alliés qui ont soif et faim de mes comtés, et des évêques qui m'ont fait le vassal de leurs moindres volontés.

— Avez-vous déjà motif de vous défier de leur amitié ? dit Roger.

— Ah! s'écria Raymond, tes comtés sont-ils déjà tellement fermés à tout bruit de ce qui se passe au dehors, que tu ne saches pas ce que j'ai déjà souffert et subi ? N'ose-t-on déjà plus approcher vos terres maudites, si nul voyageur ne vous a raconté qu'en ma ville de Saint-Gilles, en mon château, sur ma terre, ils sont insolemment venus recevoir ma pénitence! Et sais-tu quelle pénitence, Roger? un traité, peut-être, une abjuration, une publique conpassion, quelque chose de pareil et d'accoutumé? Non, non, c'était trop peu pour eux. Cet homme que tu vois devant toi, qui s'appelle comte de Toulouse, de Narbonne et de Querci, marquis de Provence, et seigneur de Beaucaire et d'Usez; cet homme qui a plus de domaines personnels que le roi Philippe lui-même, plus de vassaux dans sa mouvance que l'empereur Othon; cet homme qui a des cheveux gris et qui a manié la lance et l'épée comme un chevalier de quelque renom; cet homme, ils l'ont fait mettre nu jusqu'à la ceinture; ils l'ont fait attendre, les pieds nus, sur les degrés d'une église; cet homme, ils lui ont attaché une corde au cou, comme à une bête de somme, et, comme une bête de somme, ils l'ont tiré par son licou, et promené autour d'une église; et ils l'ont fustigé sur les reins et sur la face, ce suzerain, ce comte, ce marquis, ce chevalier!

En parlant ainsi, le comte s'était animé; il

était pâle, et de grosses gouttes de sueur lui tombaient du front, et se mêlaient, sur son visage, avec quelques larmes qui lui tombaient des yeux.

— Je l'avais entendu dire, reprit tristement Roger; mais j'avais cru que vous aviez mis cette humiliation dans les calculs de votre politique, et que vous saviez ce qui vous attendait.

— Tes paroles sont dures, Roger, mais, quoique je les mérite, tu te trompes pourtant en ceci : je n'avais pas prévu qu'Innocent III, après m'avoir attiré dans le piége en m'envoyant le faible et timide Milon, déléguerait pour l'exécution de nos traités, l'impitoyable et insolent abbé de Citeaux; ainsi, ce qui ne me paraissait qu'une vaine formalité est devenu un atroce et infamant supplice; ce que je lui avais offert comme un leurre, espérant que le temps me sauverait de mes engagemens, il a fallu l'accomplir sur-le-champ et entièrement.

— Ainsi, dit Roger, sept de vos châteaux....

— Sont aux mains des évêques délégués par Milon, ajouta Raymond; huit de mes chevaliers ont livré les leurs pour garantir ma promesse; ma ville de Montélimart a reçu garnison de croisés, et j'ai soumis treize forteresses à la suzeraineté de l'évêque d'Usez.

—Eh bien! dit Roger à voix basse, je les connais ces châteaux, ils sont dispersés sur vos terres; les croisés les ont ainsi choisis pour tenir, de tous côtés, vos populations sous leur main; mais ce qui sera un immense avantage pour eux, si vous leur laissez le temps de s'y établir solidement, sera peut-être cause de leur ruine si vous voulez vous dégager sur l'heure, car tous ces forts n'ont aucune liaison entre eux, et vous pouvez, en les attaquant séparément, en expulser vos ennemis en moins de temps qu'ils n'y sont entrés. Appelez vos populations à votre aide; et ceux que vos hommes d'armes ne pourront vaincre par la force, vos serfs les anéantiront par la famine, en leur refusant vivres et provisions. O comte de Toulouse, mon oncle! puisque la lumière vous est venue, que le courage ne vous manque pas....

Le comte secoua lentement la tête, son visage s'assombrit, il prit une profonde expression de désespoir, comme celui d'un homme qui n'ose dire ce qu'il lui faut faire et qui n'ose faire ce qu'il voudrait.

—Il faut attendre, Roger, il faut attendre.

— Jusqu'où voulez-vous donc attendre? Sur mon âme, est-ce jusqu'au jour où ils auront établi garnison dans le château narbonnais de votre ville de Toulouse?

— C'est que ce n'est pas tout, Roger, reprit le comte en se laissant aller à sangloter.

— Ce n'est pas tout? dit Roger surpris.

—C'est, reprit Raymond en levant sur lui ses yeux tout inondés de larmes, c'est qu'ils m'ont pris mon fils, c'est que mon fils est leur otage; c'est qu'ils tiennent un poignard sur le cœur de l'enfant pour être maître de celui du père.

Roger baissa les yeux.

—Tu me méprises et ne me plains pas, et tu as raison; car c'est infâme et lâche, c'est plus infâme et plus lâche que de fuir dans un combat: un enfant de huit ans, Roger, un enfant si beau et si décidé, un enfant qui te plaisait, à toi, et que tu prenais plaisir à embrasser, quoiqu'il fût le fils de ton ennemi, tant il promettait de courage et de résolution.

—Alors ce n'est pas attendre qu'il fallait dire, c'est se soumettre, à moins que cette captivité n'ait un terme.

— Elle en a un.

— Lointain ?

— Dieu seul le sait.

— Ce terme est donc soumis à quelque promesse qui vous reste à accomplir?

— Non, dit le comte en poussant un soupir.

— A quelque événement incertain ?..

— Oui, à un événement..... puis le comte s'arrêta en détournant la tête.

— Enfin, dit Roger avec impatience, il faut sortir de cette voie tortueuse et nous expliquer clairement : quel événement doit vous rendre votre fils? puis-je le hâter?

Le comte tressaillit.

— Puis-je le retarder?

— Oui, oui, dit le comte; il faut le retarder.....

— Et laisser votre fils en otage et vous tenir lié à jamais.

Le comte se cacha la tête dans les mains....

— Au nom du Ciel, mon oncle, quel est cet événement qui doit vous rendre votre enfant?

— Eh bien! dit le comte en hésitant, c'est... c'est ta défaite! ta captivité! ta....

— Ma mort, dit Roger...

— Ah! s'écria le comte, cela ne sera pas.

C'est pour cela que je te dis qu'il faut attendre ; le temps amène bien des changemens dans la volonté des hommes et dans la marche des choses : c'est pour cela qu'il faut que tu puisses seul résister au premier choc des armées croisées.

— Je les connais ces armées, dit Roger ; Buat déguisé, a parcouru le camp, et je vous jure qu'elles viendront s'abattre au pied de Carcassonne comme une vague impuissante. Adieu.

— Non, non ; ne t'en va pas encore, j'ai beaucoup à te dire. Écoute : cette armée que tu vois campée autour de cette ville n'est que la moindre de celles qui doivent t'attaquer : une autre arrive d'Agen ; celle-là commandée par l'archevêque de Bordeaux, les évêques de Limoges, de Bazas, d'Agen, et avec elle marchent Guy, comte d'Auvergne, et le vicomte de Turenne, ce fort vicomte, qui porte son cheval de bataille quand son cheval est las de le porter.

— Eh bien ! s'écria Roger, cheval et vicomte, je les porterai sur la terre, d'où ils ne se relèveront plus.

— Une troisième, continua Raymond, vient du Velai, elle est commandée par l'évêque du Puy. Dans celle-là, se trouve avec toutes ses lances le terrible Guillaume des Barres, le seul chevalier du monde qui ait renversé des arçons le roi Richard Cœur-de-Lion.

— Le roi Richard s'est relevé, et a pourfendu au front le terrible chevalier; c'est une place où l'épée doit entrer plus aisément; je la chercherai, et j'y frapperai.

— Soit, soit, tu le peux, dit le comte: quand je t'ai vu bien jeune encore, car tu n'avais pas douze ans, frapper au cœur de son écu, et percer jusqu'au cœur de sa poitrine le grand chevalier de Silan, qu'on disait si ferme sur ses étriers, j'ai jugé que tu serais un vaillant et invincible chevalier. Mais ceci n'est pas le combat d'un homme contre un homme ; c'est la lutte de quelques uns contre d'innombrables multitudes, et contre de tels ennemis, le temps est le meilleur chevalier; enferme-toi donc dans la ville de Carcassonne.

— Je suis vicomte de Beziers avant tout.

— Beziers résistera sans toi, car c'est la seule armée qui est à Montpellier qui doit l'attaquer, tandis que le rendez-vous général est sous les murs de Carcassonne. C'est là qu'il faut la tête froide et le bras puissant. C'est là ton poste.

Le vicomte n'écoutait plus. Il avait été frappé de ce rendez-vous pris sous les murs de sa meilleure ville. Il dit alors à Raymond, avec un regard terrible, et en se levant :

— Que faisons-nous donc à Montpellier ? Pourquoi cette entrevue que j'ai demandée aux légats m'est-elle si aisément accordée, lorsqu'ils semblent avoir arrêté leur marche, comme s'ils étaient assurés que nul traité n'est possible ? Est-ce donc un piége, et les légats ont-ils mis à la trahison une croix sur l'épaule pour en faire un de leurs chevaliers ?

— Une trahison à Montpellier! dit Raymond; ils ne l'oseraient. Les évêques sont peu nombreux en cette armée et en minorité au conseil; et, eussent-ils gagné quelques chevaliers, le duc de Bourgogne, le comte de St.-Pol et le duc de Nevers, suffiraient pour empêcher un si infâme projet; car c'est en eux que réside toute la force de cette armée; le comte de Mauvoisin ne le voudrait pas non plus; aucun chevalier, je pense, pas même Simon de Montfort, bien qu'il soit le plus dévoué partisan du moine Dominique, à qui tous moyens sont bons. Mais Dominique et Simon sont en opposition avec Arnaud, et, pour lui complaire, ils ne prêteraient pas les mains à une trahison.

— Dominique est donc ici? reprit Roger.

— Il est arrivé hier avec Foulques, mon évêque, et, pendant mon absence, ils ont établi une compagnie de prêcheurs pour la conversion des hérétiques, ou plutôt pour leur persécution.

— Alors, qu'ai-je affaire de voir les légats?

— Oh! dit Raymond, ce n'est point aux légats que tu auras affaire seulement, ce sera à tous les chevaliers et capitaines commandant l'armée. Ceux-là, il faut qu'ils te voient, Roger; il faut qu'ils connaissent en toi le plus beau, le plus jeune, le plus brave suzerain de la France, le frère du roi d'Aragon, le neveu du roi Philippe. Sois-en assuré, ta présence les charmera, car ils se figurent que tu es un sale et indigne brigand qui déshonore l'ordre de chevalerie, comme on le leur a raconté. Parleleur avec ton courage ordinaire, mais efforcetoi d'y mettre plus de modération; sans doute ils ne manqueront pas au serment fait de te combattre durant quarante jours; mais, ce temps gagné, l'intérêt que tu inspireras aux uns, la jalousie qui dévore déjà les autres, les dispersera tous, ou du moins les réduira en assez petit nombre pour que nous puissions nous lever ensemble et les écraser jusqu'au dernier.

En disant une pareille phrase, Roger, entraîné par la chaleur de son âme, eût élevé la voix, et porté, haut le front, cette superbe espérance; la voix du comte, au contraire, baissa jusqu'à n'être plus qu'une sorte de sifflement sourd, mais terrible, accompagné d'un farouche sourire, comme il convient à la faiblesse qui trame une vengeance.

—Tu viendras donc devant les légats, ajouta le comte après un moment de silence.

—J'irai.

—Tu feras prendre cet or.

—Oui!...

— Finissons, reprit Raymond, car l'heure avance, et le jour luit de bonne heure dans ce mois de juillet. Écoute : tu chasseras de ton service le viguier Raymond-Lombard.

— Raymond-Lombard est un homme qui cache sous sa robe de laine un courage puissant et un corps de fer.

—Et un poignard d'assassin. Écoute, écoute encore; tout peut se dire aujourd'hui entre nous. Cet homme m'est vendu depuis longtemps pour t'espionner. S'il s'est vendu à moi, il est à acheter pour tout le monde.

— Ainsi cet homme....

— Cet homme, hier, était innocent en ma main; mais aujourd'hui il fait plus qu'être mon serviteur; aujourd'hui, il est ton ennemi, ton ennemi furieux. Nul doute qu'il ne fasse pour sa haine autant qu'il a fait pour un salaire; il te trahira encore : un traître, c'est ce qu'il y a de plus dangereux.

— Et de plus vil, ajouta Roger, qui ne put contenir son indignation à cet aveu naïf des piéges infâmes dont il était entouré.

— A coup sûr, dit Raymond, l'homme qui se vend est un infâme.

Roger eût pu ajouter : Et l'homme qui l'achète l'est plus encore. Mais, soit par calcul, soit par nécessité, il venait de recevoir de Raymond un secours et des avis qui lui prouvaient que le comte voulait le servir; et, comme il arrive au cœur de tout homme, même au plus droit et au plus juste, comme il arrive aux esprits même les plus emportés, Roger fit taire l'accusation qu'il était prêt à élever, devant le service qu'il venait de recevoir : indulgence trop commune, et qui, à l'insu du cœur, a sa base dans l'égoïsme de celui qui la pratique.

Quelques minutes après, Raymond et Roger se quittèrent.

IV.

Ambition, Fanatisme, Vengeance.

Les prévisions du comte s'étaient accomplies : Roger avait paru devant les légats. Dès qu'on avait annoncé sa venue dans la grande salle de l'hôtel-de-ville où le conseil des croisés se tenait assemblé, un vif mouvement de curiosité s'était manifesté; tous les regards s'étaient tournés vers la porte; on désirait enfin voir paraître le monstre aux formes colossales, aux allures de brigand, sur lequel les anathèmes des évêques ordonnaient de courir comme sur une bête fauve. Roger s'avança, l'air grave et décidé; il n'avait point revêtu ses armes, et n'avait pas voulu paraître les pieds éperonnés et le poing ganté d'acier dans une réunion où des intérêts de paix allaient se débattre; mais il n'avait pas non plus voulu se montrer en suppliant qui s'est dépouillé de tout signe de force; il s'était vêtu d'une cotte de drap ornée d'une fourrure, comme un seigneur qui va à quelque noble entrevue; mais il avait suspendu à son côté sa haute épée de bataille, si lourde, qu'en sa main puissante elle eût brisé du plat ce qu'elle n'eût pu entamer du tranchant. L'aspect de Roger étonna l'assemblée tout entière : mais, dans la prédisposition des deux partis, l'entrevue ne pouvait être longue; les légats demandèrent à Roger ce qu'il ne pouvait accorder : de rechercher tous ceux de ses hommes accusés et soupçonnés d'hérésie, et de les livrer à leur merci. La merci des légats c'était le bûcher; le vicomte rejeta fièrement cette condition de paix.

Roger avait pris occasion de sa présence parmi les croisés pour les observer rapidement; il avait reconnu le duc de Bourgogne à sa figure ouverte, confiante, et presque niaise, et aux armes damasquinées d'argent dont il était revêtu. A côté de lui, il avait vu le comte de Nevers, d'une taille peu élevée, couvert d'armes étincelantes d'or, portant un casque tout orné de plumes et un poitural sur lequel étaient écrits ces mots : *Letum quàm lutum*, noble devise de son noble caractère ; Mauvoisin et St.-Pol, l'insouciant Mauvoisin, qui, sans doute, avait été éveillé à l'heure de l'assemblée, car il n'avait eu que le temps de passer des bas de chausse de toile, et de s'envelopper d'une vaste robe de laine d'Orient, toute brochée de figures et d'ornemens anti-chrétiens, de croissans, de queues de cheval, et d'oiseaux, dont ses amis disaient que c'était l'image du Saint Esprit et d'autres qu'ils représentaient la colombe qui venait parler à Mahomet et lui apporter les ordres du Seigneur. Celui que Roger remarqua le plus, celui qui ne quitta pas Roger des yeux, tant que celui-ci demeura en présence des légats, était un guerrier remarquable par la noblesse et la fierté de sa personne. Voici le portrait qu'en fait un des moines qui accompagnaient la croisade. Il était d'une stature très-élevée, remarquable par sa chevelure, d'une figure élégante, d'un bel aspect ; haut d'épaules, large de poitrine, gracieux de corps ;

agile et ferme en tous ses mouvemens ; vif et léger, tel, en un mot, que nul, fût-il un de ses envieux ou de ses rivaux, n'eût pu rien trouver à reprendre en sa personne. Après ce portrait physique, le bon moine prodigue à son héros d'aussi complètes qualités pour l'âme que pour le corps : courage, beau parler, modestie, chasteté, rien ne manque à cet homme merveilleux. Si nous rassemblons quelques autres détails dispersés dans les chroniqueurs de l'époque, nous modifierons cette romanesque peinture, en ajoutant que le sillon profond qui séparait le front de ce chevalier de son nez recourbé, lui prêtait cet air de résolution obstinée et impitoyable qui dénote l'ambition large et dévorante, et que ses lèvres minces annonçaient qu'au besoin la ruse ne lui manquerait pas pour assurer le succès de ses desseins. Cet homme était Simon de Montfort. Ceux que Roger interrogea à son sujet ne surent rien lui dire de sa vie passée, si ce n'est qu'il était comte de Leicester par son mariage avec une Anglaise qui lui avait apporté ce titre, et qu'il s'était acquis le renom d'une bonne lance dans les guerres contre les Turcs.

Roger, après les légats, quitta Montpellier sur

l'heure. Il expédia un homme au roi d'Aragon pour faire part à ce dernier des résultats de cette entrevue pour laquelle la ville de Montpellier s'était offerte, de l'agrément de son seigneur. Dans un message particulier, il faisait pressentir au roi d'Aragon les dispositions du comte et de beaucoup de chevaliers, et l'invitait à ouvrir aussi les yeux sur les suites de son indifférence dans une cause qui bientôt serait la sienne. Roger dirigea sa course vers Beziers.

Nous ne le suivrons pas dans sa visite à cette ville, et nous resterons à Montpellier pour montrer comment furent préparés les événemens qui amenèrent le dénoûment terrible qui conclut cette première partie de l'histoire de la guerre des Albigeois.

La scène se passait dans une chambre particulière de l'hôtel-de-ville.

— Eh bien! disait Dominique à Simon de Montfort qui l'écoutait soucieusement, l'avez-vous bien vu et examiné? Croyez-vous que ce soit un homme qui s'épouvante aisément? Croyez-vous que ce soit un esprit sans ressource, un courage qui s'étonne d'une lutte?

— Oui, dit Simon, s'il porte sa lance aussi ferme et aussi droit que ses argumens, ce doit être un brave chevalier; j'ai vu l'instant où Arnaud ne savait plus que lui répondre.

— Et véritablement il ne le savait plus, répliqua le moine, car il a fini la discussion en lui imposant silence, et en lui déclarant qu'il n'avait ni rémission ni merci à attendre; et vous avez pu voir combien cette absolue autorité a déplu aux membres du conseil.

— Qu'importe s'ils y obéissent! reprit Simon.

— Sans doute ils obéiront jusqu'au terme de leur engagement; mais nous voici à la mi-juillet et cet engagement finit avec le mois d'août.

— C'est plus qu'il n'en faut pour atteindre ce jeune aiglon.

— Peut-être. Ses villes sont largement munies d'hommes et d'armes, et la résistance est facile dans des villes pareilles à celle de Beziers et de Carcassonne; croyez-moi, il ne faut rien donner au hasard?

— En ce cas, reprit Simon à voix basse, vous êtes-vous assuré de l'homme dont vous m'avez parlé?

— Cet homme est à nous, et par lui Carcassonne ou Beziers, la ville enfin que le vicomte choisira pour sa retraite.

— Mais, dit Simon en regardant fixement le moine, est-ce là une victoire?

— La défaite de l'ennemi de Dieu, reprit le moine, est toujours une victoire, et quand le glorieux archange Michel terrassa Satan et le soumit à sa lance, Dieu ne lui recommanda pas de ne point se servir de son adresse, outre sa force, de son poignard, outre son épée.

— Ainsi, dit Simon en traduisant en un précepte devenu bien commun le style ampoulé du moine, ainsi pour arriver au bien toutes voies sont bonnes.

— Y en a-t-il de mauvaises avec ceux qui ne sont que crime et perfidie de toute leur personne, et la fin de toutes choses ne sanctifie-t-elle pas les moyens par où on y arrive? Judith a été grande devant Dieu quoiqu'elle ait délivré son peuple par la prostitution de son corps.

Simon se tut. Il croyait avoir pénétré Dominique et pensait quelquefois avoir rencontré l'habile ambitieux avec lequel il pouvait concerter les desseins qui l'avaient conduit à la croisade; mais de temps à autre, il prenait au moine des élans de bonne foi fanatique qui arrêtaient les confidences que Simon de Montfort était prêt à lui faire. Pourtant l'âme de ces deux hommes était la même au fond : mais la carrière que chacun d'eux avait suivie y avait apporté de notables différences. Tous deux ambitieux et ambitieux sans scrupules, ils étouffaient sous des considérations tout-à-fait opposées, le reproche de leur conscience. Simon, lancé dans la vie de cour et dans la vie des camps, y avait appris que l'intrigue et les moyens souterrains arrivaient plus souvent que le mérite et les voies ouvertes. Or, ce qui le déterminait dans ses actions était un raisonnement basé sur le mépris qu'il faut avoir des autres, et sur la sottise qu'il y a à ne pas prendre la place qu'on mérite parce qu'on ne veut pas faire comme fait tout le monde, par faux point d'honneur. Pour résumer notre pensée, il voyait clair dans le mal et y marchait sciemment. Dominique était plus heureux; son aveuglement religieux lui tenait lieu du raisonnement de Simon. Le fanatisme lui avait créé un mot avec lequel il recouvrait et drapait les plus cruels desseins et les plus mauvaises actions. Ce mot était : le triomphe de la cause de Dieu. On peut dire que, dans la sincérité de son âme il croyait son ambition innocente et même méritoire parce qu'elle avait un but en dehors de lui ; peut-être eût-il blâmé Simon et peut-être l'eût-il rejeté de son alliance s'il avait appris qu'il mêlait l'intérêt de sa propre cause à celui de la religion. Dominique était de ces hommes dont un ambitieux fait un Ravaillac ou un Jacques Clément, avec cette différence qu'il portait l'ambition avec lui-même ; mais une ambition instinctive, passionnée, furieuse, prête à se sacrifier s'il le fallait, et non pas une ambition raisonnée et ayant conscience d'elle-même comme celle de Simon. Aussi disait-il tout haut ce que l'autre faisait tout bas. Mais tous deux n'en venaient pas moins à l'exécution, et leur marche, partie d'un même point, arrivait à un même but en passant par des chemins différens : l'astuce du politique habile comme le fanatisme du moine.

Au moment où Simon avait gardé le silence, le pas pressé d'un homme s'était fait entendre dans la salle voisine, et tout aussitôt Simon, qui l'avait entendu, n'avait plus ajouté un mot.

Raymond-Lombard parut à leurs yeux.

— Raymond-Lombard ! s'écrièrent ensemble

Dominique et Simon, avec une vive surprise.

— Le comte n'est donc point parti? ajouta Montfort.

— Il est parti, répondit brusquement Lombard; mais il y a des traîtres parmi les croisés.

— Des traîtres! dit Montfort.

— Oui, car le vicomte sait que je voulais.... Mais il s'arrêta, car la phrase dans laquelle il s'était engagé devait nécessairement finir par ces mots : il sait que je voulais le trahir; et quelles que soient les raisons dont le plus scélérat habille sa conduite, les deux mots traîtres et trahison se heurtaient là si inopinément que Lombard en fut lui-même stupéfait; Simon ne put s'empêcher d'en sourire, et Raymond-Lombard, jetant son chaperon avec fureur sur une table, continua, emporté par sa rage :

— Eh bien oui! il a su par un traître que je devais le trahir.

Voici l'homme qu'il me faut, pensa Simon; Dominique, au contraire, s'empressa de dire :

— Ne nommez point trahison votre dévoûment à la cause du Christ; le bien que vous lui aurez fait vous sera compté devant lui pour autant que les combats des meilleurs chevaliers, pour davantage même, puisqu'il vous force à vaincre ce sentiment tout humain que vous nommez foi et honneur.

Raymond-Lombard eût levé les épaules s'il eût osé, car celui-là était le lâche ambitieux dans toute sa honte bue; mais il se raccrocha à la maxime de Dominique, n'étant pas encore assez sûr que Simon ne fût pas un homme de même sorte.

— Hélas! oui, reprit-il avec hypocrisie, mon dévoûment n'a servi qu'à me perdre.

— Ainsi, dit le comte de Montfort, votre intelligence avec nous lui a été dévoilée.

— Ou il l'a supposée ou il l'a apprise, je ne sais; mais il m'a, aujourd'hui, ignominieusement chassé de son service.

— Quel reproche vous a-t-il fait?

— Aucun. Il m'a chassé, voilà tout.

— Et toute espérance de pénétrer dans Carcassonne nous est donc ôtée! s'écria Dominique.

— Il nous reste le combat, dit Montfort.

Raymond sourit dédaigneusement.

— Carcassonne est un roc contre lequel toute votre armée échouera, lances et épées, hommes et machines.

— Ah! s'écria Dominique, c'est la faute d'Arnaud; il tenait le vicomte et l'a laissé échapper.

— C'est une faute qu'il ne commettrait peut-être plus aujourd'hui, dit Simon en observant le moine, si toutefois c'est une faute que la loyauté, ajouta-t-il après un silence.

— Mais l'occasion est perdue, dit Dominique.

— L'occasion peut se retrouver, s'écria Lombard.

— En êtes-vous assuré ? dit Simon qui laissait prudemment tomber chacune de ses paroles.

— Oui, oui, dit le viguier : j'ai dans mes mains la femme et l'homme qu'il nous faut pour cela : la femme qui le hait, et l'homme qui obéira à cette femme, à cette femme qui le hait comme moi, parce que, comme moi, il l'a insultée et outragée jusqu'au plus profond de son âme.

— Alors, dit rapidement Dominique, il faut courir après le vicomte, et lui envoyer un messager.

— Pas encore, dit Raymond, pas encore; l'heure viendra.

— Il faut qu'elle vienne bientôt, dit Dominique.

— Alors, dit Raymond, il faut que l'armée se hâte; il faut que le siége soit posé devant la ville où se réfugiera le vicomte; et, je vous le jure, je vous le livrerai, lui, sinon sa ville, lui, l'âme de ses remparts, qui tomberont comme des cadavres dès qu'il n'y sera plus. Seulement, jurez-moi que, s'il met le pied dans le camp des croisés, tout ce qu'il m'a ravi, tout ce que je devais espérer me sera rendu. Ses comtés sont las de sa suzeraineté; il leur faut une tête plus forte, un esprit plus habile.

Montfort regarda Lombard au visage, irrité en son âme de trouver en un pareil homme l'ambition qu'il avait peut-être lui-même au cœur.

— Mais, dit-il, tant que le comte sera vivant, quel homme pourra devenir et demeurer sûrement le possesseur de ses comtés?

— Mais ne vous ai-je pas dit, reprit Lombard en laissant échapper son âme dans son emportement, que je vous le livrerais? Et quand je voulais vous livrer sa ville, croyiez-vous que ce fût pour ses murs et ses rues, ses richesses et ses églises? Je vous donnais la cage parce que le lion y était enfermé. C'est le lion qu'il faut frapper si vous ne voulez pas que seul encore, et errant dans les campagnes, il ne harcelle et ne dévaste vos armées.

A ces mots, un léger bruit se fit entendre dans la pièce voisine; Montfort s'y précipita, et une femme voilée assise immobile près de la porte.

— Quelle est cette femme? s'écria-t-il.

— Oh! rien, reprit Lombard; une esclave qui m'appartient, qui m'avait suivi jusqu'aux portes de la ville où était le rendez-vous du départ, et qui m'a suivi ici, jusqu'à ce que j'aie trouvé une maison où demeurer, maintenant que Roger m'a chassé de la sienne.

— Eh bien! dit Simon, puisque vous restez à Montpellier, vous pourrez voir Arnaud et vous entendre avec lui; lui seul peut s'engager à vous donner la récompense que vous désirez. Je pense que notre frère Dominique vous y conduira dès que vous le voudrez.

Simon profita ainsi du premier moment où il put rompre cette conversation; il y avait trouvé tout ce qu'il voulait: l'assurance d'avoir près de lui tous les hommes dont il aurait besoin pour tous les desseins que l'avenir pourrait lui imposer; mais il ne voulait pas s'engager davantage avec eux, et la conférence se trouva achevée.

III.

Encore trois Femmes.

Nous ne quitterons pas encore ces intrigues secrètes, raisons cachées de toutes choses humaines, dont l'histoire ne dit presque jamais que la surface, et qu'on a enfin permis au roman de sonder jusqu'au cœur. Cette surface, cet événement qui prend place dans la chronologie du monde, nous le rencontrerons en son temps, à son ordre de date; nous le raconterons alors comme il arriva. Mais maintenant encore, après avoir montré comment il fut préparé, il faut faire voir comment il fut combattu, et quelles chances diverses il éprouva dans le secret des intérêts privés, jusqu'à ce qu'il arrivât à la hauteur des intérêts historiques.

Laissons les grandes armées marcher et courir à travers la province, avec leurs ribauds en tête et leurs valets en queue, tous saintement armés d'un bourdon, pour tuer en pélerinage et en joie de conscience des hommes qui avaient la folie de croire qu'on méritait la damnation éternelle si l'on mangeait des œufs frais le mercredi, tandis qu'eux-mêmes avaient le bon sens d'être persuadés que Dieu ne peut faire grâce au plus honnête homme qui mange du poulet le vendredi. Admirable motif pour exterminer la moitié de la population de la plus belle moitié de la France. Laissons donc aux historiens à tracer la marche de l'armée des croisés de Montpellier à Beziers, et, quelques jours après l'entretien que nous venons de rapporter, suivons, le soir, à la nuit tombante, une femme qui s'est échappée furtivement d'une maison de la rue des Pontifes, et qui marche en regardant avec inquiétude autour d'elle, incertaine de la route qu'elle suit, et n'osant adresser la parole aux passans, qui la coudoient brutalement.

Cette femme était voilée, singulièrement vêtue, et, sans doute, elle eût attiré l'attention de quelqu'un si tout le monde n'eût été fort occupé, comme on doit l'être dans une ville où a séjourné une armée de cinquante mille hommes, dont les derniers soldats traînent encore dans les rues. Mais, quelque étranges que fussent sa tournure et son costume, les habitans de Montpellier en avaient vu de si singuliers parmi toutes les troupes de femmes qui suivaient l'armée, que celui-ci n'avait rien qui dût les étonner. Cependant cette femme, après avoir parcouru quelques rues avec rapidité, s'arrêta soudainement en se voyant en face d'une des portes de la ville. Elle demeura d'abord immobile, voyant qu'elle s'était trompée, puis retourna brusquement en arrière. Enfin, désespérant de trouver l'endroit qu'elle cherchait, elle demanda où était l'hôtel-de-ville, et bientôt elle y arriva.

Jusqu'à la porte de cette vaste demeure, tous les pas de cette femme, quoique incertains dans leur direction, semblaient décidés à poursuivre le but qu'elle cherchait; mais, dès qu'elle fut à ce but, elle parut hésiter et resta quelques momens indécise. Enfin elle triompha de son irrésolution, et demanda à un garde armé d'une longue pique dans quelle partie de l'hôtel logeait Agnès, la vicomtesse de Beziers. Le garde l'adressa à une espèce de concierge qui, la toisant insolemment du regard, lui demanda ce qu'elle voulait à la vicomtesse.

—Je veux la voir, répondit vivement cette femme, à l'instant même, ne fût-ce qu'un moment, mais sur l'heure ; et, en parlant ainsi, elle avança dans la cour de l'hôtel.

—Holà ! la ribaude, lui dit le concierge, la vicomtesse n'a que faire à parler à des filles de votre espèce. Retirez-vous.

—Je vous dis qu'il faut que je lui parle, reprit la femme voilée; il le faut, il le faut, entendez-vous ?

—Que lui voulez-vous ?

—Si j'avais un secret à vous dire, voudriez-vous que je le confiasse au premier passant ?

—Un secret, vous, un secret pour la dame de Beziers ! Allez, allez, la fille, il ne manque pas de mendiantes qui prennent de pareils prétextes pour l'assiéger de leurs demandes ; retirez-vous, ou, pour Dieu, voici une gaule qui vous montrera le chemin.

—Ah ! misère, s'écria la femme avec violence, faut-il que la vie d'un chevalier dépende de l'entêtement d'un tel manant! Je te dis qu'il faut que je parle à la vicomtesse.

— Eh bien, dit le concierge un peu ébranlé par l'accent irrité de cette femme, je préviendrai ce soir le sire Arnauld de Marvoill ; il en parlera à madame Agnès, et, quand vous reviendrez demain....

— Mais, chrétien, s'écria cette femme avec encore plus de violence, demain je ne serai plus à Montpellier; peut-être serai-je morte demain! Déjà, sans doute, mon maître a vu mon absence et me poursuit comme une proie à travers la ville; chaque minute que tu me fais attendre approche un poignard du cœur d'un chevalier : me comprends-tu enfin?

A ce mot de chrétien, le concierge s'était reculé, et il reprit aussitôt:

— Oh! tu es une esclave infidèle. Par le sang du Christ, retire-toi, ou j'appelle les valets de chenil pour te chasser à coups de fouets; la vicomtesse n'aime pas tes pareilles.

La femme voilée frappa ses mains avec désespoir, et, les portant à sa tête, elle s'écria comme hors d'elle-même :

— Oh! ne trouverai-je donc personne qui veuille m'aider à le sauver?

A ce moment, une jeune fille, simplement vêtue, traversait la cour en rentrant du dehors. La femme s'élança vers elle et dit avec un cri :

— Ah! voici une femme.

Cette jeune fille se retourna. La femme voilée reprit :

— Écoute, chrétienne, sur ton âme et ta vie, veux-tu faire une bonne action, veux-tu aller porter un secret à la vicomtesse de Beziers?

— A la vicomtesse de Beziers! dit la jeune fille en devenant rouge et pâle subitement : je ne puis.... je ne puis pas....

— C'est un secret de mort, un secret de l'enfer....

— Demoiselle Catherine, dit le concierge en s'approchant, laissez là cette ribaude; je vais en débarrasser la maison.

— Catherine! s'écria la femme voilée en se reculant, Catherine Rebuffe peut-être?

— C'est moi, dit la jeune fille.

— Oh! pas à toi, reprit la femme voilée, pas à toi.... et, en parlant ainsi, sa voix était sombre et lente, et elle se reculait comme à l'aspect d'un serpent.

— Eh bien! dit Catherine au concierge, que ne menez-vous cette femme chez la jeune dame de Beziers?

Le concierge n'osa plus mentir et faire l'important; il fut obligé de dire la vérité, que, depuis une heure, il cachait à la pauvre femme inconnue.

— La vicomtesse a fait défendre depuis quelques jours que personne arrivât jusqu'à elle, et elle s'est enfermée dans son oratoire, dont elle a fait fermer les portes et clore les fenêtres pour ne point entendre le départ de toutes ces troupes qui vont combattre contre son époux.

— Et c'est pour cela précisément qu'il faut que je la voie, dit la femme voilée ; c'est pour cela.

— Ah! il s'agit de lui, s'écria Catherine en se rapprochant soudainement.

— Oui, de lui! dit l'inconnue qui comprit bien à ce cri que Catherine avait deviné celui qu'elle n'avait pas nommé. Oui, de lui! ajouta-t-elle en la repoussant avec dédain; en l'excluant, d'un geste de mépris, de toute participation à ce qui pouvait intéresser le vicomte.

A ce moment, un bruit de voix s'éleva dans la rue; on entendit un homme qui interrogeait vivement le garde qui veillait à la porte.

— Ah! s'écria la femme voilée en se jetant vers Catherine, cache-moi, ou il est perdu.

Haine ou jalousie, le danger du vicomte avait fait taire dans l'âme de cette femme le sentiment qui l'avait d'abord éloignée de Catherine. Bientôt le bruit des voix augmenta. On frappa à la porte; le concierge alla pour ouvrir : Catherine l'arrêta hardiment.

— Il faut que cette femme parle à la vicomtesse, lui dit-elle.

Le concierge sans quitter rien de son entêtement, répondit avec humeur:

— Après l'ordre de ce matin.., je n'oserais pas.

— Eh bien! j'oserai, moi.

Et soudain, Catherine prit cette femme par la main, l'entraîna à travers la cour et monta rapidement dans les appartemens. Catherine en connaissait les moindres détours. Pupille des consuls de Montpellier, elle était venue souvent à l'hôtel-de-ville, et avait parcouru, dans ses jeux d'enfance, tous les longs corridors de cette immense monument; elle l'habitait encore. A la suite de l'interdiction portée contre Roger, les consuls avaient forcé Catherine à y venir demeurer, et cette mesure avait été autant de prudence que de rigueur ; car, le lendemain du jour qui suivit le départ de Roger, quelques hommes, poussés par la prédication furieuse des moines, avaient démoli la maison de Catherine, sous prétexte qu'elle avait été souillée par l'hérétication de Pierre Mauran. Nous allons voir bientôt pourquoi Agnès de Montpellier habitait également cet hôtel ; elle y occupait l'ancien appartement de la reine Marie. Cependant, en parcourant les longues salles et les escaliers qu'il fallait traverser pour y arriver, Catherine et sa compagne entendaient des voix discuter vivement dans la cour ; ces voix approchaient, et la femme, tremblante, disait à chaque pas :

— Vite, vite, on va nous atteindre.

Enfin, Catherine, prenant un escalier étroit et tournant dans une des nombreuses tourelles qui se dressaient aux angles de tous les corps de bâtimens, Catherine monta quelques marches, et, poussant brusquement une petite porte, elles entrèrent dans un oratoire où une femme éplorée était à genoux devant un prie-dieu. Elle se retourna au bruit que fit la porte en se fermant, et, dans son premier étonnement, elle demanda :

—Qui est là? Que me veut-on?

—C'est moi, dit la femme voilée en relevant son voile.

—Foë! s'écria la vicomtesse, avec une vive expression de surprise que suivit un geste impérieux de dégoût et de colère.

—Oui, dit celle-ci, l'esclave Foë...

Catherine était restée stupéfaite et immobile. La vicomtesse reprit soudainement:

—Et qui a osé me mener ici cette malheureuse? Elle regarda alors l'autre femme, et, sa mémoire prompte à se rappeler un visage qu'elle n'avait vu qu'une fois, mais dont la beauté avait tourmenté bien des heures de ses nuits, elle s'écria avec encore plus de colère.

— Catherine Rebuffe!... Insolence! Et soudain elle marcha vers une autre porte qui donnait dans les appartemens.

— O Madame, s'écria Catherine, en tombant à genoux devant elle, écoutez-la.

—Écoutez-moi, dit violemment Foë, écoutez-moi, épouse du vicomte de Beziers.

Agnès s'arrêta.

—Ils veulent l'assassiner, dit Foë en baissant la voix.

— Qui? cria Agnès en se rapprochant de l'esclave.

— Eh bien! lui, Roger, votre époux, son amant, celui qui m'a fait battre et fouetter, dit Foë avec dérision.

— Roger! reprirent les deux femmes.

— Oui, dit Foë rapidement, ils regrettent de ne l'avoir pas arrêté ici seul et désarmé, et ils ont résolu de l'attirer hors de sa ville pour le prendre comme un lièvre au piége, tant ils désespèrent de le vaincre autrement que par trahison.

— Grand Dieu! dirent encore Agnès et Catherine en se regardant.

— Je vous dis que j'ai entendu le complot, reprit Foë rapidement : si Roger se fie un moment à la foi de ses ennemis, il est perdu.

— Et comment le sauver? dit Agnès.

— Comment le sauver! répéta Foë avec emportement; en lui apprenant ce complot, en l'avertissant à temps.

— Oui, oui, dit Agnès, un messager.

— Un messager! s'écria Foë, un messager trahit; il a peur, il est pris.

— Mais qui donc? dit Catherine.

— Et n'y a-t-il pas une de vous deux? s'écria Foë avec dédain, n'y-a-t-il pas une de vous deux qui prétendez l'aimer qui puisse se dévouer? Ah! j'y serais allée, moi, j'y serais allée si j'avais eu l'espoir d'échapper à la poursuite de mon maître, si j'avais pensé que le vicomte de Beziers pût avoir foi dans les paroles d'une esclave qu'il a chassée et fouettée avec le fouet de ses chiens.

Comme elle achevait, un bruit animé se fit entendre dans la pièce voisine : Raymond Lombard y disputait violemment avec Arnauld de Marvoill.

— C'est mon maître! dit Foë; maintenant que vous savez tout, abandonnez-moi.

Aussitôt la porte s'ouvrit, et Raymond Lombard, entrant rapidement, s'écria :

— Je vous disais bien qu'elle était là.

— Sire Raymond, lui dit Agnès avec dignité, quelle est cette violence, chez moi, dans mon oratoire?

— Madame, répondit brutalement Raymond, votre maison n'est pas lieu d'asile pour les esclaves qui fuient leur maître; ce n'est plus ici la demeure du vicomte Roger.

— Et si c'eût été sa demeure, s'écria Agnès vivement, vous n'y seriez pas entré si insolemment, vous le savez; et sa main vous eût arraché le chaperon qui vous couvre. Mais si ce n'est devant lui qui est absent, ou devant moi qu'il ne protège plus, que ce soit devant Dieu, dans le temple duquel vous êtes que vous découvriez votre front.

Lombard, confus et la rage au cœur, ôta son chaperon et répondit:

— Je ne supposais pas que ce fût Agnès de Montpellier qui s'indignerait de ce que Raymond Lombard, chassé comme elle par son époux, vînt ôter de sa vue et arracher du temple du Seigneur l'esclave Foë, la fille infidèle qui a souillé ce temple par ses amours avec le vicomte.

— Tu mens, dit l'esclave : Roger est pur de moi comme du démon; tu le sais, car je te l'ai dit : et je te l'ai dit, en t'avouant que je l'aimais et en te défiant de me tuer.

Lombard devint pâle et furieux, et s'écria :

— Et l'ancienne vicomtesse de Beziers prête l'oreille aux mensonges de cette infâme.

— Vous vous trompez, sire Lombard, c'est la vicomtesse de Beziers encore; car je n'ai pas voulu signer l'acte de séparation que m'ont présenté les légats, et pour lequel on m'a retenue en cette ville. C'est donc encore la vicomtesse de Beziers qui vous ordonne de sortir.

— Soit, dit Lombard, mais cette esclave m'appartient. Qu'elle me suive, si vous ne voulez que j'emploie la force contre elle.

— Vous ne l'oseriez, reprit la vicomtesse.

— Elle serait inutile, dit Foë, et, appuyant sur les derniers mots de la phrase, elle ajouta : j'ai tenté pour le salut tout ce que je pouvais. Je suivrai mon maître maintenant.

Aussitôt elle s'avança vers la porte, et sortit. Arnauld de Marvoill, sur un signe de la vicomtesse, reconduisit Lombard jusque hors de l'hôtel, et Agnès et Catherine demeurèrent seules.

Elles se regardèrent en silence, s'interrogeant des yeux, sans autre embarras que celui du danger de Roger, sans autre pensée que celle de ce danger, s'oubliant toutes deux dans cette pensée, s'affranchissant, Catherine de la honte de paraître devant Agnès, Agnès de son ressentiment contre Catherine, ne trouvant place dans leur âme qu'à la crainte de le perdre, femme et maîtresse sans rivalité entre elles; vicomtesse et bourgeoise, égales dans leur amour : et la jeune vicomtesse révélant soudainement dans un mot tout le secret de cette intime intelligence, dit à Catherine, en se croisant les mains et en les laissant pendre devant elle :

— Et maintenant, qu'allons-nous faire?

— Ah! il faut le sauver, dit Catherine.

Pour laquelle des deux? ni l'une ni l'autre n'y pensaient.

— Oserez-vous y aller? dit Agnès.

— J'irai, s'écria Catherine; j'irai nu-pieds, s'il le faut.

— Eh bien, dit Agnès, nous irons ensemble.

Ainsi le pacte était conclu. Mais l'exécution en était difficile; toutes deux, après ce premier mouvement, demeurèrent surtout embarrassées de ce qu'il fallait faire.

— Écoutez, dit Agnès, je prendrai une escorte d'hommes d'armes de mon frère d'Aragon, et nous voyagerons tout le jour dans nos litières, accompagnées d'Arnauld de Marvoill, et nous arriverons promptement à Beziers et à Carcassonne.

— Une escorte, des hommes d'armes, des litières! dit Catherine, cela est impossible; à la première rencontre que nous ferons de tous ces soldats qui encombrent la route, on demandera qui nous sommes; on l'apprendra, les légats en seront instruits, peut-être soupçonneront-ils la vérité, et alors tout sera perdu.

— Mais comment faire alors? dit Agnès.

— Un guide nous suffira.

— Oui, dit la vicomtesse, un guide et deux haquenées; je suis forte, et voyagerai bien tout un jour à cheval.

Catherine sourit tristement :

— Deux femmes sur deux haquenées, c'est encore trop pour ne pas attirer l'attention. Il faudrait...

— Mais que faudrait-il? dit Agnès presque épouvantée de voir ainsi repousser les moyens que lui suggérait son amour.

Catherine s'arrêta, puis elle reprit avec effusion :

— Tenez, j'irai toute seule...

— Seule! dit Agnès en se reculant...

— Seule, dit Catherine en la regardant tristement, et, sur mon âme, Madame, je vous le jure, le temps de lui dire: — Sire vicomte, ne sortez pas, — et je ne le reverrai plus.

— Ah! Catherine, c'est moi qui dois lui dire cela, car je suis sa femme; si vous étiez sa femme, comment feriez-vous?

— Il faudrait, il faudrait partir seule, à pied, déguisée en pèlerine, presque comme une mendiante.

— Mais, s'écria Agnès, la remettant de moitié dans ses projets, deux femmes voyageant seules à pied, rencontrées sur une route par des soldats qui peuvent impunément les insulter.... c'est impossible.

— C'est pour cela, dit Catherine en hésitant, c'est pour cela qu'il faudrait voyager la nuit.

— La nuit, seules, à pied, comme des mendiantes! Oh! je n'oserais pas, dit en tremblant la vicomtesse.

— Eh bien! reprit encore Catherine, j'irai, moi, j'irai.

— Toi, dit la vicomtesse en la regardant fixement : tu l'aimes donc bien?

Catherine baissa les yeux pour cacher ses larmes; la pauvre Agnès reprit en pleurant :

— C'est que moi je l'aime aussi.

Et les deux jeunes filles s'embrassèrent en sanglotant. Puis Agnès, se dégageant la première de sa douleur, reprit vivement :

— Eh bien! c'est dit; nous irons!... nous partirons...!

— Ce soir, dit Catherine.

— Oui, ce soir, dit Agnès avec une résolution touchante dans un si jeune âge et dans un si faible corps. Pour les habits de pélerines...?

— Je les aurai, dit Catherine; j'aurai de l'or; j'aurai tout ce qu'il faut.

— Et je dirai, reprit Agnès, je dirai au sire Arnauld de Marvoill....

— Oh! ne lui en parlez pas, dit Catherine; il vous détournerait de ce dessein; il vous proposerait d'autres moyens; et, voyez-vous, il n'y a que celui-là.

— Mais où trouver un guide?...

— Ah! dit Catherine, voilà ce qui sera difficile; cependant, avec de l'or....

Comme elle allait continuer elle fut interrompue par une voix pure et sonore qui, dans la cour de l'hôtel, murmurait doucement sous les croisées le refrain d'une ballade bien connue :

> La vie est facile et joyeuse
> A qui sait aimer;
> L'amour est la fleur précieuse
> Qui doit l'embaumer.

— Ah! celui-là sera notre guide, s'écria Catherine; celui-là, dont la folie ne nous demandera raison de rien, dont la faiblesse nous fera plus respecter qu'une escorte armée, dont la reconnaissance nous conduira mieux que le mercenaire le plus chèrement payé. Je sais comment le faire obéir à tout ce que nous voudrons de lui.

Et, tout aussitôt, elle ouvrit la fenêtre, aperçut Pierre Vidal, et descendit vers lui. Était-ce le hasard qui le leur envoyait ainsi? était-ce le Ciel touché de l'innocent dévoûment de ces deux enfans, du sublime accord de ces deux âmes rivales? En tous cas, c'était bonheur; et cette circonstance les fit croire au succès d'un voyage si hardiment conçu. Bientôt Catherine remonta vers Agnès et lui apprit que Vidal les accompagnerait.

I.

Voyage.

Une heure après cet entretien, Catherine et Agnès, toutes deux vêtues d'une longue robe de laine noire, un bâton à la main, la tête couverte d'un chapeau de paille grossièrement tressée, sous le costume complet de pélerines, se présentèrent à une des portes de Montpellier.

C'est la coutume de ceux qui sentent vivement et qui se laissent emporter à une opinion mauvaise de se venger sur tout ce qu'ils peuvent du tort qu'ils en ont eu. Il y avait quelques mois, les habitans de Montpellier avaient reçu avec des acclamations de joie l'interdit prononcé contre Roger ; quelques semaines avant l'époque où nous en sommes de notre récit, leur exaltation était déjà descendue bien bas ; elle tomba tout-à-fait quand l'annonce de l'arrivée de l'armée parvint dans la ville ; et une semaine de séjour des troupes croisées à Montpellier suffit pour faire de cette exaltation un vif regret, et bientôt un mécontentement prononcé contre cette injuste excommunication. Tant que l'armée avait campé dans Montpellier ou ses environs, sa présence avait contenu ce mécontentement ; mais maintenant qu'elle était partie chacun cherchait occasion de le manifester, et plus d'un valet traînard, plus d'un ribaud qui avait laissé passer l'heure ne rejoignirent jamais l'armée. Il arriva donc que lorsque Agnès et Catherine se présentèrent à cette porte pour sortir de la ville, les bourgeois, qui en avaient la garde, refusèrent brutalement de l'ouvrir. Pour eux, ces deux femmes étaient du nombre de ces pèlerines dont les unes, ribaudes effrontées, couvraient d'un habit saint le commerce honteux qu'elles promenaient à la suite de l'armée; dont les autres, véritablement fanatisées de l'esprit de croisade, s'étaient vouées aux fatigues du pélerinage et à la cure des blessés. A ces deux titres, ils les accueillirent de cruelles plaisanteries et de reproches d'indignation. Il n'y avait en tout cela rien qui épouvantât ni l'une ni l'autre de ces deux femmes, car le nom de l'une d'elles suffisait pour tout faire taire; mais cela les retardait d'un jour, et un jour c'était peut-être la vie de Roger. Vidal avait dû sortir par une autre porte et les rejoindre à celle-ci, de façon qu'elles ne savaient comment s'expliquer, craignant surtout d'être reconnues, lorsqu'une troupe de cavaliers se présenta à la porte pour sortir également de Montpellier. C'était Raymond Lombard accompagné de quelques archers; Catherine reconnut Foë à côté de Raymond, et, s'adressant à l'esclave, elle lui demanda, d'une voix suppliante, de lui prêter assistance pour les faire sortir de la ville: Foë tressaillit, et Raymond Lombard, pour qui tout était matière à soupçon, demanda de quoi il s'agissait; Foë le lui ayant répété, il dit avec colère aux gardes de la porte : que c'était bien osé à eux de retenir des femmes animées du saint esprit de la croisade; et les bourgeois, étonnés d'entendre ainsi parler un serviteur de Roger, lui demandèrent où il allait.

— Au camp des croisés, répondit-il, combattre l'hérésie et renverser le superbe.

Puis, il sortit aussitôt, après avoir fait passer devant lui les deux pélerines, et, dès qu'il fut hors la ville, il commença sa route au grand trot.

— Voyez, dit Agnès, la trahison court à cheval, et le dévoûment la suit à pied. Ils arriveront avant nous.

— Non, non, dit Catherine; c'est la trahison qui nous a frayé le chemin et qui a renversé le premier obstacle qui nous arrêtait, c'est la marque du doigt de Dieu qui nous dirige et nous protège; rien ne nous manquera si nous ne nous manquons pas nous-mêmes. Du courage, Madame, du courage.

Aussitôt, elle imita avec sa voix les appels vibrans et prolongés du rossignol, et Pierre Vidal accourut.

— Tu es, lui dit-il, la princesse Philomèle, fille de Pandion, roi d'Athènes.

—Oui, reprit Catherine; et toi, tu es le roi

Amphion dont la harpe bâtit des villes, tant ses accords sont puissans.

— C'est moi, dit Pierre Vidal. Marchons; il est temps d'aller punir les jongleurs de Beziers et de Carcassonne qui nous ont porté le défi du chant.

Ils se mirent en route.

— Étaient-ce là les mots de reconnaissance convenus entre vous? dit Agnès à Catherine.

— Non, non, dit Catherine, c'est ainsi qu'il lui faut parler. Après s'être imaginé qu'il était loup, il a cru pendant plusieurs mois qu'il était mouton, et il ne voulait manger autre chose que de l'herbe et bêlait toute la journée; aujourd'hui il dit qu'il est Amphion, le chanteur, et il rapporte tout à cette folie. Parlez-lui dans ce sens; et si par hasard il vous choisit un nom parmi ceux qui lui occupent l'esprit, acceptez-le et répondez comme il voudra [1].

---

[1] Quoique la chronique rapporte ces diverses folies qui se succédaient dans l'esprit de Pierre Vidal, il faut faire observer au lecteur que ce changement d'idées dans la tête des fous est une chose fort commune. Il y a beaucoup de personnes qui pensent que toute folie vient d'une idée fixe. Nous avons eu occasion de voir plusieurs fois

— Et c'est sur un pareil homme que vous comptez, lui dit Agnès, pour nous conduire sûrement où nous voulons aller?

— Vous voyez qu'il parle d'aller à Carcassonne et à Beziers; il nous y mènera, soyez-en sûre, plus vite qu'un autre, par les chemins détournés qu'il a appris lorsqu'il promenait de château en château sa vie errante de jongleur.

En effet Vidal quitta la route à quelque distance de la ville, et marcha rapidement à tra-

---

chez le docteur Blanche, dans sa belle maison de santé, un jeune homme fort connu à Paris qui s'était imaginé d'abord être le dauphin, puis Louis XVIII, puis Napoléon. La dernière fois que nous le visitâmes, il nous raconta qu'il avait passé une fort mauvaise nuit, attendu qu'il avait été forcé d'écouter les plaidoyers de Satan et de Pluton, qui se disputaient l'empire de l'enfer, et qui en avaient appelé à sa décision. Il se croyait le Destin. Puisque le Paradis perdu est une création sublime, qu'était donc le rêve de notre fou? Est-ce donc bien vrai qu'entre la folie et le génie il n'y a de différence que la soupape par où s'échappe le trop plein du dernier? La soupape de Napoléon, c'était la guerre et l'empire; la soupape de Pindare était l'ode et la poésie. Si Pindare l'eût fermée pour faire autre chose, peut-être il serait devenu fou.

vers les champs par de petits-sentiers battus qui menaient d'un hameau à l'autre. Toute cette première nuit elles marchèrent sur le territoire de la comté de Montpellier et traversèrent quelques hameaux qui en dépendaient. Bien que tout fût clos à l'heure où ils passèrent, ils purent remarquer que le pays paraissait tranquille et que rien n'annonçait le voisinage d'une armée si considérable. La route n'était pas longue entre Montpellier et Beziers, car on ne comptait guère plus de trente lieues de l'époque qui en valaient à peu près quinze des nôtres. Cependant ces deux femmes étaient si faibles, et les nuits de cette saison si courtes, que le jour venu elles se trouvèrent à peine arrivées au château de la Jonquières, à cinq lieues au plus de Montpellier. Elles gagnèrent une cabane assez éloignée du bourg et y demandèrent l'hospitalité. Elle leur fut d'abord brutalement refusée, mais Catherine s'approchant de Vidal, lui dit doucement :

— N'avez-vous pouvoir que de rebâtir des murailles, prince Amphion, et votre harpe ne sait-elle pas aussi ouvrir les portes?

Pierre Vidal n'eut pas plus tôt entendu cet

appel à la puissance de son talent, qu'il prit sa harpe et se mit à chanter une chanson gracieuse, adressée par un amant au seuil inexorable de sa dame. Il y avait des jeunes filles dans la maison; les jeunes filles entendirent, elles écoutèrent, elles ouvrirent la porte; et lorsque Catherine leur eut dit que c'était un pauvre fou, qu'elle et sa compagne conduisaient à un saint pélerinage pour demander à Dieu de lui rendre sa raison, on s'empressa autour de lui, on le fit entrer, et les pélerines furent louées pour leur courage et leur bonne action.

On pria Vidal de chanter et il chanta; puis vint l'heure du repas du matin pour lequel on attendait le maître de la cabane: Presque aussitôt il parut. A peine fut-il entré que tout le monde s'élança vers lui en lui demandant quelles nouvelles il avait apprises.

— Rien, dit-il; je suis allé jusqu'au château du sire de Pezenas, l'un de ceux qui ont abandonné leur suzerain le vicomte Roger. Hier les habitans du bourg ont passé la journée, l'oreille collée contre terre, car il paraît qu'il y a eu un grand fracas tout autour de la ville de Beziers.

— Oh! s'écria Agnès, la ville serait-elle prise?

Le serf remarqua alors les deux pélerines, et, les considérant avec soupçon:

— Quelles sont ces femmes?

On le lui expliqua selon le conte de Catherine, et le serf poursuivit:

— Excusez-moi, mes sœurs, mais il ne manque pas de femmes vêtues comme vous qui suivent l'armée des seigneurs croisés et qui s'introduisent dans les maisons. Si par hasard on parle indiscrètement devant elles, les misérables vous dénoncent aux varlets de l'armée; ceux-ci obtiennent aisément de leurs capitaines un ordre de visiter la maison dénoncée comme enfermant des hérétiques, et cette visite, c'est l'incendie et le pillage.

— O mon Dieu! s'écria Agnès, et c'est ainsi qu'on traite les vassaux du vicomte Roger!

— Les vassaux du vicomte Roger! reprit le paysan; s'il reste encore des vassaux à ce brave vicomte, ses vassaux ne sont pas compris dans cette faveur; car ceci est une faveur, attendu que nous appartenons à la comté de Montpellier, qui est territoire ami. Mais sur celui du vicomte de Beziers il n'est besoin de permission aucune pour brûler les maisons et égorger les habitans; et, dit-on, il ne reste pas une maison debout depuis le château de Pezenas jusqu'à Beziers, si ce n'est les forteresses, qu'ils n'ont pu démolir ou attaquer, quoiqu'on rapporte qu'ils ont pris et brûlé le fort de Servian au point qu'il n'y reste que les pierres, qu'ils n'ont pu emporter.

— Mais enfin, dit Catherine, sont-ils entrés à Beziers? car vous avez parlé d'un grand fracas autour de cette ville.

— Cela n'est pas probable, car les clercs avaient annoncé qu'ils se retireraient dans l'église de Saint-Nazaire et qu'ils sonneraient les cloches si la ville était envahie, pour avertir les campagnes environnantes de ce grand désastre.

— Et l'on n'a pas entendu les cloches? dit Agnès avec anxiété.

— Nullement, dit le serf. Beziers est une ville redoutable; et, si le vicomte s'y trouve, les croisés auront le temps de semer et de récolter dans les champs qu'ils ont brûlés et ravagés.

— Le vicomte est donc à Beziers? dit Catherine.

—On ne sait, reprit le serf. Ce qu'il y a de sûr, c'est qu'il y est allé en sortant de Montpellier : les uns disent qu'il y est resté; les autres assurent qu'il s'est retiré à Carcassonne. Du reste, nous le jugerons bientôt à la résistance que fera la ville.

L'heure du premier repas sonna : on y fit asseoir Vidal et les pélerines, et, pendant tout ce temps, il ne fut question que du siége de la ville. C'est là que Catherine et Agnès apprirent que le sire de Pezenas, comme beaucoup d'autres, avait déjà regret de son abandon, car ses vassaux n'avaient guère été plus ménagés que s'il était demeuré fidèle à son suzerain. Les deux pélerines résolurent donc de se faire guider de ce côté. Après le repas, on les invita à se reposer. Jusqu'à ce moment, Catherine et Agnès n'avaient pas été véritablement seules et face à face. Leur résolution avait été si prompte, l'exécution l'avait suivie de si près, que ni l'une ni l'autre n'avaient eu le temps de réfléchir à leur situation. La fatigue de la marche, ses dangers, la présence de Vidal, les avaient, pour ainsi dire, séparées ou occupées tellement, qu'elles n'avaient guère échangé que quelques mots sur la longueur de la route ou la fraîcheur de la nuit. Une fois dans l'étroite chambre où on les avait conduites et où elles devaient passer une longue journée, elles eurent le loisir de penser à la singularité de leur réunion. D'un instinct commun elles cherchèrent à détourner ces pensées; et Catherine, la première, dit à Agnès:

—Il faut vous reposer, Madame, et vous mettre dans ce lit.

— Oui, dit Agnès, le sommeil m'accable; oui, il faut nous reposer.

Catherine, avec cette admirable intelligence de toute chose sincèrement faite, sut prendre la place qui lui convenait. Riche bourgeoise, pupille des consuls de Montpellier, enfant gâté par le sire de Rastoing, elle avait peut-être encore plus que la vicomtesse l'habitude du luxe et des mollesses de la vie. Cependant elle s'approcha d'Agnès, comme eût fait une femme de son service, et lui détacha sa robe. Agnès la laissa faire, mais lorsqu'elle vit Catherine qui considérait ses blanches épaules virginales, elle devint rouge, comme si un homme, comme si Roger l'eût regardée, et elle croisa les bras sur sa poitrine.

— Vous me regardez, Catherine? dit-elle.

— Oui, dit Catherine avec un doux sourire triste et flatteur et d'une expression presque respectueuse, oui, Madame, car vous êtes bien belle.

Agnès rougit encore plus et se tut, tout embarrassée et timide qu'elle était. Catherine, qui avait essuyé une larme, la fit asseoir, et détacha de ses pieds ses brodequins, lacés sur le coude-pied. Les pieds d'Agnès, ses pieds blancs et délicats étaient rouges et meurtris.

— Oh! dit Catherine avec pitié, reposez-vous, Madame, reposez-vous.

Et elle la plaça sur-le-champ dans le lit; puis, machinalement et profondément absorbée, elle s'assit sur une escabelle.

— Et vous, dit Agnès, vous?

— Moi, moi? dit Catherine, je resterai là.

— Là! dit la vicomtesse se levant sur son séant; c'est impossible. Venez.

— A côté de vous? dit Catherine en pleurant soudainement. Je n'oserai pas ; non... non... Ce n'est pas ma place.

Aussitôt Agnès se relevant et lui ôtant rapidement ses vêtemens sans vouloir écouter ses refus, poussa Catherine dans son lit, et, se couchant à côté d'elle, lui dit :

— Il ne faut pas m'en vouloir si je l'aime; tu vois bien que je ne t'en veux pas.

Cœur d'enfant, où brûlaient un amour de femme et un dévoûment d'ange.

Un moment après, les deux jeunes filles dormaient profondément dans les bras l'une de l'autre. Le soir venu, il fallut repartir. La marche de cette nuit les conduisit jusqu'au delà de Pezenas. Elles avaient avancé autant que possible afin d'arriver d'assez bonne heure près de Beziers, pour y pénétrer à la faveur de la nuit, en profitant de la connaissance exacte des chemins cachés qu'avait Pierre Vidal. Mais l'hospitalité qu'elles avaient trouvée à la Jonquières ne leur fut point accordée de même aux environs de Pezenas, ou plutôt elles ne surent à qui la demander. Elles se présentèrent d'abord dans une cabane. La porte en était ouverte, et les meubles brisés et dispersés. Elles s'enfuirent épouvantées, et coururent vers une autre cabane : elle était dans le même état d'isolement et de dévastation que la première : à celle-ci, il y avait de plus une longue plaque de sang qui se perdait derrière une porte. Catherine et Agnès devinrent pâles et tremblantes, n'ayant ni la force d'avancer ni celle de fuir. Pierre Vidal entra, en ouvrit la porte : la plaque de sang continuait en une longue trace qui, après avoir traversé un jardin, se perdait dans un champ de blé. Elles l'avaient suivie jusque-là, et n'osèrent aller plus loin. Cependant des bruits lointains arrivaient jusqu'à elles.

— Allons de ce côté, dit Agnès.

— Non, non, dit Catherine, cette désolation fait notre sûreté ; ils ont ravagé tout ce pays, ils n'y reviendront pas, et la cabane la plus ruinée sera notre plus sûr asile.

— Vous avez raison, dit Agnès, allons, allons vite : voici déjà le jour et le soleil.

Elles cherchèrent des yeux et virent une masure dont le toit était arraché. Elles s'y rendirent et trouvèrent quelques bottes de paille, sur lesquelles elles se placèrent. Mais, dans ce lieu ouvert et abandonné, le peu de sommeil qu'elles prirent fut inquiet et peut-être plus fatigant que n'avait été la marche de la nuit. Au moindre bruit, elles s'éveillaient en sursaut ; le soleil tombait brûlant et sans relâche entre ces murs, qu'il échauffait comme une fournaise, de façon que, le soir venu, elles éprouvèrent plus de lassitude qu'elles n'en ressentaient le matin en arrivant. La veille, Catherine, plus prévoyante qu'Agnès, avait accepté quelques provisions des jeunes filles de la Jonquières; mais quand elles eurent fini leur misérable repas, elles ne trouvèrent point d'eau pour apaiser leur soif. Ces privations étaient sans doute bien légères; mais elles frappaient des femmes qui n'en avaient jamais eu même la pensée, des jeunes filles si faibles, que pour elles un jour de ce supplice était plus que pour un homme une semaine entière de faim et de soif. Agnès surtout, délicate et frêle enfant, semblait prête à succomber : elle ne se plaignait pas, mais elle ne disait rien; elle ne parlait point de partir; elle était assise par terre sans force ni résolution. La nuit vint, et, avec elle, une fraîcheur qu'elles semblèrent boire avec bonheur, tant elles ouvraient leur poitrine à cet air moins brûlant par de longues aspirations.

— Madame, dit Catherine, Madame, encore un effort; cette nuit, nous arriverons; cette nuit, nous sauverons Roger.

— Oui, oui, dit Agnès, allons, j'ai encore de la force.

Elle voulut se lever et poussa un cri, tant ses pieds, gonflés dans sa chaussure, étaient devenus douloureux.

— Laissez-moi, dit-elle en pleurant, laissez-moi ici; j'y mourrai; allez le sauver; va, Catherine; tu lui diras seulement que je l'ai essayé.

— Non, Madame, non, il faut du courage; la marche fera disparaître l'engourdissement, et, s'il le faut, Pierre Vidal vous portera;... je vous porterai, moi.

Et, en disant ces paroles, la pauvre Catherine elle-même chancelait sur ses pieds meurtris. La vicomtesse s'arma de résolution, et toutes deux essayèrent quelques pas hors de la cabane; mais Catherine vit bien qu'elle ne pourrait aller loin. Elle appela Pierre Vidal.

— Prince Amphion, lui dit-elle, te souviens-tu qu'une nuit Roger t'emporta dans ses bras, après que tu avais été déchiré par les chiens d'une dame?

— Tu te trompes, reprit Vidal, ce fut mon ami, le jongleur Orphée, qui fut déchiré par les femmes de la Thrace, et qui périt malgré le secours de Roger.

Catherine avait voulu tenter la folie de Vidal et n'y avait point réusi. Elle commençait à désespérer, lorsque celui-ci lui dit:

— Pourquoi ta sœur, la muette Progné, ne vient-elle pas et demeure-t-elle seule à pleurer?

— Hélas! s'écria Catherine, elle ne peut marcher: la pauvre enfant a les pieds brisés.

— Ah! dit Vidal, je la porterais bien, car je suis grand et je suis fort, mais demain je serais fatigué pour le combat, et ma voix n'aurait plus de fraîcheur; mais je l'exciterai par mes chants et je lui rendrai ses forces.

Aussitôt il se mit à chanter une chanson de danse qui mesurait exactement le pas. Catherine ne l'écoutait pas, ni Agnès non plus; mais toutes deux tentèrent un effort désespéré; ce fut d'abord nécessité qui les soutint; puis, lorsqu'une marche d'un quart d'heure eut rétabli la libre circulation du sang, les douleurs s'effacèrent peu à peu, et le chant de Vidal leur devint un véritable secours. Elles avaient été si près de désespérer de leur entreprise que ce peu de forces qu'elles retrouvèrent leur vint comme une joie. Elles marchèrent résolument, et ne purent retenir une exclamation de surprise lorsqu'au revers d'une petite colline, elles aperçurent à leurs pieds d'immenses feux, qui annonçaient la présence d'un camp, et, au-delà, les hautes murailles de Beziers éclairées de quelques pâles reflets. Un silence profond couvrait la campagne; jamais armée n'avait si bien étouffé le murmure qui bourdonne autour de toute grande multitude.

—Oh! sans doute, dit Catherine, ils préparent quelque attaque, il faut nous hâter.

Elle fit comprendre à Pierre Vidal qu'il fallait tromper la vigilance des ennemis de son talent, qui voulaient l'empêcher de pénétrer à Beziers, et celui-ci, changeant de direction, prit à travers champs sans suivre aucun sentier battu. Les deux femmes le suivaient à grand'peine. Ils approchaient rapidement des feux épars dans la campagne sans entendre aucun bruit. Soupçonnant que les troupes étaient rassemblées autour de ces feux, Vidal les fit marcher dans un fossé, pendant qu'il passait à leur hauteur. A ce moment, un long hurlement, suivi de hurlemens plus nombreux, se fit entendre. Ce cri était si lugubre, que tous trois s'arrêtèrent ensemble. Le hurlement se répéta plusieurs fois, et finit par se perdre peu à peu. Agnès et Catherine n'avaient plus de force : le bruit d'un corps qui passa non loin d'elles, en renversant les hautes tiges des blés, leur rendit le pouvoir de fuir; la peur fit plus que le courage; elles avancèrent rapidement, et eurent bientôt dépassé les feux. Elles étaient à quelques minutes d'une porte qui ouvrait sur la campagne; mais cette porte était défendue par un fossé et par un pont-levis, et comment le faire baisser sans appeler l'attention des croisés qui veillaient sans doute au-dehors? Malgré cette crainte, elles avancent, rasent, en marchant sur leurs mains, le parapet qui protège le fossé, et arrivent au pont. A quelques pas, elles voient une percée de jour. Leurs yeux étaient si fatigués, la nuit si obscure, qu'elles cèdent à une illusion facile à comprendre, et croient voir l'ouverture horizontale du pont-levis haussé. Elle furent sur le point de chercher un autre côté. Catherine, cependant, s'arrête un moment, et voit Pierre Vidal aller en avant, et lui dit d'arrêter, craignant qu'il ne se précipite dans le fossé; mais, à l'instant, elle l'aperçut dans cette embrasure claire et ouverte, debout et leur faisant signe de le suivre. Elles avancent, et bientôt elles reconnaissent que le pont-levis est baissé, et que cette clarté est celle de la porte dont la herse est levée. Elles courent et se précipitent dans la ville, et, dans un premier transport de joie, elles s'embrassent en pleurant.

III.

Beziers.

———

Enfin Catherine et Agnès étaient à Beziers : Roger était sauvé ; Roger, jugé invincible autrement que par la trahison, allait être mis à l'abri de la trahison. Ces sentimens se précipitaient si rapides et si joyeux dans l'âme de ces deux jeunes filles, ils en chassaient si soudainement tant de craintes et de désespoir, qu'elles n'eurent pas d'abord assez de loisir de réflexion pour s'étonner de la facilité avec laquelle elles avaient pénétré dans la ville. Mais lorsque Vidal leur eut dit : Allons au palais, où l'on nous attend, tandis qu'elles parcouraient les rues étroites de Beziers, elles s'étonnèrent entre elles de ce que cette porte se fût trouvée ouverte, et surtout de ce qu'elles n'y avaient vu personne qui y veillât. Un doute terrible entra dans leur esprit : Beziers serait-il au pouvoir des croisés, et cette facilité qu'elles avaient eue à traverser ce qu'elles pensaient être leur camp, cette libre entrée ouverte, n'étaient-elles pas un sûr indice que l'armée tenait à la fois le dedans et le dehors de la ville? Elles s'arrêtèrent tout à coup en se pressant l'une contre l'autre, et écoutèrent. Le bruit de leur propre marche et le frôlement de leurs vêtemens leur avait jusque-là assez peuplé le silence pour qu'elles ne l'eussent pas remarqué; mais quand elles furent immobiles, ce silence devint si profondément vide de tout son vivant, qu'elles furent saisies d'un effroi encore plus mortel et qu'Agnès s'écria :

— Mon Dieu! qu'est-ce que cela veut dire ?

Elles écoutèrent encore, rien ne répondit, pas même le pas de Vidal, qui, s'imaginant que ces deux femmes le suivaient, avait continué sa marche.

Agnès et Catherine regardèrent autour d'elles. Rien ne se mouvait dans l'obscurité, rien ne bruissait dans le silence, pas une fenêtre où brillât une tardive lumière. Cependant une ville assiégée ne pouvait être dans un si complet repos, mais ce repos n'allait pas mieux à une ville prise. Toutes deux tremblaient et se serraient.

— J'ai peur, dit Agnès.

Catherine, qui jusque-là avait soutenu le rôle de la femme forte et résolue entre ces deux femmes faibles, Catherine, saisie du même effroi, n'eut que le courage de ne pas répondre. Elles n'osaient faire un pas, ni en avant ni en arrière. Elles entrelaçaient leurs bras ; l'obscurité les épouvantait tellement qu'elles cachaient leurs yeux dans le sein l'une de l'autre.

— Le jour va venir bientôt, le jour va venir, dit Catherine ; asseyons-nous là, attendons le jour.

En effet, bientôt les rayons pourpres du matin glissèrent au sommet du ciel, puis s'abaissèrent doucement sur la terre. Les jeunes filles le reçurent comme une rosée d'espoir et de courage. Elles quittèrent la pierre sur laquelle elles s'étaient assises et firent quelques pas. Le jour était venu ; c'était la vie : mais la vie pour être complète, la vie d'une ville surtout a besoin de bruit et de mouvement, et ni bruit ni mouvement ne vinrent avec le jour. Leur frayeur recommença, mais toute différente, mais incertaine, mais sans aucun des mille objets dont on a l'idée d'avoir peur ; la solitude dans la nuit, des ennemis, une bête fauve, un homme ivre, une foule furieuse, on a peur de tout cela ; mais il faisait jour ; et elles ne voyaient personne. Si elles n'avaient été deux, chacune eût douté de sa raison. Elles s'entre-regardèrent sous le poids de ce sentiment et arrivèrent à l'angle d'une nouvelle rue. Miséricorde du Ciel! elle était pavée de cadavres! Elles s'enfuirent épouvantées, et coururent dans une autre direction, ne voyant rien, ne regardant rien : mais l'haleine leur manqua enfin ; il fallut encore s'arrêter et voir ; elles virent encore des cadavres.

— Ah! dit Agnès, la ville est prise et nous sommes parmi les croisés.

— Eh bien! dit Catherine dont les dents

claquaient, nous dirons qui nous sommes ; frappons à une porte, frappons.

Elles frappèrent : le bruit retentit dans la maison, mais rien ne répondit que l'écho des salles. Le cœur de ces femmes se serra dans leur poitrine et plus pâles que les cadavres qui les entouraient, elles se regardèrent sans se parler. Cependant le soleil se levait splendide et brûlant, mais avec lui rien ne se levait, ni armée, ni ville ni un homme, ni un son. Catherine ne respirait plus, Agnès restait droite et l'œil fixe. Par un effort désespéré, elles s'arrachèrent à elles-mêmes, et Catherine dit en parlant à voix basse et comme en chassant ses paroles.

— Allons-nous-en, allons-nous-en !

S'en aller, pour elles, fut d'abord marcher, marcher sans but ni direction, prenant au hasard chaque rue qui se présentait, allant jusqu'au bout, tournant à droite ou à gauche quand la rue était finie, s'imaginant peut-être qu'elles s'en allaient, ne disant rien, n'ayant plus ni mouvemens convulsifs, ni effroi soudain à l'aspect de chaque nouveau cadavre qu'elles rencontraient ; l'âme tellement tendue à la souffrance que rien ne la faisait plus vibrer. Cependant un choc nouveau pouvait les frapper, tel qu'il brisât chez elles la vie ou la raison. Ce choc arriva : mais ce fut pour les rassurer et détendre leur terreur ; elles aperçurent une église : dans une église il semble qu'il y a toujours protection ; elles pouvaient y trouver un prêtre, un homme, Dieu. Elles ne pensèrent à Dieu qu'après l'homme, tant cette effroyable solitude, magnifiquement éclairée du soleil, les tenait sous son charme infernal. Un chien leur eût fait secours. Elles entrèrent dans l'église, lieu d'asile, selon leur pensée, lieu d'asile sans doute, selon la pensée de toute une population de femmes, d'enfans, de prêtres et de vieillards ; car, femmes, enfans, prêtres et vieillards gisaient là pêle-mêle étendus et massacrés. La barbe des prêtres, les cheveux blancs des vieillards, le visage brun des femmes, la tête blonde des enfans, tout traînait dans le sang. Oh! la nuit, la nuit qui leur avait voilé tout ce meurtre, que ne revenait-elle sombre et vide comme il y a quelques heures! mais le jour était grand, le jour entrait à pleins rayons par les vitraux brisés et les fenêtres démolies, un jour splendide, magnifique, où tout saillissait à l'œil ;

Agnès et Catherine n'eurent plus rien à demander à leur résolution, ni fuite, ni conseil, ni peur, ni courage, ni prières. Elles tombèrent à genoux, non pour prier: elles n'avaient pas de pensée; elles s'embrassèrent aussi, non pour se soutenir, mais parce que leur mouvement avait été complètement le même. Rien ne devait les arracher de là, aucun pouvoir, ni le sentiment de la conservation, ni celui de la faim ou de la soif. Il n'y avait rien d'assez fort au monde pour les empêcher de mourir à cette place, lorsqu'une voix se fit entendre. C'était celle de Pierre Vidal, assis sur l'autel et s'écriant:

— Voici le triomphe que m'ont réservé le seigneur Jupiter et son fils Roger, le soin d'évoquer de l'enfer pour les rendre à ces corps inanimés les âmes qui gémissent dans le fleuve Tartare.

Catherine osa le regarder. Elle ne fut ni plus alarmée, ni plus rassurée; mais ce mot enfer tourna dans son oreille comme un tintement singulier. Il lui sembla qu'on lui disait toujours: L'enfer, l'enfer, l'enfer. Elle resta béante, le regarda fixe, comme une statue où l'artiste a scellé l'épouvante au marbre. Vidal prit sa harpe; il chanta:

Vieillards, ceints par les ans de blanches auréoles,
Enfans qui, pour prier, n'aviez point de paroles,
Vierges, dont le fer seul a fait pleurer le cœur,
Femmes aux flancs féconds, dont la terre est jonchée,
Et comme les pavots sur la moisson fauchée,
Tous sanglans sur le sol où passa le vainqueur.

Femme, tu n'avais pas épuisé ta tendresse,
Vierge, à ton de nom de femme il manque une carresse;
Femme morte au séjour, vierge morte en chemin,
Enfant mort sans marcher debout dans tes années,
Vous comptiez l'avenir parmi vos destinées,
Et toi-même, vieillard, tu crus au lendemain.

Ce long dénombrement remua le regard de Catherine; elle en suivit chaque objet, et, le trouvant devant elle si terriblement posé, elle associa presque ce chant à ce spectacle, cette folie à cette vérité; et alors elle écouta; elle écouta pour entendre. Vidal continua :

Levez-vous ! ma voix vous appelle;
Levez-vous, car la vie est belle,
La vie a des charmes puissans,
La vie est l'amour et la joie,
C'est le plaisir où l'on se noie,
La volupté qui fond les sens.

La vie est la rose
Où l'âme se pose,

Balancée aux flots d'un air doux;
La vie est la gloire,
Elle est la victoire.
Cadavres sanglans, levez-vous!

Cet appel à la vie, si solennel et si imprévu; cette résurrection évoquée à grands cris, frappèrent horriblement l'esprit de Catherine, et, dans son épouvante, elle regarda et attendit : elle ne savait quoi; mais elle attendait ; lorsque Vidal poussé par son délire poétique, reprit avec feu :

La lyre est forte,
Elle l'emporte
Sur le tombeau.
Déjà leur âme
Reprend sa flamme
Comme un flambeau.
Leurs mains se pressent;
Vois, ils se dressent,
Ils sont debout :
Leur voix résonne,
Leur œil rayonne,
Et leur sang bout.

Un chœur les rassemble,
Ils tournent ensemble :
Déjà le sol tremble
Sous leurs pieds joyeux.

> Leur vie est féconde,
> Et de cris inonde
> La voûte qui gronde
> Et les jette aux cieux.

Alors tout fut vrai : ces cadavres s'étaient relevés ; ils vivaient ; ils étaient couronnés de fleurs ; ils tournaient, ils dansaient, ils chantaient, si bien que Catherine se leva, et, avec un rire inouï, elle se mit à danser et à chanter. Un cri terrible et désespéré se fit entendre ; une main forte et puissante la saisit : c'était Agnès, qui, l'œil ouvert, les joues pâles, la lèvre pendante et frémissante, la tenait et la regardait dans une indicible terreur. Ce cri brisa l'horrible rêve ; un éclair de raison traversa la tête de Catherine, elle comprit qu'elle devenait folle : et criant à son tour, saisissant Agnès à son tour, elle s'enfuit avec une rapidité incroyable, entraînant Agnès avec une force surhumaine : Dieu vint à leur secours. Elles couraient dans une rue qui menait à une porte ouverte, et tout-à-coup elles virent la campagne s'ouvrir devant elles ; la campagne immense avec des arbres, des oiseaux, des épis, des herbes de la vie, et puis quelques pas après des hommes qui tournaient de loin autour de la ville. Mais avant d'arriver jusqu'à eux, elles tombèrent épuisées de fatigue. Ces hommes s'approchèrent alors, et, les ayant secourues et relevées, l'un d'eux leur dit :

— Est-ce vrai que les croisés, après avoir pris la ville, ont tué jusqu'au dernier homme, jusqu'au dernier enfant?

— Les croisés! dit Catherine en retrouvant des idées possibles, à ce mot qui la ramenait à la vérité. Ah! les croisés ont pris la ville!

— Il y a trois jours, et l'ont abandonnée hier.

— Et ils ont tout tué, dit Catherine, qui comprenait alors tout ce qu'elle avait vu.

— Tout? dit un vieillard.

Catherine avait déjà repris sa raison, Agnès aussi, et plus vite peut-être, parce que son imagination moins forte n'avait pas aidé à l'ébranler; plus vite, car elle s'écria soudain :

— Ils ont donc tué le vicomte?

Le vicomte est à Carcassonne, répondit quelqu'un.

— Catherine, dit Agnès, il faut aller à Carcassonne.

— Nous irons à Carcassonne, répondit Catherine.

Ce fut la première pensée de leur esprit dès

qu'elles purent penser, le dernier mot qu'elles prononcèrent tant qu'elles purent prononcer un mot; mais la fatigue et l'épouvante les avaient épuisées et toutes deux tombèrent presque évanouies dans les bras de ceux qui les entouraient.

Pauvres enfans! on les transporta sur une civière faite des débris qui parsemaient la campagne, à l'ombre d'un mur, où avait été la chaumière de l'un des serfs qui étaient là présens.

VI.

Carcassonne.

Il faut revenir au vicomte, qui véritablement avait été à Beziers, où il avait laissé de nombreuses troupes, et qui ensuite s'était retiré à Carcassonne, sachant que c'était là le rendez-vous général des croisés, et que là serait le plus grand effort à soutenir. En effet, nous le trouvons, au premier jour d'août, tenant conseil avec ses châtelains sur la manière dont il devait défendre sa ville, dans la persuasion où il était que les croisés avaient échoué dans leur tentative contre Beziers, et qu'ils étaient accourus vers Carcassonne pour frapper, comme ils le disaient, l'hérésie au cœur. Le vicomte avait d'abord voulu tenter une sortie contre cette foule innombrable qui s'étendait autour de la ville à mesure qu'elle arrivait et qui semblait vouloir l'étreindre et l'étouffer dans ses bras de géant. Il réunit ses capitaines autour de lui, et, montant sur une des tours de la ville, il leur montra le désordre qui régnait partout, et les excita à le suivre, à jeter l'épouvante parmi tous ces hommes, et à détruire une partie de l'armée avant que l'autre pût arriver à son secours. Pierre de Cabaret s'opposa à cette marche.

— Sire vicomte, lui dit-il, cette ardeur prouve bien que, jusqu'à ce jour, vous n'avez su combattre l'ennemi qu'en rase campagne, et non point l'attendre derrière les murs d'une forteresse. Sa vue vous fait bouillonner le sang aux veines, et votre épée vous démange dans son fourreau. Mais que pouvez-vous espérer d'une sortie? Je suppose que vous la fassiez aussi heureuse que possible; elle vous coûtera quelques bonnes lances, et pas une seule ne doit être imprudemment exposée dans une occasion où nous avons cent ennemis contre un bon soldat.

— Ah! je suis bien sûr que ces braves chevaliers qui vous entourent, reprit Roger, ne seront pas fâchés de savoir si c'est là le véritable compte des croisés.

— Sans doute, dit Pierre, si nous avions en face de nous ceux qu'il est nécessaire d'abattre; mais lorsque vous purgeriez l'armée de tous ces ribauds, ce serait service que vous leur rendriez, et non point à nous; car demain nos vrais et redoutables adversaires seraient ici, reposés et forts, tandis que nous serions harassés et faibles.

— Alors, dit Roger, demain nous irons mesurer nos lances avec les leurs.

— Sire vicomte, ce sera encore une faute, reprit Pierre. Lance contre lance, homme contre homme, n'est point le jeu que nous devons jouer. Faites une sortie! et comptez le nombre des hommes d'armes qui sont à Carcassonne et le nombre des soldats qui sont autour; donnez dix de ceux-ci à tuer à chacun de nos soldats, et il restera encore assez de Français pour que leur armée soit dix fois plus nombreuse que notre garnison. En rase campagne, nous serons un contre vingt; dans Carcassonne, nous serons un contre un : car, sire vicomte, il faut compter comme soldats chacune des pierres de nos hautes murailles. Elles supporteront l'effort des lances et des épées mieux que nos heaumes et nos écus. Chaque pierre à arracher doit coûter une vie.

— Tu as raison, Pierre, lui dit le vicomte; mais, dans une sortie, nous pouvons nous serrer et leur présenter une citadelle mouvante et inaccessible, contre laquelle ils se briseront de même, et qui leur portera la mort, tandis qu'ici il faut nous diviser sur cette longue enceinte de murs, sans être maîtres de frapper où nous voudrons, n'ayant d'ennemis que ceux qui daigneront se présenter.

— Cela se peut, dit Cabaret, mais il sera toujours temps de nous presser et de nous réunir. Qu'ils enlèvent ce premier faubourg, et nous les attendrons dans le second; qu'ils enlèvent le second, et nous les attendrons dans la cité; et là l'enceinte est assez étroite et le nombre de vos bons chevaliers assez grand, pour que nous la couvrions d'assez d'épées et de haches pour qu'aucun ennemi ne puisse se glisser entre elles. D'ailleurs le temps, en cette affaire, est notre premier auxiliaire, et c'est lui qu'il faut laisser agir.

— C'est notre auxiliaire, il est vrai, dit Roger, et c'est aussi notre ennemi. Cependant tu as raison. Je n'ai pas encore aperçu dans la plaine une seule bannière qui vaille la peine d'être renversée, si ce n'est celle de mon oncle de Toulouse, et ce n'est pas à lui que j'ai besoin d'apprendre que l'épée du vicomte de Beziers est redoutable à ses ennemis.

Un moment après ils quittèrent les remparts.

La ville de Carcassonne était à cette époque entièrement située sur la rive droite de l'Aude. La cité, qui en faisait la partie la plus considérable, était bâtie sur un rocher au pied duquel coule cette rivière. Elle était, en outre, enceinte de deux faubourgs, tous deux entourés de murailles et de fossés. Bien que ces faubourgs fussent à l'abri d'une escalade et pussent soutenir un siége régulier, ce n'était pas en eux que les habitans de Carcassonne avaient placé l'espoir de leur défense; ils s'étaient tous retirés dans la cité, entourée de murailles d'une élévation prodigieuse et garnies de tours du sommet desquelles on pouvait accabler les assiégeans de projectiles de toutes sortes. C'est dans la cité que se trouvait le château, et devant ce château l'orme immense où, la plupart du temps, les seigneurs tenaient leurs audiences et recevaient la foi et l'hommage de leurs vassaux. C'était l'arbre de la ville, une sorte de palladium de la cité. On le rencontre dans presque toutes les descriptions des vieilles villes du midi, et dans beaucoup de chartes nous trouvons, comme simple désignation de l'endroit où elles ont été signées, ces mots : *sub ulmo*, sous l'orme. Ce proverbe, qui a survécu à l'existence accoutumée de cet arbre monument: Attendez-moi sous l'orme, ce proverbe prouve qu'il était un lieu à part où se donnaient ordinairement les rendez-vous d'affaires, un centre de réunion pour les habitans des villes. Les arbres de liberté ne sont qu'un ressouvenir de l'orme féodal; car c'était ordinairement sous cet arbre qu'avaient lieu les traités entre les souverains et les vassaux. C'était le palais des manans, le témoin vivant de tous les engagemens pris par le seigneur. L'histoire de l'orme, dans chaque cité, était pour elle ce qu'est l'histoire de l'Hôtel-de-Ville pour Paris.

Ce fut donc sous l'orme que Roger rassembla ses châtelains, ses chevaliers, ses bourgeois, ses manans. Là, il leur apprit la résolution qui avait été prise de défendre la ville jusqu'à la dernière extrémité, et de ne point tenter le sort d'un combat en plaine.

— Maintenant, ajouta-t-il, que chacun se tienne prêt pour le point du jour, car je ne fais point de doute que nous ne soyons attaqués à cette heure; en outre, que chacun ait ses armes à côté de lui, car, s'il prenait fantaisie aux croisés de nous attaquer durant la nuit, j'entends qu'ils soient aussi bien reçus à toute heure. Songez qu'il faut que chaque faubourg leur coûte autant de soldats que nous sommes d'assiégés: celui qui, ayant une muraille pour bouclier et une épée pour occire, n'aura pas tué un homme, sera regardé comme inutile et renvoyé de la ville.

Tous applaudirent et se retirèrent; lui-même, après avoir un moment entretenu ses capitaines, leur distribua les postes où ils devaient veiller, se les gardant tous et ne s'en réservant aucun : puis il rentra dans son château, accompagné seulement de Buat et de Kaëb; il ordonna à l'esclave de lui apprêter ses armes, et, tandis qu'il les visitait pièce à pièce, il s'adressa à Buat:

— Eh bien! lui dit-il, as-tu visité les murailles et les magasins d'armes?

— J'ai tout vu, dit Buat, et je n'ai qu'une crainte, car ce ne sera ni les remparts ni les armes qui nous manqueront.

— Ce ne sera point non plus les provisions, je suppose, dit Roger.

— Non pas les provisions que nous pouvons faire, telles que blés, bestiaux et fourrages, mais celle que le ciel seul peut nous envoyer: l'eau. Les puits se tarissent, et, pour aller jusqu'à l'Aude, il nous faudra perdre un pot de sang par chaque pot d'eau que nous y puiserions.

— Plus bas, plus bas, dit Roger; j'ai prévu ce malheur, et ce malheur n'est point redoutable. Mais ce ne sera qu'à la plus terrible extrémité que je me servirai du remède que la prudence de mes pères a mis dans nos mains. Cette tour où nous sommes est, comme presque tous les châteaux de mes villes, construite autant contre la révolte de nos bourgeois, que contre les attaques de nos ennemis; mais assurément, elle serait une faible défense contre les uns et contre les autres s'ils pouvaient nous y altérer à leur gré, et nous y faire périr de soif. Mon trisaïeul Trancavel, lorsqu'il reçut cette ville et ses comtés des mains d'Alphonse, comte de Toulouse, y fit construire ce château; mais, par une prévoyance sans doute bien sage, il le fit élever par les mains d'ouvriers qui, durant sa construction, n'eurent pas permission de sortir d'une enceinte qu'on leur avait marquée. L'architecte qui le fit bâtir était un mécréant du royaume de Tunis, fort habile en toutes sortes de conduits cachés et dérobés; il en ménagea un qui descend jusqu'aux entrailles de la terre et qui, par une voûte qui traverse les fossés et les remparts du château et de la cité, va aboutir au bord de l'Aude, parmi des arbustes et des rochers qui en déguisent l'entrée. Les ouvriers qui l'ont construit n'y descendaient que les yeux bandés, et en sortaient de même; et lorsque la voûte fut finie, et qu'il fallut pratiquer dans le roc la dernière ouverture, qui ne peut livrer passage qu'à un seul homme, ce furent l'architecte lui-même et Trancavel qui s'armèrent du pic et du marteau pour la percer.

— Oui, dit Buat, et ceci m'explique comment l'architecte qui construisit ce château ne reparut plus du jour où il fut achevé.

—Tu savais cela, Buat? dit Roger.

— Oui, et s'il faut croire ce qu'on raconte, il aurait été foudroyé au moment où il voulut placer au sommet du clocher de la chapelle la croix qui le surmonte; et si je juge bien de ce que vous venez de me dire, Trancavel n'a cru son secret en sûreté que dans la mort.

Un signe affirmatif de Roger à Buat apprit à celui-ci qu'il avait deviné la vérité. Après un moment de silence, Roger reprit :

— Ce secret a été confié par Trancavel à son fils seul, et par celui-ci à son héritier, de façon qu'il m'est arrivé de même, sans que jamais autre que le suzerain de cette ville en ait eu connaissance. J'étais bien enfant quand mon père me conduisit dans ce souterrain et m'en fit voir les détours; et, depuis ce temps, je n'y suis jamais redescendu. Il faut que nous le visitions cette nuit, et que je m'assure de l'utilité que j'en puis tirer. J'y serais allé seul si je n'avait pas prévu qu'un accident, une blessure peuvent me mettre hors d'état d'y conduire des travailleurs si nous en avions besoin; et me trouvant forcé de confier à quelqu'un ce secret qui est, pour ainsi dire, un héritage de famille, je t'ai préféré à tout autre.

—C'est bien, dit Buat; Mais Saïssac n'en est-il pas instruit?

—Non, dit Roger. A la première clameur des habitans de Carcassonne, il leur donnerait cet espoir, et ce chemin, qui est notre meilleure défense tant qu'il sera ignoré, pourrait être notre perte dès qu'il serait connu. C'est une sape toute ouverte sous nos remparts, et il ne faudrait pas dix charges de fagots brûlés durant une nuit à la hauteur de l'enceinte du château ou de la cité, pour faire crouler un large pan de muraille et ouvrir brèche aux ennemis. Et qui peut répondre d'un secret répandu parmi des milliers de personnes?

—Vous avez raison, dit Buat, et je ne suis pas assuré qu'en chassant Raymond Lombard vous ayez chassé tous les traîtres hors de Carcassonne.

A ce moment Kaëb rentra, apportant le souper de Roger. L'apparition de l'esclave à côté de ce mot de traître qui venait d'être prononcé, surprit les deux jeunes gens; ils s'entre-regardèrent, et Roger dit à Buat, dès que Kaëb fut sorti:

—Que penses-tu de cet homme?

—Je ne sais, dit Buat; mais à sa place je vous haïrais.

— Il est cependant assuré, dit Roger, que je ne lui ai pas enlevé sa Foë, et que ma prétendue séduction est un mensonge de l'interdit jeté sur moi.

— Sans doute, dit Buat, car il vous l'a entendu dire à un moment où il a dû croire que la vérité sortait seule de votre bouche; mais à ce moment il a appris autre chose; c'est que Foë vous aimait.

— Est-ce ma faute?

— Non, dit Buat; mais consultez votre cœur et demandez-vous si vous ne détesteriez pas plus le rival qui serait aimé que le rival qui aimerait.

— C'est possible, dit Roger, moi, toi peut-être, mais cette esclave! d'ailleurs, entre lui et moi, ce mot rival peut-il lui entrer dans l'esprit?

— Ah! dit Buat, voilà parler en vicomte et non pas en homme. Quant au mot de rival, il n'a point de rang; et j'ai eu plusieurs fois l'occasion de voir que la haine de Kaëb a bien compris ce mot, car elle s'est déjà élevée jusqu'à Raymond Lombard, non point parce qu'il est plus près de lui, mais parce qu'il tient Foë en sa possession, et qu'il est l'obstacle présent à l'amour de Kaëb pour elle. Qu'un hasard la rapproche de vous et que l'amour qu'elle vous porte devienne l'obstacle qui sépare Kaëb de son Africaine, ce sera sur ce nouvel obstacle que tombera cette haine astucieuse et cachée, capable d'un crime, s'il le faut.

— Alors, dit Roger, nous avons le temps d'y penser, et Lombard nous servira de bouclier. Songeons à notre visite.

Roger ferma la porte de la salle où ils se trouvaient, et, prenant son épée ainsi que Buat, tous deux, armés d'un flambeau, descendirent par un escalier qui tournait dans l'épaisseur du mur où était percée la fenêtre profonde qui éclairait la chambre. Cette chambre était la même où s'était passée la scène qui ouvre cette histoire, et la porte qui conduisait dans cet escalier se trouvait dans l'embrasure même de cette fenêtre. Ils descendirent long-temps sans trouver aucune porte qui les arrêtât et remarquèrent que cet escalier était assez étroit pour qu'il devînt impraticable en y jetant quelques grosses pierres et en y amoncelant des matériaux. Tant qu'il tourna dans la hauteur des murailles, qui étaient au-dessus du sol, ils comprirent à la chaleur des pierres qu'ils n'avaient pas encore atteint la partie souterraine, car le soleil brûlant qui régnait depuis deux mois les avait échauffées au point qu'ils suffoquaient dans cet étroit espace. Enfin ils sentirent la fraîcheur et l'humidité les saisir tout à coup, et pensèrent qu'ils allaient bientôt arriver au but, mais l'escalier était bien plus profondément enfoncé en terre qu'il n'était élevé au-dessus de sa surface, et ils jugèrent qu'ils devaient être à une distance énorme du sol, lorsqu'ils trouvèrent une porte; cette porte ouverte par Roger les introduisit dans une vaste salle circulaire. Cette salle circulaire s'élevait comme un puits, à perte de vue. Et le vicomte expliqua à Buat comment on avait pratiqué cette ouverture pour pouvoir enlever facilement et à l'aide d'une poulie les tonneaux ou autres objets qu'on voulait introduire dans le château. Ce puits était verticalement placé sous la tour par laquelle ils venaient de descendre, et ouvrait, par des dales qu'on pouvait enlever, dans la salle basse de cette tour. Le vicomte traversa cette enceinte circulaire, et en face il virent commencer la longue voûte qui devait mener à la rivière. Cette voûte était large et haute, et ils purent y marcher sans obstacle. Elle avait été si habilement et si solidement construite, que nulle trace de dégradation ne s'y faisait remarquer. Enfin ils en atteignirent l'issue, et remarquèrent qu'à cet endroit elle s'enfonçait en terre, tandis que deux rampes latérales conduisaient à une porte sous laquelle une autre était pratiquée.

— Tu vois, dit Roger, cette partie basse est continuée jusqu'au dessous de la hauteur de la rivière, et, d'après la manière dont elle est construite, il suffirait de creuser encore le roc de quelques pieds pour inonder toute cette voûte et amener l'eau jusqu'à la salle circulaire que nous avons traversée, d'où il serait facile de la tirer comme d'un puits. Quant à cette rampe, elle mène à l'issue qui ouvre parmi les rochers.

Ils montèrent, et, après avoir ouvert la dernière porte, ils sentirent à la chaleur de l'air qu'ils avaient enfin atteint cette issue. Ils voulurent s'assurer qu'elle ne pouvait être découverte par les ennemis et reconnurent que le temps avait plus fait que l'art pour la déguiser; car elle était tellement encombrée de plantes et d'arbustes qui avaient poussé leurs racines jusque parmi les pierres, que c'est à peine si on apercevait le ciel à travers les ronces et les feuilles. Ils ne voulurent pas pousser plus loin, craignant que leur passage ne laissât quelques traces, et ils rentrèrent. Ils regagnèrent rapidement le petit escalier et remontèrent dans la tour. A travers les fentes étroites que l'architecte avait ménagées dans les pierres, ils purent reconnaître que le jour était prêt à se lever; au tumulte qu'ils entendirent ils jugèrent que quelque cause pressante devait tenir la ville en émoi. Arrivés dans la haute salle dont ils avaient fermé la porte, ils entendirent nombre de voix qui blasphémaient et disputaient avec violence dans la pièce voisine. Roger ouvrit la porte:

— Sommes-nous attaqués? s'écria-t-il.

— Ciel et enfer! dit Pierre de Cabaret, mais le premier faubourg est presque enlevé. Les troupes ont d'abord fait merveille, mais lorsqu'elles ont vu que leur chef manquait où elles ne manquaient pas, elles se sont découragées. Saissac, Lérida, Guillaume de Minerve les maintiennent au second faubourg, mais Dieu sait ce qui va arriver si je leur rapporte la nouvelle que leur seigneur reste caché dans un souterrain.

— Ah! malédiction! s'écria Roger, ils ont raison. Buat, va à la tour du Paon avec tes meilleurs archers; elle tient en enfilade tout le fossé qui regarde le nord. Vas, et que nul homme n'y descende que pour y rester. Reviens ensuite avec le reste de tes hommes, et arrive où je serai. Tout aussitôt il prit une hache énorme, coiffa son casque sans visière et s'élança hors de la tour.

— C'est imprudence, lui cria Cabaret en le suivant à grand' peine, c'est imprudence maintenant.

— Pierre, il faut que mes chevaliers et mes ennemis me reconnaissent.

En disant ces mots, il arriva à une des portes de la cité. Elle était encombrée de soldats qui rentraient tumultueusement, et déjà les murailles du second faubourg laissaient voir les pointes des piques des croisés. A l'aspect de Roger, la retraite des siens s'arrêta, et tous ses hommes d'armes, reprenant courage à l'air déterminé de leur chef, le suivirent en poussant de grands cris. Ceux qui tenaient encore sur les murailles y répondirent, et Roger parut tout à coup au sommet du rempart.

Il vit devant lui tous ces flots d'ennemis qui se pressaient avec une ardeur inconcevable.

Au fond, sur un tertre, était rangé le clergé, dont les chants se faisaient entendre même à travers la clameur du combat. Roger, tout exposé qu'il était aux traits des ennemis, car il n'avait que sa cotte de mailles, Roger sauta sur le haut-bord de la muraille à l'endroit où était dressée une échelle; et là au lieu de frapper ceux qui la gravissaient, il prit cette échelle par les deux montans, et, la soulevant de terre avec tous les guerriers qui la chargeaient, il la balança un moment et la rejeta sur les ennemis qui encombraient le fossé. A ce coup de force et d'audace inouïes, les remparts retentirent d'un cri de joie, et les croisés demeurèrent stupéfaits. Quelques uns reculèrent et laissèrent une place vide. Du haut de la muraille Roger y sauta, et quelques soldats et capitaines de ceux qui étaient armés légèrement le suivirent. Les croisés, étonnés à leur tour, perdirent l'ardeur qui les avait poussés si loin. Roger, suivant le faubourg dans l'enceinte qu'il formait autour de la cité, toujours à la tête du petit nombre d'hommes d'armes qui l'avaient suivi, balaya devant lui tout ce qu'il rencontra, appelant à mesure qu'il avançait ceux qui étaient sur les murailles et qui, à sa voix, sautaient ou descendaient près de lui. Ainsi, en moins d'une heure, il rétablit le combat dans le premier faubourg.

Cependant la lutte y continuait avec acharnement, lorsqu'il fit appeler près de lui dix de ses capitaines les plus déterminés. Il les fait former en cercle, et, tandis qu'il se couvre de ses armes, que Kaëb lui a apportées, il leur dicte en peu de mots un ordre qui paraît d'abord les étonner, mais auquel chacun s'empresse d'obéir. Ils rentrent dans l'enceinte du second faubourg, et bientôt en ressortent par les portes ouvertes, chacun à la tête de nombreux soldats qui, la pique basse, et sans s'occuper du combat qui s'anime autour du second faubourg, le traversent en courant, marchent droit aux portes du premier, et dès qu'ils les ont atteintes, les ferment sur eux et sur les croisés. Cependant ceux-ci gravissaient incessamment les murailles intérieures et descendaient dans l'enceinte. Pierre de Cabaret le faisait remarquer avec inquiétude à Roger, qui lui répondit tranquillement :

— J'attends que le nombre que tu as voulu y soit, un homme pour chaque pierre.

Tout à coup Buat arrive près de lui à la tête d'une cinquantaine de routiers. Roger lui dit un mot, et celui-ci répète d'une voix retentissante! A l'œuvre, enfans, à l'œuvre. Tout aussitôt les routiers se dispersent, et le vicomte, tirant son épée, se met à crier :

— Maintenant allons compter les pierres de nos murailles. Quant à vous, dit-il en s'adressant à ceux qui étaient sur les murs du second faubourg, prenez garde, car je vais vous envoyer de terribles ennemis.

A l'instant, il s'élance en avant traverse, à la tête de ses nombreux chevaliers, la mêlée confuse où l'on se frappait corps à corps, et paraît bientôt sur la muraille extérieure, se plaçant ainsi audacieusement entre les Français qui sont dans les campemens et ceux qui occupent le premier faubourg. Presque aussitôt les capitaines qu'il a envoyés à chacune des portes montent de même sur les murailles, et la couronnent au moment où le camp des croisés pensait déjà que les assiégeans étaient maîtres du second faubourg. Cette apparition étonne les croisés et les arrête un moment; ils ne comprennent pas que, si les premiers assiégeans ont été repoussés, ce ne soient pas eux qui se replient sur les murailles. Ils se consultent entre eux, et ne s'arrêtent à aucun parti, lorsqu'ils aperçoivent des flots d'une fumée épaisse entourer soudainement la ville : c'est tout le premier faubourg qui est en feu. Leur indécision devient plus grande. Alors tous les croisés qui avaient franchi les premières murailles, enfermés dans cet incendie, cherchent les portes pour se retirer; mais les portes sont fermées: ils montent aux murailles; mais les murailles sont occupées par Roger et ses capitaines : dans un mouvement de courage désespéré, ils se précipitent vers la seconde enceinte; mais la pluie de pierres et d'eau bouillante qui les accueille les fait reculer. Alors le désordre et la peur se mettent parmi eux, et ils se jettent en fuyant du côté des murs extérieurs; oubliant qu'il leur faut autant de courage pour la fuite que pour l'attaque, car il faut renverser ceux qui occupent ces murs. Mais la terreur est ainsi faite et la lutte devient terrible pour s'échapper. Au plus fort du désordre, Roger se place presque seul, appelant à lui ceux qui fuient : appelant surtout ceux qui les poursuivent, afin qu'ils les jettent sous le tranchant affamé de sa hache. Comme un commis de nos barrières armé d'un fer rouge et qui marque, à mesure qu'il passe, le bétail qui va au marché, Roger compte du bout de sa hache tous ceux qui passent, mais qui tombent. Il les amoncelle devant lui, et, quand le tas est si haut, qu'il gêne sa terrible extermination, il le franchit, et va plus loin marquer sa place par un nouveau monceau de cadavres. La plupart meurent sans l'attaquer; quelques uns, et parmi ceux-là des chevaliers armés de toutes pièces, se précipitent contre lui; mais cette hache se lève et se baisse impassiblement, brisant casques et boucliers, chaperons et cottes de buffle. On ne dirait plus que c'est un homme, mais une machine qui tue, tant il semble immobile et inébranlable sur ses pieds, régulier et irrésistible dans ses coups; on sent que la foule lui manquera avant la force. Les croisés comprennent alors ce qui s'est passé dans le faubourg: ils remontent avec ardeur à l'escalade pour soutenir leurs soldats ou leur ouvrir une voie. Roger, pressé entre ceux qui attaquent et ceux qui fuient, se replace audacieusement sur le parapet, frappant également les uns et les autres, toujours immobile et scellé à la place qu'il a choisie. Cette audace irrite les croisés; ils se ruent contre lui sans l'ébranler. Enfin, lorsqu'il voit l'ardeur des uns et la terreur des autres poussées au dernier degré, il se replie soudain vers quelques uns des siens, et, en formant un seul corps, il fend le torrent des fuyards et le traverse, en allant vers la cité. Arrivé au pied des seconds murs, Roger appelle à lui tous ceux qui les défendent. A sa voix, les portes de la ville s'ouvrent : les habitans de Carcassonne poussés par leur victoire, se précipitent en avant et chassent les croisés devant eux comme un troupeau en désordre. Alors il arrive ce que Roger avait prévu : les fuyards rencontrent les assiégeans, qui veulent avancer ; et la peur est si grande parmi les premiers, que ce sont eux qui culbutent les leurs du haut des murs qu'ils escaladent. Chassés par Roger et les siens, qui fouettent cette terreur à grands coups de hache et d'épée, les derniers poussent ceux qui les devancent, et les précipitent sur les piques des soldats qui se pressent au pied des murailles. Alors ce n'est plus un combat, c'est une épouvantable boucherie où les croisés sont tués à merci, tant qu'en veut la pique et l'épée, tant que le bras en peut désirer. Enfin le premier faubourg est balayé. Les croisés regagnent en foule le camp, laissant dans le faubourg une armée de morts, car de vivans et de blessés il n'en resta pas un seul;

et, comme dit la chronique provençale de l'époque : *E talament se sont rencontrats que pro ne tombara et talament tombaron que jamay ne se levaron ne bocjaron del loc:* et ils se rencontrèrent si furieusement qu'il en tomba beaucoup, et ils tombèrent si bien, que jamais nul ne se releva de l'endroit où il était tombé.

Quand la déroute fut complète, Roger se retourna, et, voyant autour de lui Pierre de Cabaret et ses autres capitaines tout dégouttans du sang qu'ils avaient répandu :

— Eh bien ! s'écria-t-il, mon brave soldat, t'ai-je fait bon compte? As-tu un homme pour chaque pierre ?

— Sire vicomte, dit Saissac, en appliquant à Cabaret le calembourg de l'écriture : Voici la pierre qui a coûté le plus cher à l'ennemi.

— Bien, bien, Saissac, s'écria Roger, je t'ai retrouvé si jeune au combat, que je me suis presque senti d'âge à te servir de tuteur et à modérer ta fougue. Où est Guillaume de Minerve, que je l'embrasse ; où est Lérida, que je le félicite, où sont-ils le Lion et le Tigre ? ils ont déchiré ce bétail à belles dents de fer et d'acier. Sur mon âme, Messires, je crois que nous pouvons aller dormir. Un moment, nos bons chevaliers, ne tendrez-vous pas la main à Buat? Quoiqu'il ne porte pas la ceinture militaire, il a fait merveille des deux mains, de la torche et du sabre.

— Bonne épée vaut mieux que ceinture dorée, dit Saissac à qui la voix tremblait en parlant ainsi.

— Et bonne renommée aussi, dit Pierre, et le drôle l'a aussi mauvaise que possible.

Saissac se tut, et Roger dit en souriant à Pierre de Cabaret :

— Eh bien! mon bon Pierre, si je te priais de le prendre pour écuyer afin de lui donner un peu de la tienne, ne le ferais-tu point?

— Sire vicomte, dit Cabaret, je crois avoir assez de bonne renommée pour deux honnêtes gens; mais je crois que le Buat en a besoin de beaucoup trop pour qu'il m'en restât assez.

— Donc, Messire, dit Roger avec hauteur, il sera le mien et non le vôtre, et si quelqu'un n'a pas son compte d'hommes tués comme je l'ai prescrit, il en peut emprunter au sire Buat, il leur en prêtera, car il n'en manque point.

Bientôt après, toute la garnison de Carcassonne était rentrée dans ses murs, et Roger, parcourant l'enceinte de la cité d'un bout à l'autre, alla visiter chaque poste pour voir s'il était suffisamment gardé. Arrivé à la tour du Paon, il entendit au sommet où tous les routiers étaient rassemblés de grands éclats de rire, mêlés de cris de triomphe. Il monta, et vit que c'étaient Kaëb et Buat qui excitaient ce mouvement. Tous deux étaient armés d'un arc; et lançaient des flèches contre un but éloigné. Roger regarda, et vit dans le fossé un chevalier étendu, couvert de ses armes. Ce n'était pas sur lui que tiraient les deux jeunes gens, mais sur quelques écuyers qui s'étaient hasardés jusque dans le fossé pour l'en retirer. Déjà quatre avaient tenté ce dévoûment, et l'avaient payé de leur vie. Un cinquième se présenta; il courut vers le fossé, et Kaëb tira; la flèche, heureusement ajustée, frappa sur la cuirasse, rebondit et tomba à terre. Les éclats de rire recommencèrent, et l'on railla l'esclave de la faiblesse du coup.

— Que peut une flèche sur ces armes d'acier? cria-t-il avec colère.

— Tu vas voir, dit Buat.

Aussitôt il ajusta une seconde flèche, qui

partit avec tant de force, qu'on ne la revit que lorsque l'écuyer s'arrêta, en poussant un cri, percé de part en part. C'était le jeu qui occupait si gaîment les routiers. Les quinze ou vingt hommes d'armes qui étaient à quelque distance du fossé, et qui paraissaient prendre tant d'intérêt au chevalier blessé, délibérèrent entre eux, et trois se résolurent à s'avancer ensemble, espérant sans doute qu'un au moins échapperait au terrible archer qui avait atteint les autres.

— Allons, Kaëb, dit Roger, pince ta corde au milieu, et tords-la un peu en la tirant; je vais te montrer comment cela se fait.

Il prit lui-même un arc, et Kaëb suivit l'avis de son maître : la flèche partit, et un des écuyers tomba. Les routiers applaudirent.

— A toi le second, Buat, dit Roger.

Buat tira, et le second écuyer tomba. Cela n'arrêta pas le troisième, qui arriva près du chevalier blessé.

— Pardieu! dit Roger, je veux connaître cet écuyer; c'est un brave serviteur, et je le verrai si la mentonnière de son casque n'est pas agraffée de fer.

A ces mots, il ajusta sa flèche, qui frappa

juste sur le cimier du casque, et le fit tomber de la tête de l'écuyer.

— Jour du ciel, s'écria Roger, c'est Jean du Man, l'écuyer de Sabran! Quel est donc le chevalier blessé?

— Et, tout aussitôt, de la main, il fit signe aux routiers de retenir leurs flèches, et courut vers l'endroit de la muraille au pied de laquelle était ce chevalier blessé.

Pendant ce temps, un chevalier croisé, qui faisait le tour de la ville en inspectant l'état des murs, arriva vers le groupe qui n'osait plus avancer. Roger, tout en se hâtant, vit que les hommes d'armes lui expliquaient ce qui venait de se passer, car ils lui montraient alternativement la tour, le blessé et les écuyers morts. Le chevalier, dont la stature était remarquable, fit signe à l'un de ses hommes de le suivre, et il s'élança dans le fossé. Les routiers poussèrent de grands cris, mais, sur un geste de Roger, qui était monté sur le revers de la muraille, ils retinrent leurs flèches, et Roger, s'adressant au chevalier blessé, qui était à peine à quelques toises du mur, lui dit tristement :

— Pons, j'ai dans ma ville le meilleur médecin de la Provence; veux-tu y venir guérir près de moi, je te jure qu'une fois en santé, tu seras aussi en liberté.

— Ah! dit le jeune Sabran en se soulevant, laisse-moi mourir ici, ou dis plutôt à tes archers de me tuer, pour que nul ne s'expose plus pour une vie qui m'est pesante et odieuse.

A ce moment, le chevalier croisé arriva près de Pons de Sabran, et le chargea sur son épaule comme un fardeau léger :

— Qui que tu sois, lui dit Roger, je te rends grâce de ton dévoûment pour ce noble enfant. Il n'est pas le seul parmi mes ennemis qui ait levé sur moi la main qu'il m'avait tendue; mais il est le seul à qui je le pardonne, et de qui je le regrette. Merci, brave chevalier; dis-moi ton nom pour que je m'en souvienne si jamais je puis faire quelque chose pour toi.

— Tu peux m'appeler dans le combat, lui répondit le chevalier, et tu trouveras une lance qui répondra quand tu auras crié : Simon de Montfort.

— Volontiers, dit Roger, et si tu ne viens assez vite, je te jure de te faire un passage libre alors comme aujourd'hui.

Puis il se tourna vers ses archers, qui tenaient leurs arcs tout prêts:

— Bas les flèches, enfans. Cet homme, cria-t-il, est mon ennemi à moi ; et comme les archers murmuraient : Bas les flèches, reprit-il, respect au sang que je garde pour mon épée.

VII.

Le roi d'Aragon.

Quelques jours après cette attaque inutile, une troupe nombreuse de chevaliers se présenta à l'entrée du camp des croisés, et demanda à être conduite à la tente du comte de Toulouse. Elle y arriva bientôt, et l'un des chevaliers qui la composaient levant sa visière, Raymond reconnut le roi d'Aragon. Il l'accueillit avec de grandes démonstrations de joie, fit loger chacun des chevaliers du roi avec un de ses chevaliers, pour qu'ils fussent magnifiquement traités, et, étant demeuré seul avec Pierre, il lui demanda la cause de sa venue.

— Je viens savoir, dit Pierre, si tout ce que l'on publie de la conduite des légats est véritable; si la prise de Beziers n'a été qu'une tuerie sans merci, et si la prise de Carcassonne devra être de même.

— De même, dit Raymond; Dieu n'a jamais envoyé sur la terre de plus implacables exécuteurs de ses ordres qu'Arnaud de Citeaux et son collègue Milon. Malheur à Roger s'il est pris!

— Ce malheur est-il à craindre?

— Oui, et plus à craindre aujourd'hui qu'il y a une semaine. Nous avons attaqué le premier faubourg de Carcassonne, et l'avons enlevé. Nous étions près de nous rendre maîtres du second, car je ne sais pour quelle cause Roger ne s'était point encore montré dans le combat; mais alors il y a paru, et ce n'a plus été qu'un épouvantable carnage des croisés, une terrible déroute des assiégeans.

— Ah! la bonne épée provençale, s'écria Pierre d'Aragon, a donc fermement pesé sur ces brutes de France. Dieu du ciel! c'est bien là notre bon Roger.

— Sans doute, dit Raymond, mais cela n'a fait qu'augmenter la rage qui pousse les légats à sa destruction, et si on n'a pas repris l'attaque dès le lendemain, c'est qu'on prépare de terribles machines pour rendre l'assaut presque irrésistible.

— Voyons, dit le roi; après avoir hésité un moment, parlez-vous sans prétention timorée, et croyez-vous au succès des croisés ?

— Vous savez, dit le comte, que si je ne manie la lance ou l'épée aussi bien que Roger ou que vous-même, je me connais autant qu'aucun à la conduite d'un siége et à la construction des machines, et véritablement, je vous le jure, jamais je n'ai vu de si effroyables préparatifs; d'ailleurs, vous pourrez en juger en parcourant le camp.

— Soit, dit Pierre d'Aragon, et si c'est comme vous dites, je ferai aux légats la proposition que j'ai résolue; car, messire comte, votre barbe grise et ma barbe noire ont eu moins de prévoyance que la moustache blonde du vicomte.

Cela dit, ils sortirent, et un grand nombre

de chevaliers avertis de la présence du roi d'Aragon dans le camp des croisés, vinrent le saluer. Parmi ceux qui lui firent le plus d'accueil, il remarqua le comte de Nevers et le duc de Bourgogne. Après avoir échangé quelques complimens avec eux, il leur demanda s'il ne pourrait point obtenir par leur entremise une entrevue avec le légat et les autres généraux de l'armée. Le duc de Bourgogne se hâta de s'offrir pour arranger cette affaire, et le comte de Nevers demeura près du roi d'Aragon.

— Sire roi, lui dit-il, en passant son bras sous le sien, que Dieu vous seconde si vous venez ici en but d'accommodement; car il n'est aucun chevalier chrétien qui ne vous sache gré de le délier ainsi de l'obligation de continuer encore, pendant trois semaines durant, cette guerre de meurtre et d'incendie. Le vicomte Roger est un grand et noble suzerain comme la France et l'Angleterre en voudraient posséder beaucoup; car ce qui fait la rage des uns fait l'admiration des autres, et ce qui lui vaut la haine des clercs lui a acquis l'intérêt des chevaliers. Sur mon âme, jamais je n'ai vu bras si redoutable et si fort; c'est un bûcheron d'hommes, si ce n'est qu'il abat ses arbres à la tête.

Venez au conseil. Mauvoisin y sera des nôtres avec St-Pol : ce sont de braves chevaliers. Si le duc de Bourgogne n'avait l'esprit aussi obtus que son épée est tranchante, il serait pour un accommodement; mais les légats embarrassent toujours de raisons subtiles la droiture de son instinct, et on lui fera faire quelque méchante action.

En parlant ainsi, ils arrivèrent au milieu d'une prairie, et virent qu'on y construisait d'immenses machines. Quelques unes étaient basses et longues, et formaient une voûte sous laquelle on abritait les soldats, qu'on attachait au pied des remparts pour les saper et y faire brèche, quelques autres étaient des pierrières d'une construction particulière: c'étaient deux énormes supports, soutenant une sorte d'essieu en bois; à cet essieu était fixé un fort rayon terminé par une masse carrée de bois de dix-huit pouces, à peu près comme un marteau à battre les pilotis. Ce rayon était en outre fortement consolidé par des arcs-boutans qui s'appuyaient sur l'essieu. Voici comment jouait cette machine. On plaçait sur une planche graissée, et qu'on pouvait incliner à volonté, une pierre d'un volume de huit à dix pouces, on tournait l'essieu de manière que le rayon, armé du marteau, touchât la pierre du côté où on voulait la lancer. Autour de l'essieu, étaient attachées quatre cordes que vingt soldats tiraient avec force; elles imprimaient ainsi un mouvement de rotation très-accéléré à l'essieu, de façon que le marteau, traçant une circonférence d'autant plus grande que la machine était plus élevée, revenait frapper la pierre avec tant de violence, qu'il la lançait à des distances considérables. Le roi remarqua cette machine, dont il n'avait point encore vu de modèle, et, les soldats l'ayant mise en mouvement devant lui, il reconnut qu'en inclinant la planche de bas en haut, on pouvait enlever les pierres bien au dessus des murailles, et les faire pleuvoir dans la ville, ce qui ne s'était pas encore vu. Il s'enquit de l'inventeur de cette machine, et les comtes de Toulouse et de Nevers lui montrèrent un homme qui, les bras nus, et armé d'une bisaiguë, travaillait à équarrir une pièce de bois, tandis que son regard actif surveillait tous ceux qui étaient autour de lui.

— Quoi! dit Pierre, c'est ce manant qui a fait une si terrible invention?

— Ce manant, dit le comte de Nevers, est

l'archidiacre Guillaume, de Paris, et presque tous ces ouvriers que vous voyez autour de lui sont les principaux clercs de l'armée.

L'étonnement de Pierre d'Aragon fut grand, mais il s'accrut encore lorsqu'à un signal donné un des ouvriers entonna le *Veni, Creator*, qui fut aussitôt repris par des milliers de voix, et chanté avec ferveur sans cependant interrompre les travaux.

Voilà comme ils officient, dit le comte de Nevers; il est bien juste que les clercs fassent la besogne des soldats là où les évêques font l'office des généraux.

Au ton dont parlait le sire de Nevers, plus encore qu'à ses paroles, Pierre d'Aragon jugea que la mésintelligence régnait entre les légats et les chevaliers, et peut-être eût-il laissé au temps le soin d'aigrir cette disposition et de dissoudre toute cette armée, s'il n'avait vu que les milliers de machines qui s'élevaient rendaient le succès d'un assaut plus que probable, et qu'il restait encore assez de temps aux légats pour obtenir cet assaut des chevaliers qui composaient l'armée. L'état des machines permettait même de le livrer sur-le-champ si on n'eût voulu les multiplier pour frapper un coup décisif. Il marcha donc vers le pavillon (*el pabalho*) des légats, qui était surmonté d'une croix, et il se trouva admis en présence des représentans d'Innocent et des principaux chevaliers qui formaient le conseil. Après avoir pris la place qui lui fut désignée, il leur adressa la parole: il leur exposa que si le crime d'hérésie avait régné dans les états du vicomte et s'y était enraciné, ce ne pouvait être la faute de Roger, dont la jeunesse ne lui avait permis de diriger les affaires de ses comtés que depuis quelques années au plus. Il leur remontra qu'on avait été sans pitié pour lui, ayant refusé de le recevoir à merci et accommodement dans la ville de Montpellier, bien qu'il s'y fût présenté de sa volonté. Il représenta qu'il ne pouvait être puni des fautes de ses officiers et de ses hommes, et que, dans les cas même où il seraient coupables, ils étaient assez punis par la destruction de la ville de Beziers et de plus de cinquante châteaux que les croisés avaient ruinés de fond en comble. Lorsqu'il eut fini de parler, Arnaud répondit:

— Nous avons deviné, sire roi, quel motif vous avait amené en notre camp, et nous avons préparé notre réponse en conséquence des paroles que nous avions prévues et que nous venons d'entendre. L'esprit de paix nous anime, surtout en présence de l'esprit de repentir. Si, comme vous le dites, le vicomte Roger est innocent des crimes d'hérésie, et que ses officiers et ses hommes en soient seuls coupables, il trouvera nos propositions d'une exacte justice, car elles épargnent l'innocent, et ne s'adressent qu'au coupable.

Ces précautions et le silence que garda un moment l'abbé de Citeaux, annoncèrent au roi d'Aragon que ces propositions étaient inadmissibles, car on voyait que le légat lui-même craignait de les aborder. Cependant il continua ainsi :

— Il sera permis au vicomte Roger de se retirer lui treizième avec douze hommes à son choix, chevaliers, châtelains ou manans, à condition par lui de nous livrer sa ville.

Le roi d'Aragon fronça le sourcil et s'écria :

— Et quelles sont les conditions pour le reste des habitans?

— Ils seront livrés à notre merci, pour en ordonner ce que bon nous semblera.

— C'est-à-dire, s'écria le comte de Nevers, pour les tuer et massacrer jusqu'au dernier.

Ce ne sont pas des propositions qu'aucun homme portant l'épée puisse accepter : c'est dérision et insulte.

— Ce sont celles qui ont été arrêtées au conseil, reprit hautainement le légat, et auxquelles vous devriez vous soumettre sans murmurer, même lorsqu'elles ne partiraient que de notre seule volonté, si cependant vous pensez que la foi du serment lie l'honneur des chevaliers. Du reste, le roi Pierre d'Aragon sera plus juste que vous, et, puisqu'il a visité notre camp, et vu les forces prodigieuses dont l'esprit de Dieu a armé sa cause, il peut juger que ce n'est ni dérision ni insulte, mais clémence et pitié.

— Messire, dit le roi d'Aragon en se levant, la force ne fait point le droit, et le droit fait souvent la force. L'aspect de vos machines n'est point fait pour intimider celui qui a la conscience du sien, et je ne puis croire que Roger accède à vos demandes. Mais, comme je suis venu ici dans le but de concilier cette terrible guerre, je porterai vos propositions à mon frère Roger, et vous rapporterai sa réponse. Vous ne me considèrerez pas comme un fauteur de guerre si je pense que, d'après ce que vous lui offrez, il faut vous préparer à l'attaquer.

— Et nous ne vous considérerons point comme un traître, dit le légat, si vous lui dites qu'il se tienne prêt à se défendre.

Le roi d'Aragon sortit de la tente, et le comte de Nevers, qui l'accompagnait, s'écria :

— Ah! damné serment! Qu'il me tarde que ces quarante jours finissent; c'est une guerre de routier qu'on nous fait faire. Et puis, voyez ce St.-Pol et ce Mauvoisin, ils sont sous quelque tente de ribaude à boire et à se goberger, tandis qu'on tient conseil; et cet âne de Bourgogne laisse tout faire, de manière que les évêques et quelques chevaliers à leur dévotion conduisent l'armée à toutes sortes de méchantes et déshonorantes actions. Vrai Dieu! si j'en suis requis, j'attaquerai la cité de Carcassonne, et, une fois l'épée au poing, je ferai de mon mieux; mais je donnerais un de mes bons châteaux pour que le vicomte nous donnât pareille aubaine que la première, surtout si, comme il paraît certain, c'est ce malencontreux Simon de Montfort qui mène tout ici secrètement. Ah! le vicomte a eu grand tort de ne le pas laisser transpercer d'une bonne flèche au lieu de lui promettre un combat corps à corps, car, à vrai dire, c'est un rude champion.

Un moment après, le roi quitta le comte de Nevers et les chevaliers qui le suivaient en signe d'honneur, et il s'avança seul vers une porte de Carcassonne, la tête découverte et vêtu d'un simple pourpoint, comme ami et non comme combattant. Au signe qu'il fit en élevant en l'air un pennon que portait le comte Sanche de Roussillon, qui le suivait, la porte du second faubourg s'ouvrit, car le premier avait été abandonné. Les habitans de la ville, avertis de la présence du roi d'Aragon, et en devinant les motifs, l'accueillirent de cris de joie, et il fut ainsi accompagné jusqu'au château, où il trouva Roger. Le premier mouvement du vicomte fut empressé et sincère, et il dit au petit nombre de ceux qui avaient suivi le roi jusqu'à l'intérieur de la tour : Répandez en la ville que ce sont propositions de paix qu'on nous apporte; dites aux habitans que je leur en ferai part sous l'orme du château, et que leurs souffrances tirent à fin.

—Comment! dit Pierre, en êtes-vous à ce

point, qu'on soit déjà fatigué du siége, et que les habitans murmurent?

— L'eau nous manque, dit Roger; et, quoique j'aie moyen de m'en procurer, j'attendrai encore pour employer ce moyen. Cependant il faudra bientôt s'y résoudre; car la maladie se mêle à la soif, et elle nous sera bientôt plus fatale que les croisés: mais elle nous l'est moins que la trahison, et j'ai trop lieu de craindre celle-ci pour livrer mon secret à une ville où mon évêque Béranger a laissé des partisans trop nombreux.

Après ces paroles, ils demeurèrent seuls, et Roger apprit ce que les croisés avaient chargé le roi d'Aragon de lui rapporter. Sans autre explication, il refusa hautainement et rompit l'entretien touchant la reddition de la ville. Mais lorsqu'il se fut enquis des nouvelles de l'intérieur, et que le roi lui eut raconté ce que les croisés avaient fait de la ville de Beziers, il entra dans une douleur et une rage inexprimables. Enfin le roi lui ayant demandé sa réponse, voici celle qu'il lui fit, telle que l'a conservée la chronique.

— Vous direz à ces prêtres que j'aimerais mieux me laisser arracher la barbe et les cheveux du menton et de la tête, les ongles des pieds et des mains, les dents de la bouche, les yeux et les oreilles du crâne, être écorché vif et brûlé sur un bûcher, que de remettre à ces bourreaux le dernier de mes hommes, fût-il serf, fût-il hérétique, fût-il parricide.

A peine eut-il achevé, qu'il ouvrit les portes de la salle où il se trouvait, et entra dans celle où se tenaient grand nombre de chevaliers et de bourgeois.

— Guerre! s'écria-t-il en entrant, guerre et extermination jusqu'au dernier d'entre nous!

En parlant ainsi avec fureur, il traversa la cour du château et le pont-levis, et arriva sur la place de l'orme, où étaient presque tous les habitans qui ne veillaient pas aux murailles.

— Guerre et extermination! cria-t-il en montant sur le banc qui ceignait le pied de l'arbre.

Un morne silence, suivi de quelques murmures, accueillit ce cri de Roger.

— Savez-vous, continua-t-il, ce que les légats du démon Innocent III ont osé me proposer, à moi, votre souverain et défenseur? De sortir, moi treizième, de cette ville, et de livrer le reste de ses habitans à leur merci.

— Jamais! jamais! crièrent les chevaliers et les plus puissans bourgeois.

— Et quelle sera cette merci? dirent quelques voix isolées de serfs et de femmes.

—Ce sera la merci qu'ont obtenue nos frères de Beziers, s'écria Roger pâle et tremblant d'une rage qui ne trouvait pas assez de voix en lui, pour s'exhaler, ce sera l'égorgement de tous les hommes jusqu'au dernier, de toutes les femmes jusqu'à la dernière, vieillards et enfans, catholiques et vaudois, laïcs et clercs; car à Beziers, en notre ville de Beziers, dans Beziers la riche ville, la noble sœur de cette cité, il n'est resté pas un pied debout sur le sol pour venir nous donner la nouvelle, pas une main pour sonner la cloche d'alarme. Morts! morts! tous morts jusqu'au dernier : voilà la merci des légats.

Un frémissement d'horreur et de désespoir parcourut toute la foule, et cependant quelques uns murmurèrent :

— Est-ce vrai? est-ce possible?

— C'est plus que possible, dit Pierre d'Aragon, c'est vrai, vrai, sans mentir d'une syllabe, comme leur glaive ne s'est pas trompé d'un homme.

— Il n'y a donc pas d'espoir? dit quelqu'un.

— Il n'y a d'autre espoir, dit Roger, que de

nous dire qu'il n'y en a plus. Citoyens, on nous donnera l'assaut demain. Demain étanchez votre soif dans le sang de vos ennemis, et après-demain je l'étancherai d'eau pure et salutaire. Envoyez-moi quatre de vos capitaines : je leur dirai comment je le puis ; et j'espère que vous en croirez leur parole lorsqu'ils vous l'assureront.

— Nous te croyons s'écrièrent toutes les voix, nous te croyons sur ta parole, et tu peux ne pas la tenir si nous ne tenons la nôtre, de combattre et mourir à tes ordres tant et comme tu voudras.

Un moment après, Roger reconduisit Pierre d'Aragon jusqu'aux portes de la ville, et rentra dans la cité pour faire préparer les moyens de défense extraordinaires qu'il voulait employer. Il visita les murailles et fit réparer les moindres brèches qui s'y trouvaient. Tout autour il fit dresser d'immenses fourneaux, et apporter dans des cruches de l'eau et de l'huile en quantité pour la faire bouillir et en arroser les assiégeans ; des pierres et des traits y furent amoncelés, et des torches furent préparées. Dans l'entretien que Roger avait eu avec le roi en le reconduisant, celui-ci, emporté par l'intérêt que trop tardivement il avait pris à la cause de Roger, lui raconta et lui nombra la quantité de machines construites. Roger ordonna aussitôt qu'un grand nombre de flèches de bois de sapin fussent préparées; elles étaient armées d'un fer pointu, et, immédiatement après ce fer, d'une grosse poignée d'étoupes qu'on devait imprégner d'huile, et auxquelles on devait mettre le feu au moment de lancer les flèches. Pendant ce temps, Pierre d'Aragon était retourné au camp des croisés. Il fut d'abord accueilli par le comte de Nevers qui quitta un groupe nombreux de chevaliers, et qui aborda le roi en s'écriant :

— Il a refusé, n'est-ce pas ?

— Voici sa réponse, dit le roi, et il la répéta textuellement.

— Elle est noble et digne, cria Nevers, et tant pis pour ceux qui ne la trouveront point telle, ajouta-t-il en mesurant dédaigneusement le duc de Bourgogne du geste et du regard.

Celui-ci voulut répondre; mais Simon de Montfort l'entraina en le calmant, et le roi d'Aragon alla au pavillon des légats. Ils le reçurent et entendirent la réponse du vicomte avec une humilité affectée, sous laquelle ils ne purent s'empêcher de laisser percer une sombre joie que trahissaient les regards d'intelligence qu'ils échangeaient entre eux. Après que le roi eut parlé, Arnaud se hâta de répondre:

— Dieu sait que nous avons fait tout ce que nous pouvions pour éviter de si grands maux. Que le sang versé retombe sur celui qui ferme l'oreille aux conseils de la prudence.

Pierre se dispensa de répondre; et, lorsque le légat l'invita à demeurer dans le camp et à y recevoir son hospitalité, il refusa dédaigneusement et répliqua qu'il en avait assez vu pour qu'il pensât à aller prendre soin de la sûreté de ses propres États.

— Comme il vous plaira, sire roi, dit Arnaud. La meilleure sûreté, c'est d'être dans le giron de l'Église, et je ne pense pas qu'il vous prenne fantaisie d'en sortir.

— Si l'Église n'est plus qu'un camp, répondit Pierre, et si les clercs ne sont plus que des soldats, elle ne doit pas s'étonner que ses fils ne l'abordent que la lance haute et le poing armé.

Peu de temps après, vers le soir, Pierre quitta le camp, car ces allées et venues avaient occupé toute une journée, et le comte de Toulouse l'accompagna, suivi d'un nombre considérable de chevaliers qui voulaient ainsi lui faire honneur. Raymond ayant fait un signe au roi d'Aragon et pressé le pas de son cheval, ils se trouvèrent un moment en avant et isolés, et le comte dit à voix basse :

— Pourquoi ces menaces, mon frère? pourquoi avertir les légats de vos projets?

— C'est que l'indignation me suffoque, et qu'il est temps de réparer la faute que j'ai commise.

— Je le sais, je le sais, dit le comte, mais ces dispositions veulent plus de secret et de prudence. Avançons encore un peu, qu'on ne puisse nous entendre.

Ils se mirent hors de la portée de la voix, et le comte ajouta :

— Eh bien! que comptez-vous faire ?

Pierre regarda Raymond avec défiance et lui dit brusquement :

— Et vous ?

— Moi, dit le comte en hésitant, moi, je ne puis rien. Cependant, si j'étais sûr de votre appui...

— Et moi de votre foi..... dit le roi.

Il y eut un moment de silence pendant lequel le roi observait attentivement le comte.

— Ah! tout ceci est bien funeste, dit Raymond sans répondre au doute du roi d'Aragon.

— Il est bien tard pour le reconnaître.

— Pas trop tard, dit Raymond, si...; puis il s'arrêta et reprit : — Pierre, nous nous sommes trompés tous deux et laissé emporter à un mouvement de colère contre un enfant.

— Eh bien! dit le roi.

— Eh bien... dit Raymond se décidant peut-être à parler plus franchement.

A ce moment, les chevaux des deux seigneurs auxquels leurs cavaliers ne prenaient pas garde prirent une allure rapide. Celui du roi voulant toujours devancer l'autre et celui du comte ne voulant pas rester en arrière. Le comte réfléchit et dit au roi.

— Vous voyez que mon cheval suit aisément le pas qu'il voit prendre aux autres : c'est un bon cheval.

— Oui, dit Pierre d'Aragon, quand un autre commence la course. Eh bien, soit! je prends ceci pour un avertissement de Dieu, et il en arrivera ce que Dieu décidera.

Le comte de Nevers rejoignit au même instant les deux princes, qui ralentirent le pas, et l'on causa de choses diverses jusqu'à ce que les trompes des soudards annonçassent qu'on allait clore l'enceinte du camp. Raymond tourna bride et dit au roi :

— Je vous quitte à regret ; mais vous voyez, mon frère, que je réponds à la voix qui m'appelle.

— Moi aussi, dit Nevers ; mais que Satan m'étreigne si je ne cassais volontiers les dents de la bouche qui souffle ces trompes. Oh ! les clercs ! les clercs ! ils m'ont volé mon serment ; que Dieu les protége quand je l'aurai racheté.

A cet instant, les deux troupes se séparèrent : les uns regagnant le camp des croisés, et Pierre continuant sa route du côté de la montagne.

VIII.

Roger.

Deux jours après le départ du roi d'Aragon, l'assaut qui devait livrer Carcassonne aux croisés commença avec le jour. Ce fut un terrible spectacle que celui de cette armée de machines roulantes qui s'avancèrent comme une ville contre une ville. Ce dut être un grand effroi pour les assiégés que de se voir ainsi enveloppés, de tours avec des ponts qui allaient s'attacher aux sommets des murailles, de boucliers qui couvraient les mineurs qui allaient s'attaquer à leurs racines, de balistes et de pierrières de toutes sortes qui les battaient au ventre, tout cet attirail heurtant et frappant les murs, à toutes les hauteurs, si violemment et si continuement que les remparts en vibraient dans leur vaste circonférence. Il fallait à tous ces hommes enfermés dans Carcassonne un courage bien désespéré pour penser à résister à cette multitude de chevaliers et de soldats se précipitant à l'escalade par milliers, qui se succédaient sans qu'il parût que la mort comptât pour quelque chose dans de si innombrables bataillons. Mais lorsque après quatorze heures de combat acharné toute cette armée fut culbutée, lorsque toutes ces tours flambèrent autour de la ville, comme pour éclairer la victoire des uns et la défaite des autres, alors la consternation passa des murs de Carcassonne dans le camp des croisés; et, lorsque Roger ordonna aux siens de rentrer dans l'enceinte de la cité, ne voulant pas garder le second faubourg, tant il était encombré de cadavres, les assiégés trouvèrent assez de force pour emporter Roger en triomphe jusque dans son château. C'est que Roger avait été dans ce jour plus grand que n'eût espéré son père, s'il eût vécu, plus redoutable que ses meilleurs amis ne l'eussent pu croire s'ils ne l'avaient vu. C'était lui qui le premier avait laissé approcher une des tours des croisés; c'est lui qui avait, de ses propres mains, attaché au mur le pont que cette tour y avait lancé, ne craignant de ses ennemis que la fuite; et c'est lui qui, après avoir ainsi enchaîné à sa ville cette tour qui l'assiégeait, avait assiégé cette tour, la torche et la hache au poing; c'est lui qui avait fait de ce pont, qui devait être le chemin de l'attaque, celui de la défense; lui qui le premier avait pénétré dans cette tour, et l'avait fait crouler toute chargée d'hommes, sous l'incendie qu'il lui avait attachée aux flancs. C'est Roger qui le premier, debout sur le revers des remparts, exposé aux pierres et aux flèches des croisés, avait précipité sur le bouclier des mineurs les pots énormes d'huile allumée qui se brisaient, en tombant sur la machine, l'inondaient de flammes, et la dévoraient en un moment. C'est lui qui, aidé de Buat, avait hérissé d'un si grand nombre de flèches enflammées la pierrière immense de l'archidiacre Guillaume, qu'elle s'était enfin allumée comme les autres.

Mais ce qui surpassait toute croyance, c'est ce dont l'armée et la ville avaient été témoins, si intéressées toutes deux, si haletantes à l'aspect d'une si grande audace, que le combat en était demeuré suspendu.

Un des boucliers des croisés avait résisté assez long-temps aux rochers et aux torches qu'on lui avait lancés, pour que quelques mineurs eussent pu détacher bon nombre de pierres du pied du rempart, s'y creuser un trou et y travailler à l'aise. A cet endroit, le combat s'était ralenti; l'escalade avait cessé, et un grand nombre de chevaliers s'étaient réunis en face de cette brèche, attendant la chute du rempart pour s'y précipiter, et trouver enfin la chance d'un combat, corps à corps, sur terre ferme, et non pas en l'air sur des ponts volans ou des échelles fragiles. Roger, dont le courage se promenait partout et se distinguait partout, voit de loin d'un côté une foule attentive, de l'autre l'isolement du rempart, où les plus intrépides craignaient de s'aventurer. Il s'y élance, ayant le seul Buat près de lui, Buat, qui trahit son sang et son origine à chaque danger qui se présente, tant il s'y précipite avec ardeur, et tant il triomphe avec rapidité. Ils arrivent tous deux, Roger et Buat, au sommet du rempart que le pic creuse et harcelle du pied. Un rire terrible et moqueur de toute l'armée des croisés les accueille aussitôt. On ne daigne pas leur lancer une flèche, tant on se sent assuré de pouvoir les atteindre bientôt de la lance et de l'épée.

Alors une entreprise qui ne pouvait avoir que Buat pour complice s'offre à l'esprit de Roger. Il prend une corde que Buat s'attache autour des reins, et la jette du côté des assiégeans. Ceux-ci ne peuvent d'abord s'imaginer ce que le vicomte prétend faire, et tous les chevaliers qui sont sur les murailles accourent pour prévenir ce qu'ils devinent que Roger fera; mais ils arrivent trop tard, car déjà Roger se laisse glisser le long de la corde que Buat retient; Buat debout sur le revers, comme un pieu planté au mur, Roger en dehors des remparts, comme un tigre pendu à une liane qui le descend vers sa poie; tous deux tournant la face aux ennemis. A cette vue, ceux-ci poussent de grands cris et veulent se précipiter sur la muraille; mais les chevaliers accourus sur les remparts se sont armés de tous les projectiles qui y sont amassés, et en inondent si furieusement ceux qui approchent, qu'ils ne peuvent franchir le vide qui les sépare du mur. Cette première attaque, faite tumultueusement, recule en tumulte, et bientôt laisse voir Roger frappant de sa hache le dernier des mineurs qu'il a surpris et massacrés.

A cette vue, les croisés irrités courent vers lui avant qu'il ait ressaisi la corde qui doit le ramener au sommet des remparts; tout Carcassonne tremble, mais Roger, sans se hâter de faire une retraite nécessaire, Roger se retourne audacieusement, et d'une voix terrible il appelle Simon de Montfort. Ce cri n'arrête pas tout d'abord les assaillans, mais il met le désordre dans leurs rangs; car, à ce cri, le comte de Nevers, Mauvoisin et St-Pol se sont mis en travers de l'attaque, s'écriant qu'il y a combat promis entre les chevaliers, et qu'ils tueront de leurs mains le premier qui le troublera. Mais Simon de Montfort n'est point à cet endroit, et, bien que quelques varlets se précipitent du côté où il combat pour l'avertir, il se fait un moment d'attente pendent lequel du rempart et du camp tout le monde accourt à cet endroit. Cependant Guillaume de Barres, et le vicomte de Turenne, qui se trouvent parmi les spectateurs, s'avancent tout à coup, et demandent à Roger s'il veut échanger un coup d'épée avec l'un d'eux.

— Avec tous deux, dit Roger, pourvu que ce soit ensemble, car je vois Montfort qui accourt, et il a ma parole.

Le vicomte de Turenne s'élance le premier et porte à Roger un coup terrible de son épée, que Roger reçoit sur le tranchant de la hache qu'il tient de la main gauche.

— On dit que vous portez votre cheval, sire vicomte, lui dit Roger en riant; voyons si vous porterez ce chevalet.

Et, s'armant d'un énorme morceau de bois dont se servaient les mineurs pour soutenir les murs qu'ils sapaient jusqu'au moment où ils allumaient la fougasse, il en frappe Turenne sur son casque et l'étend par terre comme un bœuf assommé. Guillaume des Barres accourt tout aussitôt; mais Roger ne l'attend pas, et, lui lançant son chevalet dans les jambes au moment où il approche, il le fait tomber avec violence. Il s'approche alors de lui et lui dit doucement :

— Pardonnez-moi cette surprise, sire comte, mais voici mon ennemi qui approche. C'était assez de vous sans lui, mais j'espère que ce ne sera pas assez de lui sans vous. Emportez le sire de Turenne; j'emporterai celui qui vient.

Des Barres s'éloigne et Simon accourt; il descend de cheval, prend son bouclier, sa hache, son épée, et les examine un moment. Roger tire aussi son épée et s'assure sur ses pieds. Simon avance lentement comme un homme qui voit qu'on l'attend et qui croit que son adversaire ne lui échappera pas. Après s'être postés à la longueur de leur épée, ils se mesurent de l'œil, et les deux armées les admirent, l'un à trente-huit ans, dans tout le développement d'une force jusqu'alors sans rival; l'autre à vingt-quatre ans, souple, élancé et cachant sous son élégance une vigueur qui jusque-là n'avait encore rien trouvé qu'elle n'eût vaincu. Ils se portent d'abord quelques coups adroits et prudens, s'observant comme des joueurs qui se veulent deviner. Mais avec le facile entraînement de Roger, ce genre de combat ne pouvait être long, et bientôt, au grand étonnement des spectateurs, il jette son épée, et d'un bond se précipite sur Simon. Le comte de Nevers en pâlit de crainte pour le malheureux vicomte, tant il prend d'intérêt à son jeune ennemi; mais les assiégeans, qui connaissent la force prodigieuse de Roger applaudissent, et la surprise des croisés devient inouïe en voyant tout à coup les bras de Simon de Montfort, qui étreignaient Roger, s'ouvrir convulsivement, et laisser tomber le bouclier et la hache qu'ils portent. Ils ne comprenaient rien à ce combat et regardaient avec stupéfaction ces deux hommes, debout, face à face, immobiles tous deux comme deux statues: c'est que Roger avait saisi Montfort à la gorge, et que, de ses deux mains de fer, il pressait l'acier de son collet, et le pliant, en faisait un étau où Simon étouffait étranglé. Cette immobilité ne dura pas long-temps, car Roger ouvrit ses bras à son tour, et Simon tomba de ses mains, comme étaient tombés de celle de Simon, son épée et son bouclier. Cette lutte et son résultat avaient épouvanté l'armée des croisés, et elle demeurait stupéfaite, lorsque Roger saisit la corde qui pendait au mur, et l'attache aux mains de Simon. Alors toute la troupe, à l'exception des plus braves, qui respectent la loi de ce combat singulier, se précipite sur le vicomte avec des cris de rage; mais, avant qu'elle pût l'atteindre,

Buat et les siens enlèvent Simon et Roger, qui s'est attaché à lui, à une hauteur où ne peuvent arriver les lances ni les épées. A cet endroit, Roger crie aux siens d'arrêter: d'une main il se tient à la corde, de l'autre il défait le heaume de Simon, sa cuirasse, son collet, et lui rend l'air qui lui manque. Bientôt celui-ci reprend connaissance pour se voir en l'air, suspendu par les poignets, et exposé aux traits des siens, qui n'osent les lancer contre Roger, auquel il sert de bouclier. Le vicomte monte alors, et appuyant son pied sur la tête de Simon, il lui dit :

— Comte de Montfort, je vous confie la défense de ce rempart, et je suis assuré maintenant que nul mineur n'osera le faire crouler.

Puis il se remet sur la muraille, et le combat se reprend plus acharné que jamais. Cependant rien n'y fit, ni la valeur terrible des uns, ni le fanatisme furieux des autres. Tout se brisa contre ces murs, défendus avec le courage d'un homme qui veut mourir plutôt qu'être vaincu, qui veut vaincre plutôt que mourir, et qui avait animé toute une population de ce courage. Enfin toute lutte cessa, et chacun se retira comme nous l'avons dit.

Cependant l'heure du repos, qui était venue pour tous, n'était point arrivée pour Roger. A peine fut-il rentré dans son château, qu'il regarda tout autour de lui, et chercha attentivement quelques visages où il demeurât un reste d'ardeur et de force; mais tous les capitaines, tous les soldats, les bourgeois qui l'entouraient, portaient la lassitude dans leurs traits et dans leur maintien; car ce fut à ce moment que le terrible besoin qui les avait tourmentés toute la journée se fit sentir cruellement, augmenté encore par cette ardeur même du combat qui le leur avait fait d'abord oublier. Aucune voix n'osa demander au vicomte l'eau qu'il avait promise; mais il vit bien qu'il fallait assouvir la soif de sa ville. Il pouvait, sans doute, livrer son secret à toute cette population, et il n'eût pas manqué de bras pour l'aider; mais il avait su que des flèches parties de la ville étaient allées tomber près des tentes des croisés, où on les avait ramassées : il n'avait pu découvrir quelle main les avait lancées : c'était sans doute la main d'un traître? mais alors autant valait livrer la ville que son secret.

Alors il arriva ce qui arrive toujours : Roger

s'adressa à ceux qui avaient le plus fait et qui avaient le plus besoin de repos; il calcula leur courage plutôt que ce qui leur devait rester de forces, et s'enferma avec eux dans la salle basse de son château : ceux qu'il choisit étaient Guillaume de Minerve, Lérida, Pierre de Cabaret, Saissac, Buat, Galard du Puy et quelques autres. Il leur expliqua ce qu'il avait déjà raconté à Buat. L'avis fut unanime, et la marche à suivre fut ainsi résolue.

On introduisit dans le château cent des hommes de Buat, à qui fut promise une forte récompense. On les fit descendre par le puits dans le souterrain circulaire, et les chevaliers descendirent après eux. Une grande cuve fut disposée au bas du puits; une poulie armée d'une corde et d'un seau devait puiser l'eau dans cette cave, et la vider dans des tonneaux disposés autour de la salle. Le long du souterrain on établit la chaîne des routiers; mais à l'endroit où la voûte s'ouvrait sur la campagne, s'établirent Buat, puis Pierre de Cabaret, les chevaliers, puis les autres fournirent ainsi le reste de la chaîne jusqu'à la rivière, de manière qu'eux seuls pouvaient connaître l'endroit précis où aboutissait le souterrain. Ainsi travaillèrent durant toute la nuit et après un long jour de combat, ces hommes résolus et infatigables, Roger en tête, Roger, les pieds dans l'Aude où il puisait l'eau seau à seau.

Dès que les premiers rayons du jour rougirent l'horizon, tous se retirèrent, et Roger le dernier; mais il fut saisi d'un cruel désespoir en voyant le peu qu'avait produit un si dur travail; une vingtaine de tonneaux pour toute une population. Il calcula cependant qu'on en pourrait distribuer un pot à chaque habitant; et il ordonna qu'on ouvrît les portes du château, et que tous fussent introduits l'un après l'autre. Après avoir fait placer quelques gardes à côté des tonneaux, il chargea l'un des viguiers bourgeois de présider à la distribution. Chaque capitaine devait recevoir l'eau de toute sa compagnie, chaque bourgeois ou manant, celle de toute sa famille. Toutes ces précautions prises, Roger alla prendre un moment de repos.

Déjà il dormait, lorsqu'un tumulte terrible et des vociférations exaspérées l'éveillent en sursaut. Il se lève, regarde, et voit la cour envahie et pleine d'hommes, de femmes et d'enfans qui se ruent vers la tour en criant:

De l'eau! de l'eau! Il descend; et, arrivé à l'endroit où les tonneaux sont placés, il trouve que la garde est forcée, l'autorité du viguier méconnue, les tonneaux livrés au pillage; deux déjà, renversés dans ce tumulte, avaient inondé les pavés, et coulaient vers la porte. Là des malheureux se couchaient par terre pour sucer cette eau pétrie de boue, tandis que ceux qui étaient en arrière, incessamment poussés, leur passaient sur le corps et arrivaient jusqu'à la tour. Roger se précipite au milieu de cette troupe de forcenés, et son aspect les arrête.

— Malheureux! cria le vicomte, insensés et misérables, ne voyez-vous pas que cette eau que vous versez, c'est le sang de vos femmes, de vos enfans et de vous-mêmes! Arrière aux traîtres qui ont fait ce désordre! Le premier qui s'avance n'aura plus, je le jure, ni soif ni faim.

Tout aussitôt il se place en travers de la porte, et à la nouvelle de son apparition toute tentative de la forcer s'arrête. Mais les cris redoublent : De l'eau! de l'eau! de l'eau! hurlent des milliers de voix. Cependant il rétablit l'ordre; chacun entre à son tour, reçoit l'eau

qui lui revient, et sort par une autre porte;
car c'était la rencontre de ceux qui sortaient
et de ceux qui entraient qui avait causé ce
tumulte, les derniers voulant arracher leur
part à ceux qui l'emportaient; enfin, tout
redevient ordonné, sinon paisible. Les cris
continuent, mais chacun arrive à son tour
et sort en sûreté. Bientôt Roger, qui s'était
établi debout, l'épée au poing, à côté de l'entrée
de la tour, cède à la fatigue, et s'assied sur
une escabelle; alors la lassitude le domine,
son épée tombe de sa main; sa tête se penche
sur sa poitrine; il s'endort : mais alors aussi
quelques uns le remarquent; ceux qui sont
près de Roger disent son sommeil à ceux qui
les suivent : le grand murmure de cette foule
s'apaise doucement, se tait peu à peu, puis
s'éteint tout-à-fait, et enfin chacun passe à
son tour devant son seigneur endormi, marchant sur la pointe du pied, parlant à voix
basse, le regardant avec une tendre admiration,
jusqu'à ce que toute cette ville, tout-à-l'heure
si turbulente et si forcenée, et qui avait eu,
grâce au courage de Roger, sa nuit de sommeil et de repos, eût emporté de même sa
portion d'eau, qu'elle ne savait pas devoir à

la privation de ce sommeil et de ce repos qu'elle avait eu. Quand Roger s'éveilla, il ne restait plus d'eau. Tout en se levant, et dans cet oubli de toutes choses qui accompagne le premier moment du réveil, il dit en étendant les bras, comme s'il se débarrassait d'un rêve affreux :

— Oh ! j'ai soif ! à boire !

Ce fut une vieille femme qui se retourna à sa voix, et qui lui donna les quelques gouttes d'eau qu'elle avait pu obtenir, et qu'elle emportait dans une sebille de bois.

— Qui êtes-vous ? lui dit le vicomte.

— Ah ! dit la vieille, une pauvre femme qui n'ai plus besoin de rien, car mon mari a été tué à la première attaque de la ville, et mes deux fils à la seconde. Mais béni soit Dieu ! sire vicomte, vous avez droit à l'eau que j'emportais pour leur laver le visage et les enterrer proprement. Buvez-la, car vous les avez vengés.

Elle s'éloigna, et le vicomte sortit pour parcourir la ville.

LIVRE SIXIÈME.

IV.

Trahison et Dévoûment.

Notre récit va encore une fois quitter les combats et tout cet appareil de faits passés au grand jour, pour pénétrer dans les obscures intrigues de cette histoire.

Simon de Montfort, Dominique et Raymond Lombard étaient assemblés dans la même tente; Simon de Montfort couché sur son lit, les poignets gonflés et meurtris, le visage sombre, et contenant mal sa rage; Dominique soucieux et abattu; Raymond Lombard souriant et fier de les voir revenus à lui, et s'apprêtant à leur vendre cher ce qu'il leur avait d'abord offert presque pour rien. La scène avait lieu le soir du lendemain de l'assaut.

— Eh bien! dit Simon, en quel état est l'armée, en quelles dispositions les légats?

— L'armée est en désordre, les légats en désespoir : on parle de lever le siége, répondit Dominique.

— Lever le siége! dit Montfort. Exécration et anathème sur eux, s'ils le font avant d'avoir puni et brûlé jusqu'aux entrailles cette infâme cité, ses habitans...!

— Et leur seigneur, n'est-ce pas? dit Raymond Lombard. N'y comptez pas, sire comte, ce n'est pas le feu de vos torches qui brûlera les entrailles de la cité ; ce ne sera pas non plus le feu du soleil, car voici l'avis que je viens de recevoir, et qui m'a été transmis comme les autres.

Il remit alors à Dominique un petit parchemin écrit, et celui-ci y lut ce qui suit :

« Ne comptez pas sur la soif comme auxiliaire ;
« il y a eu une distribution d'eau ce matin ;
« nous avons presque réussi à la rendre inutile;

« mais la présence du vicomte a tout calmé. »

— Toujours ce vicomte! s'écria Dominique : lui au premier assaut, quand nous étions maîtres des deux faubourgs; lui encore, lorsque nous sapions les murs de sa ville; lui, lorsque la révolte s'introduit dans la cité; toujours lui! C'est lui qu'il faut atteindre et frapper, lui qu'il faut anéantir.

— Et vous devez être appris, dit Raymond Lombard, que ce n'est pas chose facile, que le premier venu puisse entreprendre.

— Trêve à vos observations, maître Lombard, s'écria Montfort. Vous nous avez promis beaucoup à Montpellier, que pouvez-vous nous tenir ici?

— Je puis tenir tout ce que j'ai promis, répliqua Raymond.

— Eh bien! dites, reprit Dominique; il est temps.

— Il est temps pour tout, ajouta Raymond Lombard, pour dire ce que je puis faire, aussi bien que pour apprendre ce qu'on fera pour moi.

— Les légats peuvent seuls répondre, dit Montfort, qui ne voulait point s'engager.

— Les légats profiteront-ils de ce que je

ferai? répondit Raymond, je ne le crois pas. J'aime mieux la parole de ceux qui en tireront le fruit, car ils auront en main ce que j'attends pour récompense.

— La viguerie de Carcassonne suffit-elle à votre ambition? dit Montfort.

— La viguerie de Carcassonne m'appartenait il y a un mois; j'aurais pu la garder, répondit Lombard.

— On peut y joindre, reprit le comte, celles de Beziers et d'Albi.

— Toutes les vigueries de la Provence, dit Raymond Lombard, ne sont que titres vains, et d'obéissance envers le seigneur, et je suis las d'obéir.

— C'est donc châtellenie qu'il vous faut, Messire? dit Montfort.

— Un château, eût-il en sa mouvance un bourg de cent feux, est un pauvre équivalent de la cité de Carcassonne.

— Jour du ciel! c'est donc la cité de Carcassonne où vous levez vos yeux? s'écria Montfort.

— La chose à qui la livre me paraît un marché juste, reprit sèchement Lombard.

— Alors, prenez-la tout seul, dit avec hauteur Simon de Montfort.

— Eh bien! prenez-la sans moi, repartit aigrement le viguier.

— Messires, dit Dominique, point de querelles sur une chose qui n'est pas encore en notre pouvoir, et qui n'y sera peut-être jamais. A dire vrai, maître Lombard, si Milon fût resté le seul légat de notre Saint-Père en cette armée, je vous aurais pu promettre ce que vous demandez et plus que vous ne demandez. Mais Arnaud est un homme dont la volonté est à lui et non à la disposition d'un ami bien intentionné. Venez donc vers lui, et faites vos propositions.

— Y pensez-vous? dit Montfort; oubliez-vous qu'Arnaud ne connaît d'hommes utiles que ceux qui brillent par leur pouvoir et leurs positions, et qu'il préfèrera le nom d'un Nevers, d'un Bourgogne ou d'un St-Pol, à cause de leurs nombreux soldats, à celui du meilleur chevalier de la croisade? N'est-ce pas coutume des puissans de ne donner qu'à ceux qui ont déjà, et supposez-vous que le légat accorde à Raymond Lombard ce qu'il a refusé à un homme dont le nom marche l'égal de celui des Plantagenets?

Simon de Montfort, qui portait aussi le titre

de duc de Leicester, ne pouvait pas dire plus clairement ce qu'il avait demandé et ce qui lui avait été refusé. Raymond Lombard le comprit, mais il comprit aussi qu'il valait mieux avoir affaire à Simon qu'à Arnaud, et il ajouta :

— Eh bien! sire comte, à la chance des événemens. Laissons faire l'avenir : et alors, à vous la première place, à moi la seconde : il arrivera ce qui arrivera : si vous devenez vicomte de Beziers...

— Vous serez seigneur de Carcassonne, répondit Montfort.

— C'est dit, et j'aurai soin de vous pousser haut pour que vous me tiriez haut de même. C'est comme vous a fait le sire Roger : vous m'attacherez à la corde de votre fortune, répliqua Raymond, qui ne put s'empêcher de faire un peu de mal à l'orgueil de son complice, en attendant qu'il en fît à son ennemi.

— Oui, dit Montfort, ce sera ainsi. Seulement, pensa-t-il tout bas, je t'attacherai la corde au cou, misérable.

— Maintenant, dit Lombard, c'est à notre frère Dominique à déterminer l'abbé de Citeaux à retenir le vicomte quand il se présentera au camp.

— La détermination est prise, dit le moine; elle est irrévocable. C'est la venue du vicomte qui est incertaine.

— Je demande cette nuit pour préparer l'affaire, et demain il sera sous la tente des légats. Allez les en prévenir, et qu'ils parlent aux chevaliers dans le sens d'un traité à conclure; beaucoup s'y prêteront. Je me charge du messager qui déterminera le vicomte à quitter Carcassonne.

— Mais, dit Simon, si le vicomte voulait un otage?

— Je livrerai l'otage, répondit Lombard.

— Mais alors cet otage..? dit Simon.

— Alors, dit le viguier, nous nous rappellerons le précepte de frère Dominique, qui sans doute est inspiré du même esprit que les légats: contre l'ennemi de Dieu tout est juste et sacré; la fin sanctifie les moyens.

Dominique sortit pour se rendre auprès de l'abbé de Citeaux, et faire assembler un conseil; puis Lombard se retira et se rendit, vers l'extrémité du camp qui regardait la ville, à la tente du sire de Sabran qui, blessé qu'il était, n'avait pu prendre part au combat de la ville, et s'en faisait rapporter les merveilleuses circonstances. À côté du lit où il était, se trouvaient Mauvoisin et St-Pol, qui prenaient plaisir à vanter le vicomte, tandis qu'Étiennette de Penaultier, pâle de rage, et assise au chevet, laissait tomber d'amères paroles à chaque louange.

— Oui, disait-elle, vous n'êtes que des enfans auprès de ce terrible adversaire, et je plains ceux qui ont remis leur vengeance en de si faibles mains. Il y en a pourtant qui s'étaient vantés de punir ce félon à la première rencontre et de l'abattre comme un méprisable ennemi, et qui ont eu la honte de lui devoir la vie.

— Oui, dit St-Pol qui ne comprenait pas le sens caché des paroles d'Étiennette, Simon de Montfort, par exemple, qui avait défié le vicomte; jamais pareille chose ne s'était vue, et sans Mauvoisin, qui est parvenu à le décrocher, je crois qu'il pendrait encore comme un épouvantail aux murs de Carcassonne.

— Il y en a d'autres, dit Étiennette; et cette fois elle adressa ses paroles à Pons avec un regard de mépris et de pitié.

Le malheureux jeune homme baissa les yeux, et le récit ayant continué, il eut la douleur d'entendre Étiennette donner des éloges outrés à tous ceux dont on citait quelque action hardie.

— Ah! s'écriait-elle à tout propos, c'est un vaillant chevalier celui-là; — une armée est fière de le posséder; — une femme doit être heureuse de l'aimer. — Mieux vaut laisser tôt un grand nom de brave que de porter longtemps un nom de couard.

Chacune de ces paroles, dont l'intention échappait aux deux chevaliers, pénétrait au cœur de Pons de Sabran et le déchirait. L'heure de sa punition était venue, mais non l'heure de son désenchantement; car s'il souffrait de ces reproches, c'était parce qu'il croyait n'avoir rien fait pour l'amour de cette femme, et il lui donnait raison. Il se fût levé s'il l'eût pu, et eût été appeler Roger au combat, dût-il y succomber. Étiennette ajoutait à ce supplice celui d'une coquetterie barbare, car elle écoutait en souriant les propos de Mauvoisin sur sa beauté, et une fois elle lui répondit doucement, en arrêtant sur lui ses yeux, auxquels elle savait donner une si puissante expression.

— Vous êtes un mauvais croisé, sire de Mauvoisin; car je parierais que ce n'est point pour les grâces de Rome que vous êtes venu combattre ici, mais pour celles de quelque noble dame à qui vous avez promis ce pélerinage pour un doux regard.

— Sur mon âme, dit Mauvoisin, vous dites vrai et faux en un coup; car je suis parti saint comme un frère prêcheur, et à ce moment je donnerais toutes indulgences du Saint-Père pour un regard d'une noble dame que je sais bien.

— Mais ne craindriez-vous point, s'écria Pons en se levant sur son séant, qu'il ne se mît une épée devant vos yeux qui ne fût pas aussi douce à regarder?

— J'en connais, dit Étiennette avec un sourire hautain, dont l'éclat pourrait éblouir le sire de Mauvoisin, car il n'est terni d'aucun sang.

— Ah! dit Pons en retombant sur son lit, et en parlant si bas à Étiennette, qu'elle seule l'entendit, cet éclat se ternira du mien, Étiennette, si tu parles long-temps ainsi. Est-ce là ce que tu veux...? Dis, est-ce mon sang qu'il te faut?

Étiennette ne lui répondit pas; mais, ayant aperçu Lombard, elle congédia les chevaliers et passa avec le viguier dans une autre partie de la tente, laissant Pons en proie à sa tristesse et à son désespoir. Elle demeura long-temps enfermée avec Lombard. Pons l'envoya demander plusieurs fois ; mais elle lui fit répondre qu'elle allait le rejoindre bientôt. Enfin, lorsqu'elle reparut, elle était pâle et agitée. Était-ce un jeu de la fausseté de cette femme? étaient-ce véritablement les sentimens qu'elle montra à Pons qui la troublaient ainsi? Ce fut un secret entre elle et Lombard, entre elle et sa conscience, dont sa vie antérieure peut seule faire soupçonner le mystère, sans l'éclaircir cependant tout-à-fait.

— Ah! vous voilà, lui dit Pons, vous voilà triste et malheureuse, car vous ne m'aimez plus. Vous vous repentez d'avoir aimé un enfant qui n'a pas encore attaché de gloire à son nom, qui n'a rien fait de ces grands coups que vous racontait le sire de Mauvoisin. Tu ne m'aimes plus, Étiennette.

— Je ne t'aime plus! dit la dame de Penaultier; enfant, je t'aime comme une folle que je suis; car je me suis attachée à toi croyant t'aimer pour ta gloire et ma vengeance, et je t'aime, quoiqu'il ne soit venu ni gloire à ton nom, ni vengeance au mien. Je t'aime languissant et obscur parmi tous ces chevaliers de renom ; je t'aimerais déshonoré; et pourtant, si je suis quelquefois dure envers toi, c'est que j'ai besoin aussi de ta gloire, non pour moi, mais pour les autres, qui ne te blâment point, mais qui ne te vantent pas. Ah! si dans ces récits on eût dit une fois ton nom, je me serais mise aux genoux de celui qui l'eût prononcé. Tu pleures, Pons; tu as raison, et j'ai tort; j'ai tort, oui j'ai tort, car on te considère comme un des plus puissans de cette armée; je viens d'en avoir la preuve.

— Oui, dit Pons amèrement, pour mes nombreux vassaux et mes hommes d'armes.

— Non, dit Étiennette, pour ton honneur et ta loyauté.

— Ma loyauté! répéta Sabran avec une colère douloureuse, ma loyauté! je l'ai laissée à l'église de Saint-Pierre de Maguelonne.

— Ah! que ne dis-tu, reprit Étiennette amèrement, que tu l'as laissée dans mes bras? Cependant c'est toi qui as voulu punir Roger; c'est toi qui as voulu te dégager de ta foi; je ne le voulais pas, moi. Je t'ai supplié de ne le pas faire, je te l'ai demandé en grâce, et c'est toi qui me le reproches aujourd'hui!

— Je ne te reproche rien, Étiennette, reprit Pons accablé, je souffre, voilà tout. Ne parlons plus de cela. Que te voulait ce traître de Raymond Lombard?

— Si tu veux le savoir, dit Étiennette, il faut bien parler de ce qui te déplaît tant, car il venait de la part des légats pour te parler de Roger.

— A moi! dit Pons.

— A toi. Ils désirent avoir un entretien avec lui, et pensent que mieux qu'un autre tu pourras déterminer le vicomte à sortir de sa ville et à venir traiter avec eux.

— Ah! dit Sabran, le vicomte a pour sûreté de ses jours les murailles de sa ville, et ne viendra pas au camp de ses ennemis. A quelle foi se remettrait-il qui valût mieux que ses remparts et son épée.

— Tu te trompes, Pons, il y a eu sédition et révolte en la ville de Carcassonne; les habitans y meurent de soif et des maladies qu'elle engendre.

— Ah! pauvre Roger! dit Pons en baissant la tête.

— Oui, dit Étiennette, ils savent cela; et les amis que Roger compte parmi les croisés pressent les légats de traiter avec lui, pour ne pas le voir réduit à l'extrémité de se rendre à merci, et pour qu'il n'arrive pas ici ce qui est arrivé à Beziers.

— Ils ont peut-être raison, dit Pons. Si cette proposition peut convenir à Roger, il l'acceptera; mais quelle sûreté lui donne-t-on pour qu'il vienne en notre camp?

— Ne te l'ai-je pas dit? répliqua Étiennette : la tienne.

— La mienne! s'écria Pons en se levant sur son séant, la mienne! c'est dérision et insulte : la mienne!... que j'aille offrir ma garantie à mon seigneur, que j'ai abandonné et trahi! Que j'aille lui jurer qu'il sera respecté au camp de ses ennemis, moi qui l'ai délaissé dans l'assemblée de ses châtelains. Oh! les légats se font complices de tes reproches; ils pétrissent et rouent mon cœur par ta bouche. Moi garantir sur mon honneur la vie de Roger! Oh! l'honneur de Sabran n'est plus, il est tombé trop bas pour pouvoir abriter une si haute tête.

— Pons, dit Étiennette, tu t'exaltes à tort, car ce n'est pas ainsi que l'entendent les légats; ils supposent que tu t'offrirais en otage pour répondre de Roger, et que tu resterais en la ville de Carcassonne pendant qu'il serait ici.

— Tu as raison : ils n'ont pas parlé de mon

honneur, mais de ma vie, dit Pons. Mais pour cela encore, il faudrait que ma vie valût la sienne, et il n'acceptera pas l'échange.

— Les paroles qu'il t'a dites quand il était gisant au pied du rempart, leur persuadaient le contraire.

Pons garda le silence un moment; puis il s'écria avec résolution :

— Je ne le ferai pas! je ne veux pas! non, je ne veux pas!

— Eh bien! soit, dit Étiennette; j'ai fait ce que j'avais promis : j'avais promis d'étouffer ma haine contre Roger, d'aider de tout mon pouvoir le traité par lequel plusieurs chevaliers espéraient le sauver : tu ne veux pas, tant mieux, Malédiction sur lui! il périra, et je serai vengée. Au moins, cette fois, tu me comprends, et tu me sers selon mes vœux. Ils diront que c'est crainte de la colère de Roger et du ressentiment des habitans de Carcassonne; ils diront, et ce traître Lombard a osé le dire tout-à-l'heure, que, n'ayant pas tenu ta foi, tu crains qu'on ne tienne pas la sienne envers toi, et qu'on ne t'abandonne aux chevaliers du vicomte. Qu'importe, et que sont ces propos auprès de ton amour et, s'il faut le dire, auprès de ma vengeance

Si Étiennette se fût arrêtée au mot amour, peut-être Pons n'eût-il pas cru à la vérité de son transport; mais elle venait d'invoquer un mauvais sentiment, et, malgré lui, il pensa qu'elle se réjouissait sincèrement de sa résolution. Ils en étaient là lorsque le comte de Nevers entra.

— Eh bien! dit celui-ci à Pons, acceptez-vous? Il vient d'y avoir conseil : j'ai poussé de toutes mes forces à un arrangement; Simon de Montfort n'était plus là pour crier guerre et destruction, et les légats des évêques, jusqu'à Dominique, sont si abattus de notre mauvaise fortune d'hier, qu'ils n'ont point fait d'obstacle. Je me suis réservé d'accompagner le vicomte de sa ville au camp et du camp à la ville si l'arrangement ne pouvait avoir lieu. Mauvoisin a pris le même engagement, et je jure Dieu que Roger sera en sûreté entre nos hommes d'armes aussi bien que dans ses murs.

— Avez-vous décidé cela? dit Pons après un moment de réflexion. Eh bien! j'irai porter vos propositions au vicomte, et je me remettrai en otage aux mains de ses chevaliers.

— Merci pour lui, dit le comte de Nevers. Préparez-vous de grand matin, car une nouvelle sédition pourrait éclater parmi les siens, et rendre sa position assez périlleuse pour qu'on ne voulût plus traiter avec lui.

— Cette sédition est donc vraie.

— Oui, dit Nevers ; nous la savons des émissaires que les légats entretiennent dans la ville par le moyen de Raymond Lombard.

— Alors, dit Pons, au point du jour.

Le comte sortit, et Pons demeura avec Étiennette. Si au moment où il avait consenti à se rendre à Carcassonne, il avait vu le sourire de joie qui agita la figure de la dame de Penaultier, peut-être eût-il persisté dans son refus; mais il ne la regardait pas alors, et quand il reporta les yeux sur elle, il la vit pleurer silencieusement.

— Oh! lui dit-il, tu m'en veux, n'est-ce pas ? tu m'en veux d'abandonner ainsi ta cause.

— Non, lui dit Étiennette, c'est un devoir d'honneur que tous les chevaliers honorables de l'armée attendent de toi : tu dois le remplir; je le veux, tu vois bien que je m'y étais déjà résignée; et puis, s'il faut tout te dire, ajouta-t-elle en baissant la voix, et en se penchant vers Pons, je sens là, malgré ma haine, que ce qui est bien a un pouvoir invincible. Je pleurerai peut-être de n'être pas vengée ; mais je serai heureuse de ce que tu auras acquitté une dette sacrée. Oui vraiment, dans ta position, Pons, c'est plus louable et plus magnanime à toi de sauver le vicomte que de le perdre; c'est en cela seulement que tu peux retrouver le calme de ton âme, et te faire véritablement plus grand que lui.

Ses caresses, qu'Étiennette savait rendre si enivrantes, achevèrent de persuader Pons, et ce fut le matin venu qu'il sortit de ses bras pour se rendre aux portes de Carcassonne avec le comte de Nevers.

C'en était donc fait de la liberté du vicomte; rien ne lui avait servi; ni les ressources rapides qu'il avait trouvées dans son génie, ni son courage, inconnu même à cette époque de courages si terribles, ni son dévoûment à sa propre cause; car, il ne faut pas s'y tromper, tout le monde n'a pas la force de tenter son salut avec toute la puissance qu'il peut y mettre: rien ne pouvait le sauver.

Cependant tout n'était pas fini; car si, d'un côté, la trahison s'acharnait à sa perte, de l'autre, un dévoûment non moins persévérant venait à son secours; et à la même heure où une compagnie de douze chevaliers quittait le camp pour aller demander une entrevue au vicomte, deux femmes, deux jeunes filles, deux enfans, venaient lui dire : Cette entrevue, c'est la trahison, c'est la captivité, c'est la mort.

En effet, Agnès et Catherine, retenues par la maladie dans la cabane d'un serf de Beziers, avaient enfin repris leur route, elles arrivaient enfin à ce but qu'elles cherchaient encore sans l'espérer. Elles avaient marché toute une longue nuit, et se traînaient, faibles et mourantes, à travers les champs, lorsqu'elles virent, du sommet d'une colline, la ville de Carcassonne qu'elles attendaient depuis si long-temps. Elles poussèrent un cri de joie :

— Oh! regarde! dit Agnès, regarde, Catherine! les portes des faubourgs sont brisées, les murs en sont abandonnés; mais, vois, les gardes veillent sur ceux de la cité; la ville a résisté aux efforts des croisés; Roger y est enfermé assurément. Oh! nous pourrons le sauver!

— Oui, dit Catherine qui était la plus faible des deux, à son tour. Oui, nous le sauverons..... O mon Dieu! mon Dieu!... grâces te soient rendues! nous le sauverons!

Toutes deux tombèrent à genoux et ouvrirent leur cœur à une précieuse espérance. Encore un peu de force, disaient-elles, assez de force, ô mon Dieu! pour le voir et mourir! Alors elles aperçurent un groupe de chevaliers qui quittait le camp des croisés, et qui se dirigeait vers Carcassonne; elles suivirent sa marche des yeux, et, lorsqu'elles le virent aller droit à l'une des portes, elles devinrent plus attentives :

— Oh! regarde, Catherine! dit Agnès; regarde! ils ont agité un pennon blanc : c'est une entrevue qu'ils demandent. Dieu du ciel, il est perdu!

— Non, dit Catherine, en se relevant avec un mouvement de joie convulsif; le voyez-vous? le voilà sur le mur? C'est lui, c'est lui.

— Oh! oui, c'est lui, dit Agnès avec un cri.

Et toutes deux, oubliant pourquoi elles étaient venues, se mirent à le regarder, se le montrant du doigt, le reconnaissant, ou le devinant plutôt, à ces mouvemens familiers qui se gravent au cœur de la femme qui aime, et qui y tracent un portrait, à part du visage, de la tournure et du maintien. Ainsi Roger était hors de la vue pour un indifférent qui n'eût connu que ses traits; mais l'homme qui se tournait ainsi pour parler à ceux qui étaient près de lui, le chevalier qui avec le geste s'était penché sur le mur pour répondre à ceux qui étaient en bas, cet homme, ce chevalier c'était Roger. Elles le regardaient, et voyaient qu'il s'entretenait avec les croisés qui étaient au pied du rempart. Bientôt il le quitta, et la porte de la cité s'ouvrit. Deux chevaliers se détachèrent de l'escorte qui les accompagnait, et s'avancèrent jusqu'auprès de Roger qui était sorti de la ville. L'entretien ne fut pas long, et l'anxiété qui jusque-là avait tenu immobiles Agnès et Catherine, cette anxiété se changea en désespoir lorsqu'elles aperçurent un des chevaliers descendre de son cheval, et le céder à Roger; puis quand celui-ci se réunit à l'escorte pendant que le chevalier entrait à Carcassonne, elles demeurèrent anéanties; enfin, lorsqu'elles virent Roger prendre la route du camp, toutes deux, du même mouvement spontané, se prirent à crier, avec une douleur déchirante:

— Non, Roger; non, n'y va pas, Roger; n'y va pas..... c'est la mort! N'y va pas,.... N'y va pas!...

Et elles agitaient leurs bras en l'air, s'imaginant qu'il les entendait, qu'il les voyait, qu'il pouvait les comprendre. Mais il continuait sa marche. Alors, pâles, désespérées, criant et pleurant à la fois, elles se précipitèrent avec une rapidité inouïe vers la route qu'il suivait espérant l'atteindre avant qu'il eût dépassé les limites du camp. Elles couraient, rapides, échevelées, se déchirant les pieds aux ronces des champs, se heurtant aux pierres, laissant les lambeaux de leurs vêtemens aux buissons, Catherine, qui était la moins avancée, excitant Agnès, et lui criant :

— Courage! courage!

Et lorsqu'un accident du terrain, un arbre, un buisson plus élevé, leur avait un moment caché Roger, elles poussaient un cri de joie quand elles le revoyaient encore devant elles. Cependant Roger avançait vers le camp, mais sa course était lente, et Agnès semblait avoir puisé dans son désespoir une force surnaturelle ; elle courait si rapide qu'elle comprit qu'elle arriverait avant lui; elle le croyait, elle en était assurée; elle en sentait la joie, lorsque tout à coup, et sans que rien parût y donner occasion, l'allure des chevaliers change, et les chevaux prennent le trot... Elle faillit s'arrêter

de désespoir; mais Catherine était derrière elle;
Catherine qui lui cria, haletante et épuisée :

— Encore... Encore... Courage!

La course d'Agnès continua. Tant de persévérance devait trouver grâce devant Dieu : Roger n'était plus qu'à quelques pas de la porte, mais Agnès n'était plus, aussi, qu'à une distance à peu près égale; elle fait un dernier effort, s'élance, arrive à la porte au moment où Roger allait la dépasser, et tombe, épuisée, mourante, sans haleine, en travers de la route, en laissant échapper un cri sourd où nul ne put entendre ces mots :

— Roger, n'y va pas...

Le vicomte s'arrête à l'aspect de cette femme étendue, couverte de poussière, maigre, pâle, défigurée; il est prêt à descendre pour lui porter secours; lorsqu'une autre voix de femme se fait entendre et détourne son attention, une voix railleuse et aigre :

— Oh! c'est quelque noble dame, quelque victime de la puissante séduction du vicomte de Béziers qui vient lui redemander sa foi trahie; c'est quelque femme qui n'avait ni frère ni ami pour la venger.

C'était Étiennette de Penaultier qui s'était

insolemment portée à la rencontre du vicomte, pour jouir de sa vue, pour qu'il se ressouvînt plus tard de cette rencontre, pour qu'il pût reconnaître qu'elle était pour quelque chose dans son infortune, et qu'il la rattachât aux douleurs qu'il aurait à souffrir. Roger détourna la tête; et le comte de Nevers, qui savait ce qui s'était passé entre le vicomte et Étiennette, et voulant débarrasser Roger de la présence de la châtelaine, Nevers s'écria avec impatience :

— Holà! valets, ôtez cette ribaude du chemin, pour que nos chevaux ne la foulent pas aux pieds.

Et il poussa son cheval dans le camp; et Roger le suivit sans jeter un second regard, ni sur la femme qui le bravait, la tête haute, ni sur celle qui voulait le sauver, étendue et mourante sur la poussière du chemin.

Catherine était tombée à quelques pas de là.

I.

Les Légats.

Ce fut un grand émoi dans le camp des croisés que l'apparition de Roger : toutes les troupes se précipitaient sur son passage, et se le montraient avec curiosité. Parmi ceux qui ne considéraient en lui que le suzerain et le chevalier, il excita un singulier étonnement et un vif enthousiasme. Ceux qui l'avaient vu sur les remparts se disaient entre eux que ce ne pouvait être lui; ils le trouvaient trop jeune, trop délicat, trop petit, pour ce qu'ils lui avaient vu faire; mais le plus grand nombre, dont le fanatisme égarait le jugement, s'écriaient, en le regardant passer :

— Si Satan ne l'animait serait-il si fort! C'est un démon qui combat sous cette forme. Malédiction sur lui!... Anathème!...

Nevers avait fait taire quelques uns des plus criards en leur assénant sur le chef un coup de bois de lance; cependant il n'avait pu cacher à Roger les dispositions hostiles du camp, et il hâta encore le pas des chevaux pour arriver rapidement à la tente des légats; mais toute crainte cessa lorsqu'il vit Mauvoisin, à la tête de plus de cinquante lances et de deux cents archers, qui en gardait l'entrée. Après avoir échangé quelques mots avec lui, il pénétra dans la tente des légats. Ceux-ci parurent environ une heure après que le vicomte fut arrivé. Voici comment se passa cette entrevue :

Lorsque le vicomte eut salué tous ceux qui étaient présens, comme il savait bien le faire (*ainsin che sabia ben far*), il prit la parole et dit :

— Il n'y a pas assez long-temps, Messires, que je me suis présenté à vous à Montpellier, pour que vous ne vous rappeliez que je suis déjà venu vous offrir la paix; j'y venais alors avec la chance d'être puni en quelques heures comme un écolier rétif qu'on fait fouetter par un frère servant; j'y viens aujourd'hui après vous avoir montré que l'écolier est un homme, sa barrette un casque, et sa souquenille une cuirasse qu'on ne relève pas aisément pour le punir. Cependant ce que j'offrais alors, je l'accepterai aujourd'hui; car lorsque Dieu me fit suzerain de ces contrées, il me les confia autant pour les défendre par d'honnêtes alliances que par la force des armes. Chacun de mes hommes qui choit dans les combats est une blessure faite à mes comtés, par où s'échappe la puissance et le bien-être de mes populations. Vous en avez ouvert une large, Messires, en exterminant la ville de Beziers, et il semble qu'il dut y avoir alors assez de sang versé pour laver les péchés de nos malheureuses cités. Vous ne l'avez pas jugé ainsi; mais Dieu en a jugé autrement : la ville de Carcassonne est debout, et la tour du Paon, qui, par un miracle du Seigneur, se pencha pour recevoir les soldats de l'empereur Charlemagne et attester la sainteté de sa cause, cette tour est restée ferme et droite. Si donc, mieux inspirés de l'esprit de Dieu, vous avez telles propositions à me faire que je les puisse accepter comme chrétien, comme suzerain et comme chevalier, parlez, je suis prêt à les entendre.

Roger se tut, et les légats se regardèrent entre eux, n'ayant pensé à faire aucune proposition au vicomte. Dominique, qui savait combien, pour leurs projets, il était utile de gagner du temps, se leva et prit la parole.

— Ce n'est point l'ordinaire que ceux qui assiègent fassent des propositions d'accommodement, car ce ne sont pas eux qui ont à sauver leurs vies et leurs biens. Les seigneurs légats vous ont admis en leur présence pour vous répondre et non pour vous rien demander.

— Maître moine, s'écria Roger en portant autour de lui un regard terrible et soupçonneux, un chevalier de votre camp est venu aux portes de Carcassonne, et voici ce qu'il m'a dit : « Roger (car ce chevalier a été mon ami, et, bien que l'on ait changé son cœur pour moi, il n'a pas été le maître de changer sa vieille coutume de me parler), Roger, m'a-t-il dit, les légats ont reconnu l'impossibilité de prendre une ville si forte que Carcassonne; » il a ajouté: « si vaillamment défendue. » Pons a été mon ami, Messires, je vous l'ai dit, et il a parlé par ancienne affection. « Les légats veulent prévenir un nouveau combat, où, de quelque part que soit la victoire, ce sont chrétiens qui succombent; ils désirent t'offrir d'honorables propositions de paix. Viens en leur camp: ma personne, remise entre les mains de tes chevaliers, servira de sûreté à la tienne. » Voilà comment le marquis de Sabran m'a parlé, et l'un de vos chefs ici présent, le comte de Nevers, s'est avancé, et m'a répété les mêmes choses, ajoutant que ces propositions seraient dignes d'un suzerain et d'un chevalier. C'est pour cela que je suis venu. Si donc vous n'avez rien à me dire, je n'ai qu'à me retirer après vous avoir salués. Dieu vous garde, Messires!

Roger se leva et se dirigea vers la porte; les légats et généraux se levèrent en grand trouble, et le comte de Nevers courut vers Arnaud en l'interpellant violemment. Mais comme Roger arrivait à l'issue de la tente, deux soldats postés en ce lieu croisèrent leur pique, et lui défendirent le passage.

— Trahison! cria le vicomte: suis-je prisonnier ici? Comte de Nevers, êtes-vous un infâme!

Nevers se retourna à ce mot, et, en voyant les soldats qui avaient baissé leur pique, il comprit la cause des paroles de Roger; il courut jusqu'au milieu de la salle, et, tournant autour de lui un regard furieux, comme un sanglier qui choisit le chien qu'il veut déchirer, il s'écria :

— Où est le duc de Bourgogne? Ces deux hommes sont de la compagnie du duc de Bourgogne : il a osé mettre ses hommes où les miens seuls avaient droit de se placer. Où est ce duc, que je lui arrache sa ceinture et ses éperons? Ah! il n'est pas ici, le lâche. Malheur sur lui! je le trouverai. Aussitôt il s'élança vers la porte, en repoussant les gardes et en criant : Mauvoisin! à moi, Mauvoisin! Puis Roger l'entendit s'éloigner en criant : Mauvoisin! Mauvoisin!

Tout était en rumeur sous la tente; chacun était debout, se parlant à voix basse, Arnaud et Milon ayant autour d'eux bon nombre de chevaliers, Dominique allant à ceux qui se tenaient à l'écart; et qui causaient entre eux. Tout à coup Nevers reparaît pâle, hagard, bouleversé, la colère sur le visage.

— Enfer et malédiction! cria-t-il d'une voix

tonnante, vous êtes tous des lâches. Malheur sur ceux qui ont joué si insolemment mon honneur et mon nom. Je leur arracherai la langue et le cœur. Que veut dire ceci? Qu'on parle, qu'on s'explique, ou, je le jure sur mon âme et mon épée, pas un ne sortira de cette tente qu'il ne m'ait passé sur le corps.

Roger, qui était resté spectateur silencieux de tout ce désordre, s'approcha alors, et dit à Nevers :

—Sire comte, ne vous mettez pas ainsi en fureur; c'est sans doute une méprise qui a fait éloigner vos hommes, et a mis à leur place ceux du duc de Bourgogne. Nous ne sommes pas ici en compagnie de routiers et de brigands, mais d'honorables chevaliers, et c'est d'eux que je réclame ma libre sortie de ce camp, où je suis librement entré.

—Sire vicomte, dit Arnauld en se replaçant sur son siége, le conseil a décidé que vous seriez retenu prisonnier jusqu'à la reddition de votre ville de Carcassonne.

— Tu mens et tu es un félon, s'écria Nevers en s'élançant sur lui l'épée levée. Arnaud ne bougea pas, mais il dit d'une voix haute et comme inspirée :

—Bienheureux Pierre de Castelnau, faites agréer mon martyre au Seigneur.

A ces mots, Nevers s'arrêta. La pensée de frapper un prêtre, un légat du pape, un homme qui n'avait ni défense ni armes, un homme sacré à l'égal du Saint-Père, cette idée lui vint à l'esprit et l'épouvanta. Ce nom de Pierre de Castelnau, cet appel à un prêtre assassiné, et dont le meurtre était précisément la cause de cette guerre épouvantable, tout cela brisa sinon la colère de Nevers contre la trahison, du moins sa vengeance contre le traître. Alors, jetant son épée avec fureur, il se pressa la tête en poussant des cris de rage, et finit par dire en suffoquant :

—Mais cela est impossible : vous n'avez pas voulu cette trahison ; vous n'avez pas ainsi jeté la foi de l'un de vos chevaliers à la honte d'une telle infamie. Que dis-je? reprit-il avec une sorte de joie, non seulement l'honneur, mais la vie de l'un d'eux, car le sire Pons de Sabran est aux mains des habitans de Carcassonne, et sa tête leur répond de celle du vicomte.

—Les habitans de Carcassonne, dit Arnaud, sont avertis que s'ils touchent un cheveu de la tête du sire de Sabran, tous les habitans jusqu'au dernier en répondront de tout leur sang. .

— Ah! reprit Nevers à cette réponse, en parcourant la salle avec plus de fureur encore : ah! où est Mauvoisin, où est Mauvoisin?

A l'instant, un écuyer entra, et Nevers, se jetant à sa rencontre, lui dit :

— Eh bien! que sais-tu? où est-il? où sont mes hommes?

— Monseigneur, dit l'écuyer, pendant que vous étiez en cette assemblée, la dame de Penaultier est venue parler au sire de Mauvoisin ; ils se sont éloignés ensemble, et on ne les a plus revus.

— Ah! l'infâme! l'insensé! le misérable! dit Nevers, la salle prostituée! Et mes hommes d'armes, où sont-ils?

— A peine le sire de Mauvoisin a-t-il été éloigné, ajouta l'écuyer, qu'un officier des généraux du conseil, le sire Raymond Lombard, est venu leur dire que le traité était signé et leur présence inutile. Ils se sont éloignés et sont en leurs quartiers.

— A cheval et armés, je suppose, dit Nevers en ramassant son épée.

— Désarmés et perdus de vin que leur versaient à la fois ribaudes et clercs pour les égarer et leur ôter la raison.

— Eh bien, dit Nevers se tournant vers les chevaliers qui étaient en l'assemblée, le souffrirez-vous, maintenant que vous le voyez? c'est une infâme trahison, je suppose, un piége honteux où on a pris la vie de votre adversaire et l'honneur de votre allié? défendrez-vous son honneur? resterez-vous complices de ce crime? Mais répondez donc! N'y a-t-il foi ni honneur sous aucune de ces cuirasses? St.-Pol, Des Barres, Turenne, ne dites-vous rien, n'avez-vous rien à dire? Ah! vous m'avez crié plus d'une fois aide et secours dans le combat, et je suis accouru; je vous crie aide et secours.... Ne m'entendez-vous pas? m'entendez-vous?...

— Ce n'est pas nous, dit St.-Pol, qui avons garanti la sûreté du vicomte.

— Ah! merci à toi, St.-Pol, s'écria Nevers avec une rage exaspérée, merci à toi d'avoir dit un mot; car je trouve enfin à qui répondre. Tu es un lâche et un félon, un chevalier menteur et sans foi; tiens, voilà mon gant sur ton visage, voilà que j'ai craché sur ton écu; tu es un misérable et un infâme.

St.-Pol tira son épée, et une lutte terrible

allait s'engager, lorsque, sur un signe du légat, la plupart des chevaliers s'élancèrent sur le comte de Nevers et le désarmèrent. Tout aussitôt un tumulte furieux se fit entendre, mêlé de cris de mort et de malédiction; tandis que Nevers, se secouant comme un lion entre les mains qui l'enchaînaient, s'écriait:

— A moi, Mauvoisin, Mauvoisin, Mauvoisin! Enfin, suffoqué de rage, l'écume à la bouche, il tomba par terre, le cou gonflé et le visage presque noir, haletant et épuisé.

A l'instant deux femmes se précipitèrent dans la tente; l'une d'elles se jeta vers Roger et lui cria avec un effroi désespéré.

— Sauvez-moi, Monseigneur, sauvez-moi, sauvez-moi!

Roger reconnut à ses vêtemens de pélerine, la femme qui était tombée devant lui une heure auparavant: et, lorsqu'il l'eut relevée et considérée, sous ses misérables habits, il reconnut Agnès; Agnès, son épouse, sa femme, vêtue comme une mendiante, pâle, défigurée, mourante; Agnès qui s'était jetée au travers de son chemin lorsqu'il marchait à la captivité. Il l'éloigna de lui et la regarda fixement; puis, la ramenant sur son cœur, il s'écria presque avec des pleurs :

— Agnès! Agnès!

Ce premier moment passé, distrait de sa propre et terrible situation par cette apparition inattendue, oubliant son malheur pour ceux de cette enfant, il reprit avec plus de calme :

— Agnès! Agnès! vous ici sous cet habit! vous? pourquoi? que vous est-il arrivé? quel malheur vous a atteinte, vous aussi?

— Moi, reprit-elle en tremblant, moi, je suis venue pour vous dire qu'il y avait un complot pour vous arracher de votre ville et vous prendre en trahison; mais hélas! je ne suis arrivée que pour voir votre perte et tomber aux pieds de votre cheval qui ne m'a pas écrasé la tête comme cela eût été juste.

— O noble enfant! tu le savais, et tu es venue vers moi, Agnès? reprit Roger en la considérant avec une sainte pitié.

— Oui, dit Agnès, je suis venue à pied, durant la nuit, à travers les chemins perdus, à travers la fatigue et la faim.

— O malheureuse! tu as souffert ainsi pour moi qui t'ai délaissée et abandonnée! dit Roger.

Pardonne-moi, pardonne-moi. Puis il ajouta : Mais dis, pourquoi cet effroi, et pourquoi ces cris, Agnès, pourquoi ces cris maintenant ?

— C'est que, quand je me suis relevée, ils m'ont demandé qui j'étais, et, comme je n'ai pas voulu le leur dire, ils m'ont battue et insultée; et quand, n'ayant plus de force pour supporter leurs coups, je leur ai dit que j'étais la vicomtesse de Beziers, ils m'ont accablée de malédictions et m'ont poursuivie par tout le camp, en me criant : Anathème et mort.

— Ah! les infâmes! s'écria Roger en tirant son épée que jusque-là il avait laissée dans son fourreau, en voulant tenter pour la vengeance d'une enfant ce qu'il n'avait pas jugé possible pour sa cause, transporté de plus d'indignation pour le mauvais traitement qu'elle avait souffert que pour la trahison qui le perdait : prêt à mourir pour elle, quand il n'avait pas pensé à se défendre pour lui.

Mais il demeura anéanti en voyant que tout le monde s'était éloigné. On avait emporté le comte de Nevers, et les gardes du duc de Bourgogne occupaient toute la tente. Chacun, profitant de cette occupation de Roger pour échapper à ses reproches et à ses hautaines réclamations, s'était éloigné avant de se voir jeter sa honte à la face. Roger ne trouva personne à insulter, personne à qui demander compte de sa lâcheté; la tente était vide de chevaliers; une autre femme, honteuse et la tête baissée, se trouvait seule sur la porte.

— Quelle est cette femme, Agnès ? dit le vicomte.

— C'est.... c'est... dit Agnès en baissant les yeux, c'est Catherine qui m'a suivie et soutenue dans ma malheureuse entreprise....

— Toi...! s'écria Roger en allant vers Catherine; vous! reprit-il tristement en tournant les yeux vers Agnès qui s'éloignait en pleurant.

A ce moment, le vicomte sentit son cœur déchiré entre cette jeune fille qu'il aimait encore et sa jeune épouse qu'il aimait déjà; toutes deux si dévouées, dévouées au point de s'être unies pour le sauver. Les larmes vinrent aux yeux de Roger; il regarda alternativement Agnès et Catherine, et, se laissant aller à l'effusion de sa douleur :

— Ah! merci de moi, ajouta-t-il en leur tendant les mains à toutes deux; ne soyez pas jalouses l'une de l'autre. Vous êtes deux anges qu'il faut adorer à genoux, et non pas aimer d'un amour de ce monde. Catherine, je te remercie; Agnès, vous êtes ma femme. Devant Dieu et les hommes soyez bénies.

Et ces deux femmes se pressèrent toutes deux sur son cœur en pleurant. Roger se détacha le premier de ces embrassemens; et, se souvenant alors de sa funeste position, ou bien cherchant à rompre cette situation pénible, il s'écria:

— Ah! je suis plus malheureux que je ne pensais. C'est ma destinée de vous être fatal; vous venez me sauver de la captivité, et je vous y traîne avec moi.

Puis, se reprenant et marchant vers les soldats, il ajouta :

— Mais tout ceci ne peut être fini; une telle traîtrise est hors de toute croyance. Il faut que je parle aux légats. Holà! quelqu'un, je veux parler aux légats.

— Sire vicomte, dit un écuyer en s'avançant, les légats n'ont rien à vous dire, sinon ce que vous avez entendu. Vous êtes prisonnier et confié à ma garde. Cette tente sera votre habitation jusqu'à ce qu'on vous en ait trouvé une plus convenable.

— Dites donc aux chevaliers ici présens, répliqua Roger, que j'appelle de cet acte de félonie au jugement du roi de France mon oncle et suzerain: et aux légats, que je porte le même appel au Saint-Père en sa propre cour, et devant ses cardinaux.

— Vos paroles seront répétées fidèlement, dit l'écuyer. Qu'ordonnez-vous de ces femmes? Doivent-elles rester ici, ou les voulez-vous faire conduire ailleurs?

— Agnès, dit le vicomte, que voulez-vous faire?

— Ah! Monseigneur, dit la jeune vicomtesse, ne m'avez-vous pas dit que j'étais votre épouse, et n'est-ce pas mon devoir de rester près de vous?

— Et vous, Catherine? dit Roger.

— Moi..., moi, répondit Catherine, à qui les paroles sortaient de la bouche comme des sanglots déchirans. Moi... je m'en irai, je m'en vais....

— Et où voulez-vous aller? dit le vicomte.

— Ah! reprit Catherine, je ne sais pas.... Où voulez-vous que j'aille?

— Ah! qu'elle reste, s'écria Agnès, qu'elle reste.... Catherine, veux-tu rester....? Je t'aime, ah! je t'aime comme ma sœur et mon amie. Reste, je t'en prie.

— Je veux bien, dit Catherine, je resterai jusqu'au jour, jusqu'à ce que je puisse trouver un couvent ou un cachot.... pour mourir.

Roger se taisait, Roger avait le cœur trop plein pour parler. Tant d'émotions diverses l'agitaient. La trahison qui le frappait, sa captivité, l'arrivée de ces deux femmes, leur réunion, leur présence, leur dévoûment, tout cela en moins de deux heures, c'était comme un rêve qui tournait dans sa tête sans qu'il pût fixer sa pensée sur un seul de tous ces événemens. Il les avait vus, et on peut dire qu'il n'y croyait pas. Plusieurs fois il se leva, il parla haut, il s'agita comme pour s'éveiller. Puis, après un long silence, en voyant près de lui Catherine et Agnès qui l'observaient avec terreur, il s'écria:

— Ah! tout ceci est vrai.... vrai comme le jour qui nous éclaire... Ah! les infâmes! les infâmes... Buat, Buat, Cabaret, Guillaume, à moi, mes chevaliers, à moi ma ville! à moi! Ils m'ont trahi et pris comme des lâches.... mes chevaliers, mes chevaliers! où êtes-vous?

Ainsi, il se laissa aller un moment à sa douleur, et tomba sur un siége; mais il se releva tout à coup, et, parcourant la tente avec violence, il reprit en parlant à Catherine et à Agnès qui restaient muettes :

— Mais ils se sont trompés, les misérables... ils n'auront pas ma ville de Carcassonne, parce qu'ils en ont traîtreusement surpris le seigneur. Carcassonne renferme des chevaliers dont le moindre vaut mieux que toute cette armée d'esclaves et de bourreaux. Saissac est un brave, Pierre de Cabaret, c'est le fer et le courage unis ensemble, Guillaume de Minerve, Lérida et Buat... Buat défendra Carcassonne lui tout seul, s'il le faut; car c'est un terrible soldat! Buat, c'est un cœur de lion et un cœur fidèle; c'est le plus brave de tous, c'est mon frère, car tu ne sais pas, Agnès.... Oui, c'est mon frère, un enfant de vingt-deux ans, qui chassera ce troupeau de croisés du plat de son épée. Ah! la journée n'est pas finie. Je dois espérer... J'espère, oui, j'espère...!! Puis il s'arrêta, et, se frappant la tête avec rage : — Oh! reprit-il en retombant dans son fauteuil, oh! j'ai bien mérité ce qui m'arrive, je suis un insensé qu'ils feront bien de laisser dans sa cage de fer.

Agnès et Catherine s'approchèrent de lui et voulurent le consoler....

— Hélas! continua-t-il, en les regardant

avec désespoir, vous aussi, vous, je vous ai traînées dans ma misère. Puis, se levant soudainement : — Oh! oh! s'écria-t-il, Étiennette! Étiennette! je boirais le sang de cette femme, je la ferais déchirer par des chiens.... O Pons! malheureux enfant! Le Ciel n'est pas juste.

Un long silence succéda à toutes ces exclamations. Pendant ce temps, Roger se levait, s'agitait, écoutait le moindre bruit; car, à plusieurs fois, il s'éleva dans le camp de longues acclamations, et, quand ce bruit se taisait, il se rasseyait, et, s'adressant de temps à autre à Agnès et à Catherine :

— Merci, leur disait-il, merci... puis il se reprenait à crier : Ah! les lâches, les lâches!

Une partie du jour se passa ainsi, et lorsque le soir fut venu, Roger, qu'une seule pensée occupait sans cesse, comme un homme qui a un espoir qui lui échappe à tout moment, et qui à tout moment cherche des raisons pour s'y rattacher, Roger dit en parlant à sa pensée :

— C'est bien, c'est bien, ils attendent la nuit. La nuit est meilleure pour une expédition de cette sorte. Buat s'y connaît. Oh! que la nuit vient tard aujourd'hui!

On leur apporta alors des alimens, mais ni lui ni les deux jeunes filles n'y touchèrent. Un moment après, on annonça le comte de Nevers. Roger n'avait à lui reprocher que d'avoir eu la même confiance que lui, et cependant il le reçut avec un regard de mépris hautain qui n'ajouta rien à la pâleur du comte, tant il était livide et défait.

— Sire vicomte, dit Nevers humblement, vous ne devez pas un meilleur accueil à votre bourreau. Je ne m'en plains pas, et cependant j'ai à vous dire telles choses qu'il vous importe de savoir, et qui doivent vous donner de l'espérance.

— Excusez-moi, comte de Nevers, lui dit Roger. Je vous plains plus que moi; mais je n'ai pas été maître d'un mouvement injuste en voyant sur votre épaule cette croix... la croix où vous m'avez attaché comme à la potence.

— Oh! reprit Nevers en l'arrachant et la foulant aux pieds, elle est encore sur ma poitrine! Pourtant je l'ai reniée tout à l'heure. Je ne suis plus un chevalier de cette armée, je la quitte, je l'abandonne; mais cette croix n'en aura pas moins marqué mon nom d'un signe éternel d'infamie, si justice ne vous est rendue. Et elle vous sera rendue si je ne meurs avant le temps qu'il faut pour aller d'ici à Compiègne et en revenir.

— Ou si je ne meurs moi-même, dit Roger.

— Ah! ne dites pas cela reprit le comte, et pourtant vous avez le droit de le dire. Ils peuvent bien tuer celui qui est sous la sauvegarde de toute l'armée, puisqu'ils l'ont traîtreusement retenu prisonnier quand il était sous la mienne. Mais ils ne l'oseront. Les légats eux-mêmes ne l'oseront. Un tel crime serait trop épouvantable, et le serment qu'ils ont fait est trop sacré.

— Que s'est-il donc passé? dit Roger.

— On a assemblé le conseil et on a nommé un seigneur (*dominus regimen*) de vos comtés....

— Un seigneur de mes comtés, moi vivant! s'écria Roger.

— Un seigneur simplement, dit Nevers, et non un vicomte; un seigneur pour gouverner les villes et campagnes jusqu'à ce que votre appel soit porté au roi Philippe et au pape Innocent III.

— Et ce seigneur, dit le vicomte, c'est sans doute le duc de Bourgogne?

— Non, dit Nevers, la brute a commencé à comprendre quel rôle infâme il jouait en cette affaire, et il a refusé; mais ce que vous ne sauriez imaginer c'est qu'ils ont eu l'impudence de m'offrir cette mission.

— Et peut-être eussiez-vous dû l'accepter, dit Roger, si vous êtes en disposition de réparer le mal qui m'arrive.

— Non, dit Nevers, j'ai un autre devoir à remplir. Enfin, après le refus de St.-Pol, car on lui a aussi offert vos comtés, c'est Simon de Montfort qui a accepté. St.-Pol a demandé qu'il lui fût permis de me combattre en lice pour l'outrage que je lui ai fait; mais on a ajourné sa demande jusqu'à ce que j'eusse porté moi-même votre appel au roi de France, tandis que Ricard de Narbonne ira vers le Saint-Père.

— Et jusque-là, que dois-je devenir?

— Vous resterez prisonnier en votre château de Carcassonne sous la garde d'un chevalier croisé.

— Savez-vous le nom de ce chevalier?

— C'est Raymond Lombard qu'on a choisi,

comme connaissant la ville et pouvant la garder le plus sûrement.

— Raymond Lombard! dit Roger; autant valait m'envoyer au bourreau.

— Non, sire vicomte, dit Nevers, non; car il répond de votre vie sur la sienne; non point si vous lui échappiez, mais si vous mouriez en prison par violence; cela a été bien entendu; et lui-même s'y est engagé.

— Mais, sire comte, on dispose de ma ville comme si on la tenait déjà; et vous savez si les murs en sont faciles à gravir.

— Demain on recommence l'assaut, dit le comte, et le succès de notre première attaque que vous seul avez arrêtée doit vous faire assez juger que tout manque à cette ville puisque vous lui manquez.

— Et vous partez? dit le vicomte.

— Dans une heure, dit Nevers. J'ai hâte d'en finir pour revenir vous tendre une main que vous ne refuserez pas, et pour la présenter armée à St-Pol.

— Que Dieu vous conduise! dit Roger.

— Dites plutôt qu'il me ramène! Adieu.... Espérez, et maudissez-moi, si dans quarante jours vous n'êtes libre et rétabli suzerain de vos comtés.

— Si je vis à cette époque, dit Roger, je ne vous maudirai point, quoi qu'il arrive, non plus qu'aujourd'hui; car, de nous deux, le plus malheureux ce n'est pas moi, je le vois.

— Non, dit le comte, le plus malheureux c'est celui qui emporte le remords d'un crime qu'il n'a pas fait.

Ils se quittèrent, et Roger vit dans un coin de la tente Agnès et Catherine, endormies sur les marches de l'estrade où s'asseyaient les légats. Il ne voulut pas les éveiller, et s'assit à côté d'elles. La nuit était tout-à-fait close et Roger commença à écouter. Le pas des sentinelles qui veillaient dans le camp lui paraissait quelquefois le bruit d'une troupe qui s'avançait lentement et sourdement; il se levait soudain et portait la main à son épée. Quand le vent agitait les fragiles étais du pavillon, il écoutait encore et se levait de même; mais rien ne venait, et toute cette nuit se passa dans cette horrible anxiété, dans cette attente désespérée. Roger calculait les heures, les minutes; dans son imagination il rassemblait tous les habitans de Carcassonne sur la place de l'Orme; il entendait Buat les exciter, il les voyait s'armer en masse, il calculait le temps qu'il leur fallait pour ces préparatifs et pour se réunir.... puis ils sortaient de la ville, ils marchaient doucement, ils arrivaient au camp des croisés; c'était le moment : il leur avait donné deux heures pour tout cela, il écoutait le cri d'attaque qu'on allait pousser; mais le silence seul répondait, et Roger se rasseyait, la tête penchée sur sa poitrine, recommençant un nouveau plan, faisant un nouveau calcul qui demeurait stérile comme le premier. Ce fut ainsi qu'il passa la nuit, jusqu'à ce que le jour parût, et que, cédant à la fatigue, il se jeta sur un siége et se résolut à dormir.

A la même heure une femme ouvrait la portière d'une tente et examinait si quelqu'un ne passait pas aux environs; lorsqu'elle se fut assurée qu'il n'y avait personne, elle fit un signe, et un chevalier sortit : il lui donna un dernier baiser et s'éloigna; mais cette femme, en levant les yeux devant elle, vit un cadavre qui pendait aux murs de Carcassonne, et rentra dans sa tente en poussant un cri.

Ce chevalier était Mauvoisin, la femme était Étiennette de Penaultier, le cadavre était celui de Pons de Sabran.

III.

Prise de Carcassonne.

―――

Un tumulte immense éveilla Roger, au moment où ses yeux commençaient à se fermer. Presque aussitôt Arnaud de Citeaux, Milon, Dominique et quelques chevaliers entrèrent dans la tente de Roger. Arnaud de Citeaux avait la figure menaçante; et, sans prendre garde à Catherine et Agnès qu'il heurta du pied en montant sur l'estrade qui lui servait de trône, il s'adressa violemment à Roger :

— O sire vicomte ! lui dit-il, si votre corps n'habite plus la ville de Carcassonne, votre esprit y est resté. Malgré l'avertissement qu'ils ont reçu, vos chevaliers et bourgeois ont touché à la tête sacrée du sire de Sabran.

— De Pons? dit le vicomte avec douleur.

— Ils l'ont audacieusement attaché et pendu aux murs de leur infâme cité.

— Mort ? reprit Roger.

— Mort, assassiné par lâcheté et trahison ! s'écria Arnaud avec l'accent d'un homme qui était convaincu de bonne foi que c'était lâcheté et trahison.

— Alors, dit Roger en étendant solennellement la main vers le légat, que son sang versé retombe sur votre tête! car ce sang était le gage de ma liberté, et la corde qui m'attache ici est la même qui le tient pendu aux remparts de Carcassonne; c'est vous qui l'avez serrée à mon pied et passée à son cou.

— Oh! reprit Arnaud sans répondre à l'accusation, ils sauront ce qu'il leur en coûtera d'avoir oublié mes avertissemens. Jusqu'à la dernière goutte de sang du dernier habitant, tout le sang de cette cité sera versé pour le venger.

— Faut-il faire comme à Beziers, demanda sourdement une voix cachée derrière un casque, et que Roger reconnut pour celle de Montfort, quoiqu'il ne portât pas ses armes accoutumées?

— Comme à Beziers! répondit Arnauld, frappez sans grâce ni merci.

— Mais, reprit Milon, cette ville enferme peut-être quelques justes; n'y eût-il que ceux qui nous y servaient d'espions.

— Frappez toujours, répondit Arnauld, Dieu connaîtra les siens et les recevra dans son sein.

Les chevaliers sortirent en hâte; et, à un signe d'Arnauld, la tente s'ouvrit d'un côté, et laissa voir le camp, la distance qui le séparait de la ville et la ville elle-même dans tout son développement. La tente était située sur une élévation qui dominait toute la plaine, et elle s'apercevait de partout, comme elle voyait partout. Tandis que les troupes se levaient et se rangeaient dans leurs quartiers, les clercs qui se trouvaient dans le camp se réunissaient à la tente des légats, s'apprêtant à prier pour ceux qui allaient combattre.

— L'heure est venue du triomphe, s'écria Arnauld, priez, mes frères; et toi, dit-il à Roger, persécuteur des enfans proscrits de l'Église, regarde, et puisse le spectacle que tu vas voir faire entrer en ton cœur le repentir et l'humilité.

— O mes bons chevaliers, s'écria Roger en levant les yeux au ciel, que Dieu vous prête sa force, car c'est sa cause que vous défendez !

— Il blasphème, crièrent quelques voix.

— Silence, dit Arnauld, voici le signal.

Aussitôt, d'une voix forte, il entonna le *Veni, Creator.* C'était le chant accoutumé pour exciter les croisés au combat; c'était la Marseillaise de l'époque. Agnès et Catherine, qui étaient demeurées près de Roger, fermèrent les yeux et tombèrent à genoux, en cachant mutuellement leur tête dans leur sein. Cependant, aux chants des prêtres, les troupes sortaient du camp et s'avançaient vers la ville. Roger avait jusque-là tenu la tête basse, n'osant, pour ainsi dire, regarder sa chute entière s'accomplissant dans la chute de Carcassonne. Cependant, lorsqu'un cri poussé par l'armée, parti d'un bout et arrivé à l'autre comme un long déchirement, annonça l'attaque, il ne put s'empêcher de lever la tête. Les deux jeunes filles aussi se levèrent pour voir. Les prêtres suspendirent leurs chants, et tout le monde devint attentif. A ce moment, Roger ferma et ouvrit les yeux plusieurs fois; il y passa la main, regarda Agnès et Catherine avec une sorte de terreur, et leur dit:

— Suis-je fou ou aveugle? ne voyez-vous rien d'extraordinaire?

— Rien...., dit Agnès, rien...

Roger se reprit à regarder; il devint pâle et se frotta les yeux, comme un homme qui comprend que ses sens lui manquent.

— Oh! je ne vois rien sur les remparts, cependant.

— C'est qu'il n'y a rien véritablement, dit Agnès.

— Quoi! dit Roger, ni chevaliers, ni soldats, ni archers?...

— Rien, dit Agnès. N'est-ce pas, Catherine? rien; pas une âme vivante?

Roger doutait encore, tant cela lui semblait hors de toute croyance, lorsqu'il entendit Arnaud s'écrier:

— Qu'on laisse les ribauds s'aventurer; c'est un piége assurément.

Ce doit être un piége, pensa Roger; et chacun reprit son anxiété. C'était un singulier aspect véritablement que celui de cette armée qui s'était deux fois ruée à l'assaut de Carcassonne avec une fureur aveugle, lorsqu'elle avait vu ses murs couronnés d'armes et de soldats, et qui, maintenant que cette cité semblait morte et déserte, s'en approchait à pas craintifs, comme un enfant d'un dogue endormi. Quelques ribauds coururent jusqu'à l'une des portes, la frappèrent avec force, et s'enfuirent tout-à-coup épouvantés. Était-ce qu'on les avait accablés de traits ou de pierres ? C'était seulement que rien n'avait répondu, et que la ville était demeurée silencieuse comme une tombe. Toute l'armée s'arrêta d'un mouvement unanime, et les chefs coururent les uns vers les autres en se consultant vivement. L'un d'eux accourut vers Arnaud, et lui dit, d'une voix émue :

— Seigneur légat, il y a maléfice et sorcellerie en cette affaire, et les plus résolus chevaliers craignent de s'avancer vers une ville défendue assurément par le mauvais ange. Ils réclament, contre cette puissance de l'enfer, le secours de la puissance céleste, et seraient d'avis qu'avant d'être attaquée la ville fût exorcisée et bénite, et que les légats, l'étole au cou, le goupillon en main, s'avançassent au premier rang de l'armée.

Cette proposition jeta d'abord quelque embarras dans le visage des clercs, mais ce ne fut qu'un nuage, et parmi les plus obscurs de l'assemblée. La lâcheté ou même la crainte étaient choses rares à cette époque où la vie était un danger; à cette époque aussi, l'Église n'était pas comme de nos jours le refuge de quelques âmes faibles et craintives, mais la lice d'ambition où se jetaient les esprits les plus ardens et les âmes les plus passionnées. Arnaud se leva donc en entendant cette proposition; et, faisant porter un large bénitier devant lui, il s'avança vers les murs de Carcassonne. Roger considérait ce spectacle avec un singulier étonnement. Il avait trop de lumières et de hauteur dans l'esprit pour se laisser aller à la terreur qui semblait tenir toute cette armée : mais enfin il était de son siècle : les prodiges qu'il refusait d'admettre paraissaient d'une vérité si incontestable à la crédulité universelle, et le silence morne de cette cité avait quelque chose de si inconcevable, qu'un doute s'éleva en son cœur. Il ne sut ce qu'il devait croire, et, dans une singulière anxiété, il suivit attentivement des yeux la marche des légats, et les vit s'avancer au milieu des chants religieux jusqu'à une des portes de la ville. La ville demeura muette. Arnaud détacha de son cou l'étole qu'il avait revêtue, la passa à une de ces grosses aspérités de fer qui garnissaient les portes; et, tenant l'étole de la main gauche et le goupillon de la droite, il prononça d'une voix tonnante la formule connue d'exorcisme, et répéta par trois fois le *vade retro, Satanas*, en aspergeant la ville d'eau bénite. A ce moment, un silence de désert régnait sur cette cité et sur toute cette armée qui s'était mise à genoux.

C'était chose ordinaire, pour ce temps, que d'avoir vu le malin esprit, chassé par l'exorcisme du corps d'un homme, en sortir sous la forme d'un cochon, ou d'un bouc, ou d'un dragon. Mais le malin esprit de toute une ville devait être de bien autre taille, et chacun s'attendait à quelque apparition monstrueuse, immense et colossale qui allait obscurcir le jour. Mais rien ne parut, rien ne se fit entendre, pas le moindre gémissement; la ville ne se secoua pas jusqu'en ses fondemens; elle n'eut pas de convulsives étreintes pour se débarrasser de la possession. On crut un moment que Satan avait résisté. L'armée était consternée. Mais Arnaud n'était pas homme à s'arrêter à un obstacle quel qu'il fût, et, se tournant vers les plus proches, il s'écria qu'il venait de recevoir par inspiration céleste la profession des péchés de toute cette armée, qu'il lui donnait complète et entière absolution. Chacun, se trouvant alors assuré de mourir en état de salut, se signa et se releva pour combattre.

Aussitôt le légat regagna la tente d'où Roger voyait toutes ces choses, aussi étonné que ses ennemis, sans oser cependant en tirer aucune espérance. Ceci n'était cependant point la fin de ces étranges cérémonies. Un homme, un chevalier, s'avança vers la porte de la ville, où pendait l'étole d'Arnaud, et, clouant son gant à cette porte avec son poignard, il la défia au nom du Seigneur, en se proclamant le *chevalier du Christ*, et, selon la coutume, il répéta trois fois son défi et se retira : ce chevalier était Simon de Montfort. Mais rien ne répondit encore; et le silence glacé qui tenait toute cette armée immobile, devint un effroi si profond, que le moindre événement extraordinaire y eût jeté plus de désordre que l'apparition d'une armée dix fois plus nombreuse. Montfort cependant venait de faire un acte d'audace qu'il ne pouvait laisser inachevé. Il prit d'une main une échelle et de l'autre son épée; il se signa et marcha seul aux murs de la ville; soit inattention, soit volonté, il posa son échelle à l'endroit où pendait le cadavre de Pons et monta. L'armée entière, Roger, les jeunes filles, les légats, tous le suivaient les yeux. Il continuait à monter intrépidement, lorsqu'il arriva à la hauteur du corps du marquis de Sabran. Là il s'arrêta un moment, car son échelle était trop courte pour arriver au sommet du mur. Devait-il descendre, devait-il tenter un effort désespéré? Simon comprit que, s'il descendait, c'en était fait de cette espérance qu'il portait avec lui et à laquelle toute la résolution de l'armée était attachée. Il se décida. Il mit son épée entre ses dents, et, se servant du cadavre comme d'un secours qui se trouvait placé là pour lui achever le chemin, il s'y cramponna et le gravit comme un tigre qui monte à sa proie, sauta sur le mur et y parut debout. Son audace, son apparition sur cette muraille ensorcelée changèrent en un enthousiasme effréné la terreur de toute cette armée, et Arnault s'écria d'une voix qui retentit au loin :

— Saint, trois fois saint devant Dieu, celui qui a vaincu l'esprit malin.

— Oh! dit Roger à Agnès à ce cri et à cet aspect, voilà le marche-pied qu'Étiennette a préparé à la fortune de cet homme.

A ce moment, toute crainte avait cessé; l'armée s'était ruée en foule vers les murs de la cité. Les murs furent tumultueusement gravis, les portes frappées du bélier cédèrent bientôt, et toute cette armée se précipita à flots dans la ville. Roger se sentit près de défaillir : à chaque instant il s'attendait à voir ses bourgeois et chevaliers précipités du haut des murs; mais la foule entrait toujours et personne ne sortait.

— Point de merci, dit Arnauld avec impatience, point de merci; ne le savent-ils pas?

Et ceux qui étaient restés en arrière se précipitèrent à l'envi pour avoir leur part du carnage. C'était un horrible tumulte, mais non pas celui d'un combat, ni d'une résistance désespérée, ni celui d'un égorgement universel. C'était un bourdonnement sourd de gens affairés qui courent de toutes parts, s'alarment et s'appellent entre eux. Peu à peu toute cette armée s'engouffra et disparut derrière les murs de la ville, de façon que le clergé, au milieu duquel se trouvait Roger, demeura presque seul sur le monticule où il était placé.

Roger stupéfait ne trouvait aucune explication à ce qui se passait sous ses yeux, lorsque tout à coup la tente est entourée et envahie, et une vingtaine d'hommes s'y précipitent furieusement : c'est Buat, c'est Saissac, Pierre de Cabaret, Lérida; ils se jettent sur tous ces clercs désarmés, les dispersent en un clin d'œil, et Buat, donnant une épée à Roger, lui dit :

— A nous, à nous! à la fuite..., à la liberté!

Roger le reconnaît, pousse un cri de joie, et s'élance parmi les siens. Il s'arrête un moment comme irrité de ne trouver personne à combattre, lorsqu'un cri d'épouvante, répondant à son cri de joie, arrive jusqu'à lui. Il se retourne, et voit Agnès et Catherine à genoux aux pieds d'un homme qui tient un poignard sur leur tête. Cet homme, c'est Dominique. Roger demeure anéanti.

— Vicomte de Beziers, lui dit le moine, tes hommes nous ont montré le cadavre d'un chevalier pendu aux murs d'une ville pour prix de ta captivité. Je suivrai leur exemple ; je montrerai au monde le cadavre de ces femmes pour prix de ta liberté.

—Malédiction! dit Roger, en voulant s'élancer sur lui.

La main de Dominique leva le poignard sur Catherine.

—Viens, dit Buat, en entraînant de quelques pas le vicomte furieux.

La main de Dominique leva encore le poignard. Roger s'arrêta, les yeux effarés, la mâchoire tremblante : les dents lui claquaient : il était pâle et avait les cheveux hérissés.

—Viens, lui disait Buat, qui voulait l'éloigner de la portée de cette vue et de ces cris de femme.

Mais Roger demeurait immobile, n'osant fuir, n'osant se precipiter sur Dominique.

—Malheur sur nous! s'écria Buat, en saisissant Roger par le bras, on revient de la ville; voici une troupe de chevaliers qui accourt : viens! viens!

Pierre de Cabaret prit l'autre bras de Roger, et voulut l'entraîner, mais le vicomte leur résista comme un roc;.. Dominique était immobile.

— Les voilà! les voilà! dit Buat : viens, Roger, viens.

Le vicomte semblait cloué au sol.

— Va, va, sauve-toi, cria tout à coup Catherine avec une exaltation inouïe ; va, mon Roger.

Et, tirant elle-même un poignard qu'elle portait sous ses vêtemens, elle l'enfonça dans sa poitrine, et tomba étendue aux pieds du moine. Roger échappa d'un bond aux mains de fer de Pierre et de Buat, qui le tenaient ensemble, et courut vers Dominique ; mais celui-ci, tenant d'une main les longs cheveux d'Agnès, qu'il avait saisie et renversée sur ses genoux, le visage tourné vers le ciel, leva impassiblement son poignard sur la vicomtesse. Agnès était sublime ainsi : les yeux sur le poignard, les mains jointes, les lèvres agitées d'une prière, car elle priait, car elle croyait mourir aussi. Roger s'arrêta encore.

Rien ne peut peindre l'état de cet homme, dont chaque pas en avant ou en arrière était la mort d'une autre, la mort d'une enfant qui s'était dévouée pour lui. Tous les supplices de l'enfer passèrent dans l'âme de Roger pendant cette agonie d'un instant. Oh ! que ne souffrit pas aussi cette jeune fille, la mort devant les yeux, pantelante sous ce poignard ? Ce qu'elle souffrit, si cela eût duré plus long-temps, l'eût sans doute fait mourir ; mais elle ne mourut pas; car Roger, demeuré immobile à son aspect, saisi au cœur d'une pitié invincible, les yeux troubles, les mains pendantes, Roger, laissa tomber son épée; et du geste, sans pouvoir prononcer une parole, fit signe à ses libérateurs de s'éloigner.

Peut-être n'eussent-ils pas obéi, si de grands cris ne leur eussent annoncé l'approche des chevaliers avertis par les clercs, et qui arrivaient en toute hâte. A peine restait-il aux amis de Roger le temps de fuir et de s'échapper; ils partirent : Buat s'éloigna le dernier, promenant autour de lui un horrible regard de rage et de désespoir; enfin il disparut en criant à Roger :

— Tu me reverras, frère, tu me reverras.

L'abbé de Citeaux revint, et les chevaliers, qui étaient accourus, lui apprirent qu'on n'avait pas trouvé dans Carcassonne un seul homme vivant; pas une femme, pas un enfant; que la ville était déserte, comme si tous les habitans se fussent engloutis ou envolés. Les légats, à cette nouvelle, demeurèrent d'abord aussi épouvantés que surpris, croyant qu'il y avait véritable sorcellerie, car aucune recherche n'avait encore pu faire découvrir par où les habitans de Carcassonne avaient ainsi disparu.

Roger seul eût pu le comprendre et le leur dire, mais il n'entendait ni n'écoutait rien : les yeux fixés sur le cadavre de la malheureuse Catherine, auprès de laquelle Agnès était à genoux, le vicomte regardait, et mesurait, pour ainsi dire, à ce cadavre l'amour de cette belle jeune fille, qui déjà lui avait sacrifié son honneur et la pureté de son nom, et n'avait reçu en échange que les douleurs poignantes d'amour, et qui maintenant lui jetait encore sa vie, après qu'elle avait vu que cet amour n'était plus la seule pensée de Roger; lui jetant sa vie, autant peut-être par désespoir que par dévoûment; car, depuis que Catherine était entrée dans cette tente, où Agnès était entrée avec elle, elle avait compris qu'elle ne pouvait plus usurper des droits qu'elle-même avait aidé à rendre si sacrés. Agnès pleurait, elle pleurait sincèrement. En effet sa jalousie, si elle ne l'eût oubliée pour le salut de son époux, avait dû fuir par la blessure ouverte au cœur de Catherine. Roger seul souffrait véritablement. Mais l'histoire de tout ce qui bouleversait son âme, l'histoire d'un de ces momens où les douleurs âcres et violentes tourbillonnaient et se ruaient dans le cœur, l'envahissant et le déchirant ensemble, cette histoire serait trop longue, et ce récit appelle déjà sa fin.

Donc Roger ne fit pas attention à ce qui se dit à ses côtés, et ce ne fut que long-temps après qu'il comprit que Buat s'était servi, pour sauver les habitans de Carcassonne, du souterrain dont il lui avait révélé le secret (1).

(1) Cette disparition de tous les habitans de la ville est une chose si extraordinaire que nous croyons devoir en rapporter les témoignages authentiques. Nous n'avons point pris ce soin pour quelques uns des chapitres de ce roman, bien que nous ne manquions pas d'autorités; soit pour l'aventure de Vidal; soit pour celle du roi d'Aragon et de sa femme; soit pour des coutumes bizarres comme celles de la cour plénière et des offres qui s'y faisaient; soit même pour ce défi au nom du Christ, attribué à Simon de Montfort : par ce que c'eût été grossir ces volumes de notes qu'on ne lit pas. Mais nous n'avons pas cru pouvoir faire à nos lecteurs un fait aussi extraordinaire que celui de l'abandon de Carcassonne sans leur prouver qu'il n'est point une invention de l'auteur, mais un récit fidèle d'un événement véritable. Voici le récit de la chronique languedocienne.

« Et adonc quand en laditat cieutat au ausidas las noùvellas che lor senhor era près et detengut entre las mas del dit legat et princès, ne cal pas demanda si alcun es estat esbayd ny aguet paour. Per la quella causa an cascun deliberat de s'en anar et laïssar ladita villa et cieutat: ce che an faït. Quand s'en vengut sos la neït qui may o pousgut fugir a fugit, les uns bers Tulosa, les aütres en Arago, les aütres en Espahna, et qui may s'en ès pousgut ana s'en es anat. Che solamen ung home n'y fenna non y ès demorat: mès an tot laissat te desemparat de ladita villa et cieutat; laïssan cascun tout quant che abian, sans ne remporta rès que aguessan, car may amoran salva los corsès et los vidas che los bens; car pro aürian ben si vivian. En questa maniera es estada layssada et desemparada ladita villa et lo visconte près.

. . . .

Car touts s'en eran anats per alcun conduit que abia en ladita cieutat, lequel anava ferir en la tuor dès Caelbardès et en aque la forma et maniera se eran salvats. »

Bien que ce texte soit du même langage que l'on parle encore dans la moitié de la France et que tous les mots en soient devenus presque français, nous allons le traduire pour la plupart de nos lecteurs.

« Or, quand dans ladite cité on eut appris la nouvelle que leur seigneur était pris et détenu entre les mains dudit légat et des princes, il ne faut pas demander si chacun demeura étonné et frappé de terreur. C'est pourquoi un chacun délibéra de s'en aller et d'abandonner ladite ville et cité, ce qu'ils firent. Quand la nuit fut venue, qui eut le pouvoir de s'enfuir s'enfuit, les uns vers Toulouse, les autres en Aragon, les autres en Espagne, et qui put s'en aller, s'en alla; si bien qu'il ne demeura ni un homme ni une femme, et que tous quittèrent la ville et cité, laissant chacun ce qu'ils avaient, sans rien emporter, car ils préféraient sauver leurs corps et leur vie que leurs biens; estimant qu'ils avaient assez de biens s'ils gardaient la vie, et, de cette manière, la ville fut abandonnée et le vicomte pris.

. . ° . . . . ' . . . .

Car tous s'étaient enfuis par un conduit qu'il y avait dans ladite ville, et qui aboutissait aux tours de Cabardès, et ce fut de cette manière que chacun se sauva.

Ajoutons quelques mots sur la trahison dont Roger fut victime. Pierre de Vaulx Cernay n'en fait point mention, et elle ne se trouve formellement rapportée que dans la chronique languedocienne, dont nous venons de donner un extrait et qui la raconte avec tous ses détails, depuis le moment où les légats, désespérant de prendre Carcassonne, députèrent au vicomte un chevalier pour l'attirer dans leur camp, jusqu'à celui où ils lui déclarèrent qu'il était prisonnier. Mais cette trahison faite au vicomte sue à chaque page des historiens contemporains. *Ordinatum est*, dit Pierre de Vaulx Cernay, *quod omnes egrederentur, et ità eva derent; autem vice-comes in custodiá teneretur*. Arnaud, abbé de Citeaux, marque expressément qu'on retint le vicomte prisonnier, dans la relation qu'il adressa au pape Innocent III. *Cùm (Simon de Montfortis) vice-comitem Bitterensem hæreticorum pessimorum defensorem teneat in vinculis compeditum*. Mais nous avons comme irrécusable et concluant le témoignage de Guillaume de Puilaurent, qui dit formellement que Roger demeura prisonnier, quoiqu'il donne à son arrivée au camp la raison suivante; *Rogerus vice-comes pacis conditiones invenit ut cives civitatem venientibus resignarent*. Pourquoi donc ne donna-t-on pas la liberté à Roger lorsque la ville fut au pouvoir des croisés, et pourquoi Simon de Montfort le retint-il dans les fers? Nous expliquerons suffisamment ces motifs au dernier chapitre de ce livre, et nous montrerons que ce n'est pas à plaisir que nous avons peint Simon de Montfort sous des couleurs moins favorables que celle que lui prête l'histoire. L'astuce et la mauvaise foi du légat et de Simon de Montfort sont à ce point flagrantes, qu'elles apparaissent même dans l'ouvrage de leur plus zélé panégyriste, qui à la vérité en fait un motif d'éloge; voici quelques paroles du livre de Pierre de Vaulx Cernay:

Egit ergò misericorditer divina dispositio, ut dùm legatus, hostes fidei qui Narbonnæ erant congregati, alliceret et compesceret, fraude piâ, comes Montisfortis et peregrini qui venerant à Franciâ possent transire ad partes Caturcenses et Aginenses, et suos, imo Christi impugnare nimicos.

O LEGATI FRAUS PIA ! O PIETAS FRAUDULENTA !

Le blâme le plus sévère n'a rien à ajouter à cet éloge.

· IV.

Le Médecin.

———

C'était dans une chambre haute du château de Carcassonne, et du même aspect que celle dont nous avons donné la description au commencement de cet ouvrage. Le jour était sombre et pluvieux, car on était déjà dans le mois de septembre; la vue s'étendait au loin sur la ville, et au delà de ces murs on voyait une campagne nue et désolée; les bois qui couvraient le sommet de quelques collines étaient troués de larges brèches faites par la hache, sans mesure ni soin, car des arbres tout entiers gisaient sur le sol avec leurs branches; les vignes qui tapissaient autrefois le penchant de ces côteaux ne se devinaient qu'à quelques pieds chargés de feuilles et qui avaient échappé à la dévastation; les arbres fruitiers pliaient leurs branches mourantes vers la terre: ceux qui étaient debout avaient tous été frappés par la cognée, pour les faire périr, quand on n'avait pas le temps de les abattre; on voyait qu'une saturnale de destruction avait passé sur cette contrée.

Dans cette chambre un jeune homme assis sur une escabelle, une jeune fille assise sur les genoux du jeune homme regardaient à travers une fenêtre grillée ce triste et vaste tableau.

— Roger, dit la jeune fille, vois, que sont devenues tes belles comtés si resplendissantes de vie et de joie lorsqu'elles t'avaient pour seigneur? Ce n'est plus que désolation, là comme ici, dehors ainsi que dans la prison.

— Agnès! mon amour! dit Roger; n'oublie pas que Buat m'a crié : Frère, tu me reverras ! Buat est libre, et s'il est libre, je le serai; s'il vit, je vivrai : ayons espérance en lui, Agnès ; si quelqu'un peut arriver jusqu'à moi, c'est lui, car seul il connaît le secret du château.

— Mais, dit Agnès, à quoi lui sert de connaître ce secret ? Tu sais bien qu'il lui est impossible d'en profiter ; car, par un malheur incompréhensible, notre geôlier est le maître de cette issue.

En effet, voici comment était disposée la prison où l'on tenait Roger. La tour où était située la chambre qu'on lui avait donnée, ainsi qu'à la vicomtesse, était celle où se trouvait l'escalier qui conduisait au souterrain par où s'étaient évadés les habitans de Carcassonne, mais cette chambre n'était pas celle où aboutissait cet escalier. Celle-ci était habitée par Raymond Lombard en personne, qui occupait tout cet étage de la tour. Comme l'étage supérieur, où il avait relégué Roger, n'avait pour toute issue qu'un petit escalier qui descendait dans cette chambre, il s'en était emparé, ne se fiant qu'à lui seul de la garde de son prisonnier. De cette façon, personne ne pouvait arriver ni de nuit, ni de jour, jusqu'à la prison de Roger, sans passer par la chambre de Lombard. Outre cette précaution, il portait toujours avec lui les clefs qui fermaient l'escalier d'un étage à l'autre. Chaque étage était composé de plusieurs salles, et dans celui où Lombard était logé, l'une d'elles était sans cesse occupée par des soldats prêts à accourir au moindre bruit. Une attaque de vive force par l'escalier dérobé était donc presque impossible. Une autre de ces salles servait à l'habitation de Foë, et la jalousie de Lombard la tenait aussi bien fermée que la prison de Roger, quoiqu'il n'ait pu encore obtenir de cette esclave qu'un dégoût qu'elle lui montrait audacieusement, et quoique sa résistance aux désirs de son maître eût été souvent jusqu'à braver la mort. Avec le vicomte et sa femme, on avait enfermé dans l'étage supérieur pour les servir tous deux, l'Africain Kaëh; mais il n'en pouvait pas sortir non plus, et aucune nouvelle de l'extérieur n'était arrivée jusqu'au vicomte depuis le jour de son arrestation. Après ces éclaircissemens nécessaires à l'intelligence de ce qui va suivre, écoutons le reste de l'entretien du vicomte et de sa jeune épouse.

— Ce que Buat ne pourra accomplir par la force, il le tentera par la ruse, dit Roger. Je ne sais pourquoi j'ai ce soir une espérance dont je ne saurais dire la cause; mais il me semble, Agnès, que notre captivité va bientôt finir.

— Ah! dit Agnès après un long silence, si Catherine vivait j'espérerais comme toi.

— Catherine! dit Roger en devenant triste, pauvre Catherine!

Agnès se mit à regarder Roger et devint triste à son tour; puis, comme si elle eût entendu la pensée de Roger, elle lui dit avec un accent où se trahissait sinon de l'amertume, du moins de la douleur:

— Oui, elle t'aimait bien, celle-là; elle t'a aimée jusqu'à mourir....

Quelques larmes silencieuses tombèrent des yeux d'Agnès sur les mains de Roger. Il tressaillit.

— Et toi, mon amour, dit Roger, toi, n'as-tu pas voulu me sauver comme elle? Oh! le souvenir et le nom de Catherine me seront toujours chers et sacrés; si jamais je deviens puissant, je lui ferai élever un plus riche tombeau qu'on n'en a fait jamais à une reine. Mais nous y viendrons pleurer ensemble, ensemble, entends-tu, Agnès? Et son ombre ne sera point jalouse de mon amour pour toi, enfant; car c'était la même âme dans deux corps différens.

— Dis-tu vrai, mon Roger? dit Agnès; et m'aimes-tu comme tu l'aimais?

En parlant ainsi, elle appuya sa tête sur celle du vicomte et passa les mains dans ses cheveux. Tous deux avaient repris leur silence, lorsque tout à coup Agnès poussa un cri de surprise, car quelque chose venait d'effleurer son front avec la rapidité d'un éclair. A l'instant même un bruit léger se fit entendre au fond de la chambre.

— Qu'as-tu? dit Roger qui ne s'était aperçu de rien.

— Je ne sais, répondit Agnès en se levant; il me semble que quelque chose a passé devant mes yeux? N'as-tu rien entendu?

— C'est Kaëb, reprit Roger, qui aura fait ce bruit.

— Cela se peut, dit Agnès; mais j'ai eu peur.

En disant ces paroles, elle parcourut la chambre et marcha sur une baguette qui roula sous son pied. Elle se baissa pour la ramasser.

— C'est une flèche, s'écria-t-elle.

— Une flèche! dit Roger.

Il la prit et l'examina; elle n'avait rien d'extraordinaire.

— Oh! dit Agnès, c'est quelque soldat croisé qui nous a vus et qui nous a pris pour but. O Roger, cette prison sera notre tombeau!

— Non, reprit le vicomte, non, le fer de cette flèche est émoussé, et il n'y a qu'un bras au monde qui puisse lancer si juste une pareille flèche à une telle hauteur.

Il courut vers la fenêtre; mais il ne vit personne au pied de la tour, personne hors des fossés du château. Cependant un sifflet aigu se fit entendre; il venait d'assez loin pour qu'on n'en pût saisir la direction. C'était un signal dont les routiers se servaient entre eux. Roger rentra dans la chambre.

— Cette flèche vient de Buat, dit-il; je n'en puis douter.

Il l'examina de nouveau sans y rien découvrir; il en arracha le fer et les barbes: c'était une flèche commune, et Agnès secoua la tête en souriant tristement. Roger, voyant son examen inutile, lui dit:

— C'est un avertissement sans doute, mais que signifie-t-il? Peut-être il en viendra un nouveau. Il faut briser cette flèche, et en faire disparaître les morceaux.

Il cassa la flèche en deux et aperçut un mince parchemin roulé qu'on y avait introduit.

— O Buat! s'écria Roger, mon frère, cœur ingénieux et noble, c'est toi.

Agnès s'approcha. Le parchemin était à peine large de deux lignes et de la longueur de la main. Roger y lut ces mots : « Faites semblant d'être malade, et demandez un médecin. »

Le lendemain, lorsque Lombard monta dans la prison, Kaëb, à qui le viguier remettait les alimens de Roger et d'Agnès, Kaëb lui dit :

— Sire Lombard, mon maître est malade et souffrant; il a passé la nuit à se plaindre, et vous savez s'il doit y avoir une vive douleur dans le corps du vicomte pour qu'il l'exhale en plaintes et soupirs.

— Malade! reprit Lombard, malade! sa vie n'est pas en danger, je pense?

— Comme la vôtre est attachée à la sienne, c'est à vous à vous en assurer, reprit l'esclave.

— Ai-je pour cela les connaissances qu'il faut[1]? dit Lombard. Cependant je vais le voir.

— En ce cas, allez vêtir un casque et une

cuirasse, reprit l'esclave, et faites qu'on l'enchaîne sur son lit, car vous savez qu'il a juré de vous arracher l'âme du corps si jamais vous vous montrez devant lui.

— Eh bien! dit Lombard, je saurai ainsi s'il est malade.

Il entra dans la chambre de Roger. Celui-ci était sur son lit, Agnès à genoux à côté de lui. Lombard s'approcha du lit; Roger resta immobile.

— Souffre-t-il? dit le viguier à voix basse en s'adressant à Agnès.

Roger se retourna, et, comme un homme qui tente un effort impossible, il se leva sur son séant; et, se laissant retomber, il dit d'une voix sourde:

— Ah! traître! traître! Puis, après de nouveaux efforts, il ajouta, en se détournant: Oh! je bénirai ma mort si elle doit entraîner la tienne!

Lombard resta un moment immobile; Agnès alla vers lui en le suppliant de s'éloigner, mais sans lui parler de la nécessité d'un médecin. Roger connaissait trop Lombard pour ne pas savoir qu'il soupçonnerait toute demande qui lui serait trop clairement adressée, et il avait dit à Agnès de ne point lui témoigner ce désir;

parce que l'idée d'appeler un médecin lui venant de la nécessité d'en appeler un, il ne se méfierait pas de sa propre pensée. Lombard sortit, et retrouva Kaëb dans la chambre voisine. Déjà il calculait en sa tête le danger qui se présentait. Simon de Montfort, en quittant Carcassonne, lui avait confié la garde de Roger; mais Lombard s'était aperçu qu'il avait changé de maître seulement, et les menaces de Simon que Lombard avait crues sincères n'allaient pas moins qu'à le faire mourir dans les tortures, si, par sa faute, il arrivait malheur à son prisonnier. Montfort n'en était pas encore venu à oser mettre au grand jour toute l'étendue de son ambition, et le soin qu'il avait pris pour assurer la vie de Roger lui avait concilié l'estime de ses ennemis mêmes. Le viguier ne savait trop que décider, lorsqu'il vit Kaëb qui le considérait attentivement. Une pensée lui vint, et, s'approchant de Kaëb, il lui dit :

— Esclave, ceux de ton pays sont adonnés à toutes sortes de connaissances secrètes ; il n'est pas que tu ne saches quelques plantes merveilleuses qui guérissent les plus cruelles maladies?

— Sire Lombard, reprit l'esclave, ces connaissances sont en général le partage des femmes, dans nos contrées; il n'y en a pas une seule qui ne sache l'art de faire les poisons, l'art de les combattre et de les guérir; Foë est surtout habile en ces sortes de choses; envoie-la près du vicomte, je te jure qu'elle le soignera avec zèle.

Lombard devint pâle et Kaëb sourit. L'esclave savait bien qu'il avait porté un coup sensible au viguier; mais, désespéré dans son amour, il se réjouissait de faire partager à un autre le supplice de la jalousie qui le rongeait. Buat avait bien deviné l'âme de cet homme. Entre Lombard, qui était possesseur de Foë, et Roger, qui en était aimé, la haine de Kaëb avait choisi l'obstacle présent. Il ne pouvait enfoncer un poignard au cœur de Lombard, mais il y enfonçait son amère et fatale parole. Cependant Lombard ne répondit pas, il sortit; et quelques momens après, il envoya chercher le juif Nathanias: ce juif était du nombre des habitans de Carcassonne qui étaient rentrés dans la ville sur la foi de Montfort, celui-ci ayant promis protection à tous ceux qui reviendraient l'habiter.

Le soir venu, on introduisit Nathanias en présence de Lombard. Le juif était tremblant, et ce fut à peine s'il eut la force de demander ce qu'on voulait de lui.

— Hélas! dit-il en entrant, messire Lombard, je suis un pauvre médecin qui vis retiré de ce monde, et qui ne contreviens en rien aux saintes lois de notre seigneur le très-illustre comte de Montfort, devenu général de l'armée des légats. Je sais qu'il est le plus noble et le plus vaillant chevalier de toute la France, et je le proclame en tous lieux, et si quelqu'un vous a dit le contraire, soyez assuré qu'il a menti.

— Paix, chien de juif, lui dit brutalement Lombard, si tu meurs sur un bûcher comme tu le mérites, ce ne sera pas aujourd'hui; j'ai besoin de toi, mécréant.

— Êtes-vous malade? reprit Nathanias avec empressement, ou la belle Foë votre chère maîtresse, a-t-elle besoin qu'on la délivre de quelques nausées ou maux de cœur qui la tourmentent?

— Te tairas-tu? reprit Lombard. Grâce au Ciel, je n'ai nul besoin de toi, et Foë n'a ni nausées, ni maux de cœur, la folle qu'elle est; mais cet homme qui est en cette tour est en danger de mort peut-être; et lui malade je suis malade.

Nathanias ne comprit pas, et Lombard reprit avec une humeur plus marquée :

— Eh bien! lourde bête de savant que tu es, ne m'as-tu pas entendu? et ne vois-tu pas qu'il s'agit du vicomte Roger?

Le médecin se recula avec effroi, et, secouant la tête lentement, il répondit :

— Messire, la santé du vicomte est chose dont ni moi ni autre ne doit se mêler. Non, non, je ne puis; car si le vicomte mourait en mes mains, qui me garantirait que ma vie, comme la vôtre, ne répondrait pas de la sienne? Ceci est une affaire entre vous et lui.

— Damné juif! s'écria Lombard avec colère, qui s'occupera d'un misérable tel que toi?

— Messire, dit Nathanias, il y a des potences de toute taille. Je ne puis, vous dis-je, je ne puis.

— Eh bien! lui dit Lombard, n'oublie pas une chose : maintenant que tu es au château, tu n'en sortiras plus; et songe que si tu ne guéris le vicomte dans deux jours, je te ferai pendre le troisième.

— Miséricorde! s'écria le juif avec désespoir, puis-je répondre de la vie de ce vicomte; et d'ailleurs, si je consentais à le traiter, le pourrais-je sans préparer les médicamens qui lui sont nécessaires ?

— Ah! tu cherches un moyen de t'évader, dit Lombard; mais, par le sang du Christ, qui te brûlera dans l'éternité, tu ne sortiras d'ici que lorsque le vicomte sera aussi bien portant que moi.

— Eh bien! dit Nathanias profondément attristé, je le tenterai, je le tenterai certainement.

— Et si tu réussis, tu seras libre.

— Et qui me paiera? dit soudainement Nathanias.

— Ah! vieille barbe, dit Lombard presque en riant, je ne te connaîtrais pas pour juif, je ne te connaîtrais pas pour Nathanias, que je t'aurais deviné à ce mot. Ne seras-tu pas assez payé de n'être pas pendu?

— C'est un marché que je ne puis faire, dit le juif; ce n'est ni la coutume ni la justice. La charte du vicomte Trancal déclare que le médecin sera payé quand il aura guéri le malade, et que, si le malade est noble, le paiement sera d'un marc d'argent.

— Eh bien! dit Lombard, je t'en donnerai dix.

— Dix! s'écria Nathanias avec une joie toute

juive, dix marcs d'argent! c'est beaucoup. C'est assez, reprit-il un moment après ; ce n'est pas trop, ajouta-t-il en changeant de ton ; car, moi qui suis un misérable, je paierais bien plus cher un service bien moins important.

— Que ce soit beaucoup ou pas assez, dit Lombard, ce sera ainsi. Allons, viens chez le vicomte.

Tous deux gagnèrent l'escalier et montèrent à l'étage supérieur. Nathanias, après avoir salué le vicomte, qui fut surpris de le voir, s'approcha lentement de lui ; il le considéra un moment. Il lui tâta le pouls, et dit après un assez long silence :

— Ce n'est rien ; c'est une maladie qui fait cruellement souffrir, mais qui se peut guérir aisément. Je vous préparerai, sire vicomte, une boisson qui vous soulagera en moins de deux heures, et demain vous serez guéri. Il faut que vous soyez guéri demain, ajouta-t-il rapidement et à voix basse. Je viendrai dans la nuit. Lisez.

Le vicomte ne put s'empêcher de tressaillir ; il regarda ce médecin : c'était bien Nathanias, et cependant il avait cru entendre la voix de

Buat. Lombard, toujours soupçonneux, s'approcha.

— Avez-vous fini? dit-il.

— Oui vraiment, dit Nathanias, je n'ai plus à faire ici; il n'est pas même nécessaire que je remette moi-même cette boisson au vicomte, pourvu que je sois assuré qu'elle lui sera remise.

— Eh bien! dit Raymond Lombard, je me chargerai de ce soin.

Nathanias redescendit avec Lombard, et se mit en devoir de préparer la boisson qu'il avait promise au vicomte. Il se fit allumer un brasier sur lequel il plaça un vase de terre, et se fit apporter un grand nombre d'herbes communes qu'il triait et épluchait avec soin, et qu'il pesait ensuite en les jetant dans l'eau à doses différentes. Lombard le regardait faire, et Nathanias n'y paraissait pas prendre garde. Cependant, toutes les fois que Lombard allait soit vers la porte qui menait à la salle des gardes, soit vers la fenêtre, le juif parcourait l'appartement d'un regard rapide, et semblait en observer attentivement la disposition. Lorsque tout fut prêt, il dit à Lombard en entr'ouvrant la porte de la salle des gardes :

— Maintenant, sire Raymond Lombard, il faut passer de ce côté.

— Pourquoi cela ? dit le viguier.

— Parce que le moment est venu où l'œuvre va s'accomplir, et où il faut que je sois seul pour les dernières opérations.

— Tu vas faire quelque sorcellerie, enfant de Satan ; n'en puis-je être témoin ?

— Ah ! dit Nathanias, le moment favorable va s'écouler, et ce sera à recommencer ; et si je ne reste seul, je jure que je ne ferai rien.

— Soit ! dit Lombard en s'éloignant.

Mais, au lieu de passer par la porte que lui ouvrait Nathanias, il en prit une autre.

— Oh ! dit Nathanias en jetant un regard furtif dans la chambre, cette tour est plus vaste qu'elle ne semble du dehors.

Lombard sortit sans lui répondre, et Nathanias resta seul. Il parcourut rapidement la chambre, alla jusqu'à l'ouverture de la fenêtre, où il examina la porte secrète de l'escalier secret. Mais ce n'était plus Nathanias à l'air humble et rampant, vieillard courbé à la voix tremblante ; c'était une allure ferme et décidée : c'était Buat. Après ce rapide examen, il prit le vase où bouillaient ensemble toutes les herbes qu'il s'était fait remettre, et les jeta par la fenêtre. Il versa dans le vase un peu d'eau, et, ouvrant la porte par laquelle Lombard était sorti, il lui dit :

— Sire Lombard, tout est fini.

L'instinct de la jalousie était si puissant chez le viguier, qu'il repoussa le juif avec violence, et referma à clé la porte de cette chambre; mais Nathanias avait aperçu Foë.

— Qui t'a permis d'entrer ? lui dit-il.

— Sire viguier, dit humblement Nathanias, je croyais bien faire de vous avertir le plus tôt possible.

— Tu as raison, reprit Lombard; voyons cette boisson.

Nathanias lui présenta avec un air de triomphe l'eau qu'il avait versée dans le vase, et le viguier le regarda avec stupéfaction.

— C'est cela? dit-il.

— Cela; et si le vicomte n'est pas guéri demain, vous pouvez me faire pendre.

Lombard regarda le juif et le vase l'un après l'autre, et finit par dire :

— Il n'y a que des mécréans qui ont commerce avec le démon qui puissent donner cet aspect à une eau où ont cui plus de dix sortes d'herbes. Je te le dis sur mon âme, Nathanias, tu mourras sur le bûcher.

A ces mots, il prit le vase après s'être signé, et monta jusque chez Roger. Nathanias courut à la porte de Foë.

— Foë! dit-il à travers l'ouverture de la serrure.

Et l'esclave, étonnée de s'entendre ainsi appeler par une voix étrangère, colle son oreille à la porte.

— Foë, dit Nathanias, il faut sauver Roger.

— Comment? dit l'esclave.

— Il suffit d'éloigner Lombard de cette chambre. Le pourrez-vous?

Foë ne répondit pas. Buat ou Nathanias trouva que son silence durait un siècle. Il écoutait. Enfin Foë répondit d'une voix altérée :

— Je le puis...

— Comment? dit à son tour Buat.

— Demandez, dit Foë, à m'acheter un secret qui est précieux pour votre science.

Buat entendit Lombard descendre de l'escalier et s'éloigna de la porte. Dès que le viguier eut refermé celle par laquelle il venait d'entrer, le médecin lui dit :

— Eh bien! maître Lombard, j'ai fait ce

que vous avez voulu, maintenant baillez-moi mes dix marcs d'argent, et permettez-moi de sortir de ce château.

— Tu te railles de moi, chien de juif, dit Lombard. Notre marché est que tu seras pendu si le vicomte n'est point guéri demain; et je crois qu'il faut que je commande la corde; car il m'a pris fantaisie de goûter ton remède avant de le présenter au vicomte, et sur mon âme, je crois que c'est de l'eau pure que tu m'as donnée; et j'en attendrai l'effet pour te mettre en liberté.

— Oh! dit Nathanias, voilà en quoi ce médicament est merveilleux! Mais, reprit-il, après un moment de silence, mes études ne sont rien auprès des connaissances qui se transmettent de race en race chez les enfans africains de Mahom; et je suis sûr que votre esclave, Foë, en connaît pour lesquels je donnerais toute ma science.

— Oui dà, dit Lombard en ricanant et en regardant d'un air de mépris le juif à barbe grise et au dos voûté.

— Oui, vraiment, et si votre esclave était à vendre, je la paierais plus cher que prince n'a jamais payé une province.

—Une esclave comme Foë, à un chien de juif comme toi ! dit Lombard avec colère. Tu mérites d'être pendu d'y avoir seulement pensé.

—Là, lui dit Nathanias en calmant Lombard du geste, vous vous méprenez, beau sire. Vous oubliez que je suis un vieillard à qui sont devenues indifférentes les choses à quoi vous pensez. D'ailleurs, notre loi ne nous défend-elle pas d'avoir commerce avec les infidèles ?

— Je t'ouvrirai le crâne, si tu prononces un mot de plus, dit Lombard, en allant vers la porte de Foë.

— Bah ! dit le juif, après un moment de silence, tout ceci ne sont que fadaises; et si votre esclave voulait seulement me dire un secret que savent toutes les femmes de son pays, je vous tiendrais quitte des dix marcs d'argent convenus.

— Vraiment, dit Lomdard qui s'arrêta, dix marcs d'argent ! Si tu en offres dix, le secret en vaut cent.

— S'il en vaut cent ; j'en donnerai cent, dit Nathanias.

—Alors, dit Lombard, il en vaut mille.

—Mille! reprit Nathanias, c'est plus qu'un médecin n'en peut amasser toute sa vie. J'ai dit dix marcs d'argent.

—Tu as dit cent, reprit le viguier, qui commençait à se prendre au piége.

—Dix. J'en puis donner dix, mais pas un de plus.

—Alors, va au diable ton patron, dit Lombard en sortant.

—J'ai peut-être dit cent, reprit le juif.

—Ni dix, ni cent, répliqua le viguier. Je suis fou d'écouter tes paroles. Est-ce que je fais commerce de médecine?

Nathanias eut l'air de se consulter, et arrêta Lombard par le bras. Puis, il dit en secouant la tête :

—Ce serait folie d'en donner mille.

—Tu les donnerais? dit Lombard repris à cette somme énorme; et que te faudrait-il pour cela?

—Oh! un entretien d'un moment avec l'esclave.

—En ma présence, dit Lombard dont la vieillesse apparente du médecin ne rassurait pas la jalousie.

Buat réfléchit, et, se fiant à l'intelligence de Foë, il répondit avec assurance:

—En votre présence, sire viguier.

—Eh bien! dit celui-ci, c'est un marché conclu, si toutefois je puis la décider à faire une chose que je désire.

—Oh! reprit Buat continuant son rôle de Nathanias, je verrai bien si elle me trompe.

Ce dernier trait était si franchement juif, qu'un plus fin encore que Lombard y eût été pris. Sans doute Foë fit de son côté toute la résistance qu'il fallait, pour écarter tout soupçon d'intelligence; car l'entretien fut long entre elle et Lombard. Enfin, ils reparurent ensemble.

Buat demanda à l'esclave en termes auxquels il n'attachait aucun sens véritable, mais qui avaient pour but de tromper Lombard, si elle connaissait le remède puissant qui fermait en un jour les blessures les plus profondes.

—Je puis vous le dire, répondit Foë; mais je vous nommerais les sucs qui le composent que si je ne vous en montrais la préparation, ce serait peine perdue.

—Ne peux-tu le faire ici? dit Lombard.

—Je le puis, dit Foë.

—Devant moi? reprit son maître.

Foë leva les yeux sur lui, et, avec une expression de haine où il se mêlait une profonde cruauté, elle répondit :

— Devant vous ? cela se peut.

— Eh bien, reprit Lombard, dis ce qu'il te faut, on te le procurera.

Foë demanda diverses substances qu'il fallut envoyer chercher hors du château, et, pendant ce temps, une conversation presque familière s'établit entre les trois acteurs de cette scène. Buat cherchait toujours à deviner dans les paroles de Foë quelque sens caché qui ne s'adressât qu'à lui ; mais il ne put rien y saisir. Il crut qu'elle voulait profiter du moment où la prétendue préparation de ces substances les rapprocherait plus librement l'un de l'autre ; mais, quand ce moment fut arrivé, Foë y apporta une telle attention, et Lombard une telle surveillance, qu'il ne put obtenir une parole de l'esclave. Et tout se serait passé dans ce silence et ce doute, si tout à coup un homme ne fût entré dans la chambre, disant qu'un messager parti du camp du sire de Montfort venait d'arriver tout couvert de sueur et de boue, tant il avait hâté sa marche. Lombard ordonna qu'on le fît monter, et Buat et Foë qui au nom de Montfort avaient prêté l'oreille, se regardèrent fixement l'un l'autre. Lombard reçut le message des mains d'un homme qui véritablement semblait avoir fait une course rapide. Il se retira pour lire le message à l'écart, près d'une lampe accrochée au mur. Buat profita du moment, et dit tout bas à Foë, en prenant le vase où elle avait versé sa préparation :

— Et maintenant ?

— Maintenant, répondit Foë, laissez-moi ce vase.

— Ce vase ! Qu'est-ce donc ? dit Buat étonné.

— Du poison, répondit Foë d'une voix sourde.

— Du poison ! répliqua Buat qui, dans sa surprise, ne put modérer l'éclat de son exclamation.

— Du poison ! répéta Lombard, en se levant et en arrachant le vase à Foë. Ah ! misérable juif, dit-il à Buat, tu viens acheter ici du poison, pour qui ? pour le vendre à tes pareils, et en faire commerce contre les chrétiens. Je ne sais qui me tient de te jeter par cette fenêtre.

— Si vous faisiez cela, dit Foë, vous n'oseriez dormir cette nuit dans cette chambre.

— Oh! je n'ai pas peur des revenans, dit Lombard. Rentre, Foë, et toi, juif, va-t'en au chenil que je t'ai fait préparer, et n'oublie pas que si le vicomte n'est pas bien portant demain, tu seras pendu au sommet de cette même tour, et souviens-toi que, s'il est guéri, la seule grâce que je puisse te faire, c'est de te faire chasser de Carcassonne à coups de gaule.

Buat avait compris le terrible dessein de Foë ; il avait presque reculé en son esprit à l'idée de le voir exécuter, et maintenant que ce moyen paraissait lui échapper, il en sentit un désespoir cruel ; il voulait essayer un nouveau moyen et gagner du temps.

— Hélas! reprit-il, que voulez-vous que je devienne ?

Lombard le prit par l'épaule et le poussa rudement dehors ; mais Buat observait Foë, qui, les yeux baissés et les lèvres tremblantes, semblait prendre une terrible résolution. Il fit semblant de chanceler, et s'approcha assez près de l'esclave pour entendre ces mots :

— Venez la nuit prochaine, il ne sera pas dans cette chambre.

Après que Lombard l'eut poussé tout-à-fait dehors, Foë rentra, et Lombard, posant la lampe sur la table, à côté du vase où était le poison, s'assit et commença la lecture du message de Montfort.

V.

La Lettre.

———

« Sire Lombard, j'ai de fâcheuses nouvelles à vous apprendre : les choses n'en sont plus au point où vous les avez vues devant Carcassonne ; l'esprit de division dans l'armée, l'esprit d'insurrection parmi les peuples, gagnent de jour en jour. Après la prise de Fanjaux, il semblait que rien ne pût résister à notre marche ; mais c'est vainement que j'ai assiégé les châteaux de Minerve et de Cabaret ; il m'a fallu reculer devant les difficultés insurmontables de leur position. Les deux seigneurs qui les commandent sont, dit-on, encore plus amis de leur ancien vicomte que partisans des hérétiques ; ils espèrent le délivrer ; il semble qu'on oublie l'esprit de cette guerre toute divine pour en faire une querelle de suzerains à suzerains. St.-Pol a quitté l'armée sous ce prétexte ; le duc de Bourgogne emmène ses troupes ; dans deux jours, je resterai seul ou presque seul, et, dans cette situation, il est fort heureux qu'un homme de la puissance et de l'activité de Roger soit en nos mains. J'espère que vous ne vous relâchez en rien de la rigueur de votre surveillance. »

Lombard s'arrêta et réfléchit ; il pensa que, le succès des affaires tournant d'un autre côté, il aurait peut-être à se repentir de la route qu'il avait choisie ; mais il y était engagé trop avant pour pouvoir reculer, et cette réflexion ne fit que traverser son esprit : il continua.

« Ce n'est pas que les ennemis me manquent, car déjà le comte de Toulouse, que j'ai fait sommer de me livrer son château d'Auterive, m'a fait répondre insolemment qu'il n'avait ordre ni sommation à recevoir de moi ; le roi d'Aragon arme en toute hâte, et, malgré l'alliance que m'a offerte le comte de Foix, je puis être assuré que ce n'est qu'un leurre pour se mieux préparer en secret. Mais aucun de ces hommes n'a la tête assez forte ni l'esprit assez ferme pour diriger un si vaste mouvement ; le vicomte seul le pourrait. A propos de vicomte, vous ne m'avez point dit qu'il fût très-malade. Je l'ai appris par le bruit public. »

Lombard s'arrêta de nouveau. Il n'y avait que quelques heures que le vicomte était malade, et déjà Simon le savait. C'était chose impossible, vu la distance qui les séparait. Il relut la phrase, et jugea que Simon avait été trompé par quelque faux bruit. Cependant il réfléchit à ces derniers mots, et reprit sa lecture plus attentivement.

« D'un autre côté, la position de l'armée deviendra presque impossible, si ce qu'on me mande de Paris est certain, que Philippe a admis l'appel du vicomte, et le rétablit dans la suzeraineté de ses comtés. »

Lombard, tout surpris, posa la lettre sur la table. Il calcula ce qu'il avait fallu de temps pour aller à Paris, pour voir le roi, pour obtenir un jugement des pairs et pour revenir, et il vit que Montfort n'avait pu recevoir les nouvelles qu'il annonçait. En tout cas, si quelqu'un était arrivé d'une manière plus rapide que personne, ce devait être Nevers, et Nevers serait déjà à Carcassonne si quelqu'un pouvait y être. Ces nouvelles étaient donc pure supposition, faux bruit, comme celle de la maladie de Roger. Deux faux bruits en cette lettre auxquels Montfort prête créance! Lombard resta long-temps les mains appuyées sur ses genoux, les yeux ouverts devant lui, profondément absorbé. Il sentait qu'il y avait une trace à suivre pour comprendre cette lettre, et ne la trouvait pas; enfin, il se décida à poursuivre.

« Si cela arrive ainsi, j'en serai charmé, car cela mettra un terme à la captivité du vicomte, dont la prison pourrait peut-être aggraver la maladie et amener la mort. Je n'ose prévoir toutes les accusations qui fondraient sur moi si tel malheur arrivait, car pour vous il ne serait question que de prouver que vous avez fourni un médecin au vicomte, et tout serait dit, puisqu'il n'y a que le cas où il serait frappé de mort violente où vous avez à en répondre. Quant à moi, je quitterai l'armée, et irai chercher ailleurs la gloire que j'espérais ici. C'est à vous à juger quel parti vous voulez prendre.

« D'après toutes ces nouvelles, c'est tout au plus si j'ose encore signer: *Comte de Montfort, vicomte de Beziers.* Il faut aussi rayer de votre signature: *Seigneur de Carcassonne.* Que Dieu vous aide!

« Occupez-vous de la maladie du vicomte. »

Lombard avait achevé la lettre sans s'arrêter. Enfin il était sur la voie. Quand il eut fini il se laissa aller à respirer avec force comme un homme qui porte un fardeau sur la poitrine. Il jeta un regard inquiet autour de lui, et recommença à lire la lettre. Cette fois il la lut d'un bout à l'autre, et, après l'avoir finie encore, il se dit, si bas qu'il put s'entendre à peine:

— Oui, c'est cela.

Après ces mots, il retourna la lettre pour découvrir si elle n'avait pas quelques caractères cachés; il la plaça entre ses yeux et la lampe pour voir s'il ne verrait rien dans la transparence du parchemin. Il ne découvrit rien. Tout à coup un léger bruit se fit entendre; il se leva soudainement en serrant cette lettre avec terreur dans son sein. Cependant cette lettre était innocente; mais lui l'avait lue au delà de ce qu'elle semblait dire; et ce parchemin eût porté, en caractères de sang, « Assassine Roger » qu'il ne l'eût pas caché avec plus d'effroi. Ce n'était rien: Foë ou quelques gardes qui avaient remué dans une des salles voisines. Lombard fut long-temps avant de reprendre ou plutôt de recommencer une nouvelle lecture de cette lettre; il se leva, marcha avec agitation, prit une cruche de pinte pleine de vin et une coupe, il s'en versa une bonne moitié, et la but d'un trait. Cela fait, il se rassit à côté de la table, et reprit sa lettre et la relut encore une troisième fois. Il la parcourut encore avidement, et ne s'arrêta qu'à cette phrase: « Il n'y a que dans le cas où il serait frappé de mort violente où vous avez à en répondre.» A ce moment, il pensa à la maladie réelle du vicomte, à Nathanias qu'il aurait pu ne pas faire appeler. Pensait-il aussi qu'il aurait pu laisser mourir Roger faute de soins; cherchait-il comment il pourrait réparer cette imprudente humanité; calculait-il qu'un coup de poignard saigne; qu'une corde serrée au cou meurtrit; que nul assassinat n'est discret? Nous ne savons; mais sa réflexion l'absorbait complètement : sa main gauche, qui tenait la lettre, pendait appuyée sur son genou; son œil fixe et ouvert devant lui ne voyait rien, et sa main droite cherchait machinalement sur la table sa coupe qu'il avait de nouveau remplie; il la trouve, la saisit, la porte à ses lèvres. Un hasard, un mouvement involontaire fait qu'il baisse les yeux vers sa coupe : ce n'est pas le vin qu'il a versé, c'est le poison. Il la repose sur la table et se recule épouvanté. Mais cette coupe reste devant lui, et absorbe insensiblement ses regards, et alors entre lui et elle commence un dialogue infernal. Si l'on pouvait entrer dans le secret de ces funestes visions où se discute le crime, et où il trouve les raisons de sa nécessité, on pourrait supposer que, sur cette coupe que Lombard regardait d'un œil fixe, flottait sur le poison une ombre, et une voix qui lui répondait ainsi :

— Quel bonheur m'a averti que c'était le poison?

— C'est que le poison que j'enferme n'a pas l'aspect du vin que tu voulais boire.

— En effet, c'est la transparence et la limpidité de l'eau.

— Un autre y eût été trompé, un autre qui n'eût pas connu le secret!

— Un autre !... Roger, peut-être ?...

— Roger... comme un autre.

— Mais ce poison ne laisse-t-il point de traces ?

— Foë peut te le dire.

— Le voudra-t-elle ?

— Essaie.

Arrivé à cette voie, Raymond Lombard en calcula toutes les chances. Lorsqu'il se représentait Roger libre et redevenu maître de ses comtés, il comprenait qu'il n'y avait pour lui d'autre parti que la fuite, tandis que Roger mort, l'avenir s'ouvrait si large à son ambition, qu'il ne l'avait pas même mesuré tout entier. Cependant l'idée du crime l'épouvantait, car empoisonner son seigneur était un crime qui était une lâcheté, et une lâcheté était chose peu commune à ce siècle de violences. Lombard allait et venait, s'agitant dans cette chambre ; sa respiration était haletante, il suffoquait sous le combat qui se passait en lui ; à plusieurs fois il essaya d'étourdir ses pensées dans le vin ; à chaque fois la coupe et le poison s'offrirent à lui comme un démon tentateur. Il combattit d'abord la tentation ; mais à force de la combattre il s'accoutuma à la regarder en face ; peu à peu elle lui devint moins épouvantable, et bientôt il ne resta au poison d'autre hideur que les traces qu'il pourrait laisser. Une fois qu'il n'y eut plus que cet obstacle, la résolution de Lombard ne tenait plus qu'à un mot; ce mot, Foë pouvait le prononcer; Lombard entra chez elle.

Par quelle fatalité arriva-t-il que Foë, si rebelle d'ordinaire à ses désirs, lui répondit ce soir-là avec complaisance, et que, lorsqu'il lui parla de la propriété de ce poison, elle répondit qu'il était terrible et rapide et ne laissait que des traces si légères, qu'il fallait l'œil savant d'un médecin habile pour les reconnaître? Était-ce qu'elle commençait déjà par cette apparente soumission l'exécution du dessein qu'elle acheva le lendemain? Nous devons le croire. Mais une heure après, Lombard, qui croyait Nathanias un célèbre médecin, le fit chasser du château.

VI.

La dernière Nuit.

Dans cette même tour, à différentes hauteurs, dans diverses salles, s'agitaient des sentimens bien différens et qui tous cependant aboutissaient au même objet.

Dans le souterrain de cette tour, Buat et quelques amis déterminés attendaient l'heure arrêtée pour monter l'escalier secret.

Au sommet de cet escalier, Lombard, assis

devant une table, y buvait largement le vin que Foë lui versait avec abondance.

Plus haut, Kaëb, la tête appuyée sur ses genoux et accroupi par terre, semblait dormir et méditait.

A côté, Roger et Agnès écoutaient et attendaient.

— Roger, disait Agnès, vont-ils venir bientôt?

— Pas encore, disait Roger brûlé lui-même d'impatience, pas encore. Kaëb, cria-t-il, donne-moi un coup d'eau.

— Maître, répondit l'esclave, toute l'eau que m'a remise le sire Lombard est épuisée.

— On a oublié de nous envoyer de l'eau, dit Agnès, on n'a placé que du vin sur cette table aujourd'hui.

— Cela se peut, dit Kaëb. Et il se retira.

— Ah! dit Roger, jamais attente ne m'agita à ce point. Conçois-tu, Agnès : la liberté, la gloire, la vengeance, des ennemis à fouler aux pieds, ton bonheur, ta jeunesse à couronner de puissance et d'amour? Ah! le sang me bout; touche mon cœur, il brise ma poitrine. J'étouffe, donne-moi de l'air puisque je ne puis éteindre ma soif.

Il faisait nuit, et cependant Roger essaya plusieurs fois de lire un parchemin qu'il tenait à la main.

— Agnès, n'est-ce pas qu'il m'annonce que ton frère d'Aragon s'est armé, que notre oncle de Toulouse s'arme de même, que Minerve et Cabaret sont encore debout?

— Oui, dit Agnès qui avait lu avec Roger ce billet de Buat, que Roger ne pouvait plus lire et qu'il se répétait avec joie. Oui; et dix hommes déterminés nous attendent à la sortie du souterrain.

— Sans doute, dit Roger, Buat m'aura apporté des armes. Des armes, mon épée, mon avenir, ma vengeance. Ah! Agnès, tu n'es pas contente et heureuse?

— J'ai peur, dit Agnès.

— Peur, dit Roger, peur, quand c'est Buat qui a fait cette entreprise? Mais tu ne peux pas juger de ce qu'est Buat ni de ce qu'il peut. Ainsi, tu ne connaissais pas Nathanias, mais moi je le connais, je lui ai parlé cent fois en ma vie; et, quand Buat est entré sous ses habits de juif, j'ai cru voir Nathanias devant moi. Oh! j'en suis sûr, il réussira. Agnès, je le sens là, il réussira.

Ainsi, entre Agnès et Roger, c'était le trouble et l'inquiétude de l'espérance; leur entretien n'était plus que d'avenir; ils avaient dix fois vécu leur vie dans leurs projets et dans l'arrangement de tout ce qu'ils devaient faire et ils en faisaient d'autres à tout moment. Pour un captif, la liberté est si vaste qu'il lui semble qu'il trouvera à y enfermer le monde et l'éternité.

Près d'eux, dans la salle voisine, Kaëb avait repris sa place. Et voilà ce qu'il se disait en lui-même, rapportant tout à sa passion, ne faisant entrer dans ses réflexions ni les calculs de l'ambition, ni ceux de la crainte, ne comprenant d'autre passion que l'amour, d'autre haine que la jalousie, d'autre crime que la mort d'un rival.

— Lombard m'a remis du poison pour le vicomte. Oh! je comprends pourquoi : c'est que l'amour de Foë pour Roger le torture et le fait mourir. Si je tuais Roger, Lombard peut-être pourrait être aimé, ou du moins il ne serait plus jaloux, et je serais seul malheureux. Roger vivra; je ne lui donnerai pas le poison; car c'est du poison, je l'ai reconnu à la face livide de Lombard, quand il me l'a remis, en me disant : Ceci est l'eau du vicomte, je l'ai reconnu; car j'y ai plongé mon doigt et je sais la saveur de ce poison. Je ne le donnerai pas à Roger, mais je ne le dirai ni à l'un ni à l'autre; car maintenant je suis leur maître à tous deux.

Plus bas, Lombard, déjà à moitié ivre malgré ses habitudes de tempérance, avait fini par perdre dans le vin l'agitation convulsive qui l'avait tenu toute la journée. Il s'excitait à boire, et Foë l'animait et semblait imiter son exemple. Bientôt les chaleurs du vin allumèrent les désirs de Lombard : il se pencha vers Foë et l'attira vers lui; elle le repoussa, mais assez doucement pour qu'il obtînt, en ce moment plus qu'il n'avait jamais obtenu, un baiser presque librement accordé. Il ne crut pas à la bonne volonté de Foë, tant l'astuce de cet homme surnageait dans le vin dont il s'inondait; mais il supposa que l'ivresse faisait sur l'esclave ce que n'avaient fait encore ni prières ni menaces. Il s'excita donc à son tour et l'excita lui-même, la suivant d'un regard rouge d'ivresse et de passion, tandis qu'elle s'affaissait lentement dans des mouvemens incertains de faiblesse et d'étonnement comme heureuse et surprise de ce qu'elle sentait. Peu à peu la tête de Lombard s'exalta et brûla tout-à-fait, et lorsque Foë, feignant de se laisser aller aussi tout-à-fait à l'ivresse, fit glisser sur lui des regards troublés et trempés de volupté, il s'élança vers elle. Elle s'enfuit dans sa chambre : il l'y suivit avec ardeur et la lutte qui s'engagea entre eux fut assez courte pour que Kaëb, qui écoutait, l'oreille au plancher, se sentît le corps glacé d'un frisson convulsif, tandis que son cœur, brûlant comme un charbon, battait avec violence dans sa poitrine.

Pendant ce temps Buat gravissait l'escalier qui conduisait à la chambre de Lombard, il monte et plusieurs fois il s'arrête, s'assurant si son poignard sort bien du fourreau, si son épée, qu'il tient à la main, ne s'émousse pas sur les pierres qu'il tâte de la pointe. Enfin il arrive et pousse la porte qui donne dans l'embrasure de la croisée; il entre, la chambre est déserte, une lampe veille sur une table, il y a les débris d'un festin. Cependant un bruit sourd se fait entendre et une voix répond :

— Ce n'est rien, Raymond, ce n'est rien, mon beau sire, dors à côté de moi, dors paisiblement.

Buat écoute, et de longues aspirations lui apprennent que Raymond Lombard a cédé au sommeil; il s'approche, et Foë paraît nue sous une chemise de toile, les cheveux flottans, dans le désordre d'une femme qui se lève du lit où dort son amant. Elle tient à la main une clé : c'est celle de l'escalier qui monte chez Roger. Mais, derrière cette porte, Kaëb écoute, et, quoique Buat parle bas et Foë plus bas encore, les organes de l'esclave sont si subtiles, un sentiment indicible de haine les a tellement aiguisés qu'il saisit les mots suivans qui retentissent à son oreille comme s'ils avaient été sonnés par la voix éclatante d'un démon.

— Ah! j'avais eu raison de compter sur toi, dit Buat.

— Tu vois que j'ai tenu ma promesse, répond Foë.

— Mais comment as-tu éloigné Lombard? dit Buat.

— Regarde-moi, reprend Foë.

— Ainsi, dit Buat en s'arrêtant et en considérant, tantôt cette femme demi-nue, les cheveux dénoués, et tantôt la porte de cette chambre que la veille elle habitait seule.

— Ainsi, dit Foë, je me suis livrée à Lombard, et, ne pouvant le tuer par le poison et l'endormir dans la mort, je l'ai épuisé de caresses et endormi d'amour.

— Tu aimes donc bien Roger? dit Buat.

— Assez, dit Foë, pour m'être donnée à un autre pour lui.

A ces mots un bruit imperceptible se fit entendre et les avertit que chaque moment était précieux; Buat ferma la porte de la salle des gardes, ouvrit celle de l'escalier, et Foë rentra dans la chambre où était Lombard pour l'arrêter si quelque bruit le frappait. A l'instant même Kaëb entra rapidement dans la chambre du vicomte.

Il avait fallu à Raymond Lombard toute une nuit, tout un jour de combat furieux avant de dire à Kaëb : voici l'eau de ton maître; cette eau qui était du poison. Dans ce combat, un parti était appuyé en son âme de la peur du passé, des chances de son ambition, du soin de sa vengeance. Et cependant, il avait fallu tout un jour et toute une nuit au crime pour rester vainqueur. C'est que ce n'est pas impunément qu'une civilisation, toute grossière qu'elle soit, touche à l'âme d'un homme. Ces mots : devoir, honneur, fidélité, ne bourdonnent pas vainement à l'oreille la plus sourde; c'est que quand ils n'y parlent plus pour être écoutés, ils y retentissent encore pour tourmenter; c'est que l'âme humaine, livrée à son instinct de bien ou de mal, marche violemment, et sans bride, à ses vœux d'amour ou de haine; c'est que Lombard, qui avait eu besoin d'un intermédiaire pour parvenir à empoisonner son seigneur, avait pâli en présentant le poison à l'esclave qui devait le servir, tandis que l'esclave était calme et satisfait en disant à son maître et en le lui présentant :

— Maître, voici une coupe d'eau que je viens de trouver.

N'ayant pas plus de remords de le tuer pour sa vengeance, que Foë n'avait de honte de s'être donnée pour son amour, tous deux au même point de nature absolue et indisciplinée.

Cependant, Buat parut.

A l'exclamation sourde mais sublime qui partit du fond de l'âme de Roger, Agnès fit taire ses craintes, et Buat, leur imposant silence de la main, répondit en tendant à Roger son épée.

— Oui, dit Roger en la prenant, mon épée c'est comme ta main, fidèle et terrible. Il l'attacha à son flanc.

Buat lui donna aussi un poignard que Roger passa à sa ceinture. Il lui donna son casque ses gantelets et sa hache d'armes; et Roger ainsi vêtu, ainsi armé, l'épée au flanc, le casque en tête, lui qui n'avait vu ni touché une arme depuis sa captivité; Roger, comme enivré de ce fer qui le ceignait et semblait lui rendre sa force en le touchant, sa liberté, son pouvoir, Roger s'écria :

— A moi la Provence, maintenant.

Aussitôt, il prend Agnès dans ses bras et court vers la porte. Oh! la liberté! la liberté! elle était à dix marches au dessous de cette chambre, car l'escalier secret gagné, le salut était gagné. La liberté, le pouvoir, le bonheur, ils étaient à deux minutes de l'heure qui venait de sonner, car minuit venait de sonner; mais ces dix marches à franchir, ces deux minutes à passer, le poison ne les donna pas à Roger. Arrivé à la porte de la chambre, il se trouble, il chancelle, il tombe. Buat n'a pas le temps de s'étonner. Agnès n'a pas le temps d'avoir des pleurs, tous deux regardent, stupéfaits, anéantis.

— Roger, dit Buat à voix basse, tant d'émotions t'accablent, assieds-toi. Attendons.

Roger ne répond pas et reste couché par terre.

— Roger, dit Agnès, c'est l'agitation de la journée, calme-toi.

Elle prend la main de Roger; mais cette main ne brûle pas de fièvre; elle n'est même plus tiède de vie; elle est froide. Agnès pousse un cri terrible et désespéré, un cri où le soin du salut et de la liberté est oublié, car une affreuse idée lui est venue au cœur.

— Ah! crie-t-elle, il est mort... il est mort...

— Mort! dit Buat en se précipitant vers lui et en touchant son cœur, qui ne bat presque plus... mort... mort... mort... mort..., et il ne peut répéter que ce mot qui sort lent et régulier de sa poitrine, sombre et retentissant comme un tocsin, tandis que sa main cherche la vie au front, à la bouche, aux mains, partout.

Ils s'écrient tous deux, ils oublient qu'on peut les entendre, lorsque Foë, attirée par leurs cris, s'élance dans la chambre, s'étonne et s'informe de ce qui se passe; puis, voyant Roger ainsi étendu, elle porte sa main au front, comme si tout le malheur de cette nuit s'y illuminait d'un terrible éclat; elle se jette à genoux à côté de lui, demande un flambeau, soulève le vicomte, écarte ses cheveux de son front et consulte le visage pâle du mourant.

— Mais ! s'écrie Buat, qu'est-ce donc ?

— C'est, dit Foë dont le regard devient fixe et arrêté, c'est le poison.

Et elle laisse tomber la tête de Roger qui heurte le pavé ; et elle tombe à côté de lui, et Kaëb, qui tenait le flambeau, le laisse tomber aussi en s'écriant avec un rire funeste :

— Oui, c'est le poison...! Puis il s'enfuit.

Buat veut s'élancer sur lui ; mais un sourd gémissement le retient ; il se retourne et voit Roger qui s'agite ; il se penche vers lui, mais ne peut entendre les mots qu'il murmure à voix basse ; car les gardes de la salle inférieure, alarmés de tous ces cris, ont voulu forcer la porte et la heurtent avec fracas. Cependant il approche son oreille de la bouche mourante du vicomte, et il entend ces derniers mots :

— Frère, frère, sauve-toi... tu me vengeras..

Puis Roger, prenant la main d'Agnès qui était tombée évanouie près de lui, il ajouta en la mettant dans celle de Buat :

— Tu protégeras mon fils.....

Puis il expira. Buat se relève ; il eut un moment d'hésitation, on ne saurait dire à quoi il pensa, si ce n'est qu'un moment il chercha quelqu'un à tuer sur ce cadavre, le premier venu, un innocent peut-être ; il fallait du sang à cette douleur. Il pense à Lombard ; il prend Agnès dans ses bras et appelle Foë ; Foë ne répond pas. Buat la laisse, et, descendant rapidement l'escalier, soutenant la vicomtesse d'un bras, et de l'autre tenant son épée, il s'élance dans la chambre de Lombard ; mais Kaëb était descendu avant lui, et Lombard gisait par terre un poignard dans la poitrine.

—Ah ! dit Buat avec un rugissement terrible, à Simon de Montfort alors.

Un moment après, quand les gardes eurent achevé de briser la porte, ils ne trouvèrent dans la tour que les débris d'un festin et trois cadavres : celui de Lombard, celui de Foë et celui du vicomte de Beziers.

FIN.

1.

Quoique ceci ne soit pas une histoire, nous ne voudrions pas, même dans un roman, jeter sur un personnage historique de l'importance de Simon de Montfort le soupçon d'un crime dont il serait manifestement innocent. Nous tenons surtout à justifier notre accusation parce qu'il est possible que quelques personnes considèrent ce livre comme un libelle contre la religion. En effet, le nom de Simon de Montfort, lorsqu'on n'a pas eu occasion d'étudier particulièrement son époque, reste dans la mémoire comme celui d'un héros que les chroniqueurs, et après eux les historiens, nous ont peint comme orné des plus brillantes qualités. Il semble donc qu'il vienne naturellement à l'esprit que l'auteur de ce livre s'est plu à le calomnier. Ce n'est pas ici la place de justifier le caractère d'ambition cruelle que nous avons donné à Simon. Ce serait entrer dans une discussion de tous les momens de sa vie, et, si ce livre a une suite, comme nous l'espérons, nous montrerons, par des faits mieux que par des raisonnemens, que nous avons été fidèles à la vérité, en ceci comme en tout. Mais ce que nous devons prouver aux lecteurs, c'est que ce n'a pas été légèrement et sans raison que nous avons accusé Simon de Montfort de la mort du vicomte.

On a pu voir dans une note de ce livre, que Simon de Montfort fit enfermer et retint traîtreusement le vicomte dans une étroite prison. Mille témoignages authentiques attestent qu'il mourut dans cette prison. Voici ceux qui appuient l'opinion qu'il y mourut de mort violente. Le roi d'Aragon envoya à Innocent III, l'évêque de Ségovie, et un certain Colombi. Ces ambassadeurs accusèrent hautement Simon de Montfort d'avoir fait assassiner le vicomte, et c'est à ce propos que le pape, se plaignant au roi d'Aragon des accusations de ces ambassadeurs, lui écrivit : *Unde vice-comes prædictus* (Roger) *terram perdidit auxilio destitutus, ad ultimum miserabiliter interfectus.* D'un autre côté, nous trouvons dans la vie des poètes provençaux (Biblioth. royale, mss., n° 7225), à propos de l'amour de Marvoill pour Adelaïde de Toulouse. *Era filla del Bon Raymond conte de Tolusa et mayre del visconte de Beziers que les Francés fasqueron morir quant l'aguerre près Carcassonna.* Enfin, nous trouvons dans la chronique provençale de l'époque, au temps de la réclamation que Raymond, comte de Toulouse, fit porter au pape contre des légats et contre Simon; nous trouvons une réponse du pape qui, après avoir reconnu que les légats avaient dépassé les bornes de la justice, frappant les bons et épargnant les méchans, ajoute : *Qu'elle s'es ben enformat que lodit Montfort a faic morir à tort et sensa causa lo visconte de Beziers et aysso per aber sa terra.* Nous ne rapporterons pas tout le discours du Saint-Père, où il justifie Roger de l'inculpation d'hérésie; mais nous ferons remarquer : 1° que c'était Simon de Montfort qui retenait traîtreusement Roger; 2° que le vicomte est mort en son pouvoir; 3° qu'il y est mort de mort violente; et enfin que si la chronique ne disait pas nettement que c'est Montfort qui l'a fait tuer, la logique des intérêts humains le ferait raisonnablement supposer. Véritablement celui qui devait profiter le plus de la mort du vicomte et qui en profita, celui dont toute la conduite fut une marche d'ambition aussi tortueuse qu'insolente, n'a pardevers lui d'autre défense contre ce soupçon que le fanatisme des moines qui, comme nous l'avons montré, lui font honneur de sa mauvaise foi en plus d'une occasion. Répétons ici l'expression de leur saint enthousiasme : *O fraus pia! ô pietas fraudulenta !*

2.

Il n'est pas douteux que beaucoup de personnes ne s'étonnent que nous nous soyons constamment servis du nom de Provence pour désigner les provinces connues particulièrement sous le nom de Languedoc ou de Gascogne. Ce n'a pas été sans être assuré que cette dénomination était parfaitement exacte, et c'est parce qu'elle était la seule qui convînt à l'époque dont nous avons parlé, que nous l'avons choisie.

Voici quelques unes de ces raisons; elles nous paraissent sans réplique, parce que nous ne les avons pas adoptées sans examen.

Il y a plusieurs siècles que deux différens langages ou idiômes partagent la France, savoir: le français et le provençal ou le gascon. Le premier est propre aux provinces septentrionales, et l'autre aux méridionales du royaume. Ces deux langues, qui dérivent également du latin, ont leurs dialectes particuliers. Le français a le picard, le normand, le champenois, le bourguignon, et le provençal a le dauphinois, le languedocien, le gascon, le limousin, le périgourdin. Nous ne parlerons pas ici de quelques pays particuliers de la France, dont les peuples ont un langage différent de ces deux idiômes, comme le pays des Basques, la Basse-Bretagne, et quélques cantons où l'on parle la langue tudesque ou allemande, parce qu'ils ne sont pas assez considérables pour être dans la division qu'on a faite de la France et des langues en deux parties.

La division de la Gaule en deux parties est plus ancienne que la monarchie. On sait en effet qu'on la partageait au IVe siècle en Gaule proprement dite et en cinq provinces, et que deux de ces cinq provinces ayant été subdivisées, chacune en deux autres, formèrent le vicariat des sept provinces des Gaules, qui comprenait l'ancienne Narbonnaise et l'ancienne Aquitaine, c'est-à-dire la moitié de l'ancienne Gaule. On se rappelle aussi qu'on donna, dès le même siècle et dans les suivans, le nom d'Aquitaine pris, en général, à ces sept provinces. Cette division subsista jusqu'à l'usurpation des droits régaliens, par les ducs et comtes, vers la fin de la seconde race de nos rois. Alors les diférentes provinces du royaume n'eurent plus entre elles la même liaison qu'elles avaient auparavant, par l'établissement d'autant de petites souverainetés qu'il y avait de ducs et de comtes, et la langue latine qu'on parlait communément dans les Gaules sous les Romains s'étant enfin entièrement corrompue, et ayant formé depuis le commencement du ixe siècle les deux idiomes dont on a déjà fait mention, on partagea dans la suite le royaume en deux langues, suivant l'usage, établi parmi les peuples de la partie septentrionale, de parler la française qu'on appelle aussi gallicane, et ceux de la méridionale, de parler la provençale.

On appelle cette dernière provençale, tant parce qu'elle fut principalement en usage dans la province romaine, ou l'ancienne Narbonnaise, qu'à cause que, depuis la fin du xie siècle jusque vers la fin du xiiie, le nom de Provence, pris en général, fut donné aux provinces qu'on avait appelées auparavant du nom général d'Aquitaine, c'est-à-dire non seulement à la Provence proprement dite, mais encore à la plus grande partie de l'ancienne Aquitaine, au Languedoc, à la Gascogne et au Dauphiné, ainsi qu'on l'a prouvé ailleurs.

Nous avons divers monumens du xiiie siècle qui prouvent que la division de la France, en France proprement dite, et en Provence prise en général, était fondée sur les différens idiomes ou langues dont se servaient les peuples de ces deux parties. Arnault, archevêque de Narbonne, dans la supplique qu'il présenta au mois de septembre de l'an 1216, au pape Honoré III, se plaint de Simon de Montfort qui était entré malgré lui dans Narbonne avec ses gens de la langue française, *et cum vellem claudere portam*, dit ce prélat, *homines gallicâ linguâ qui erant ex parte comitis, armati ignominiosè repulerunt me.* Catel cite une charte de Raymond VI, comte de Toulouse, de l'an 1220, dans laquelle ce prince distingue les habitans du pays des Français par leurs différentes langues : *quod quicumque hominis nostri idiomatis, videlicet de linguâ nostrâ.* On voit la distinction de deux langues dans le traité qu'Amauri de Montfort conclut au mois d'août de l'an 1221, avec les habitans d'Agen, dans lequel il est marqué qu'ils donneront l'entrée libre de leur ville à ses baillis et à tous ceux qui ne sont pas de cette langue (ou de la provençale), c'est-à-dire aux Français, *nostros autem bajulos et cæteros nuntios et etiam istos qui non sunt de istâ linguâ, quos constiterit nobis firmiter adhærere, liberè permittens in dictam civitatem intrare.*

La même distinction se trouve dans Joinville et dans Guillaume de Puilaurens. Le premier fait mention, dans son histoire du roi saint Louis, des chevaliers de la langue torte ou de la provençale, et l'autre, qui finit sa chronique, à l'an 1272, parle, sous l'an 1211, d'un chevalier du château de Montréal, au diocèse de Carcassonne, nommé Guillaume Cat, qui manqua de fidélité à Simon de Montfort, ce qui, ajoute-t-il, engagea ce général à éviter dans la suite, avec plus de soin, d'avoir commerce avec les chevaliers de notre langage.

Propter quod idem comes ex tunc fortius abhorrere cœpit consortium militum nostræ linguæ. Enfin, Catel rapporte quatre vers d'un poète provençal de Narbonne, qui, dans l'éloge qu'il écrivit en 1270 d'Almaric, vicomte de Narbonne, le qualifie le plus noble personnage de ce langage.

Il ne paraît pas dans ces divers témoignages que nous

venons de rapporter, qu'on donnât encore alors ce nom de langue d'oc, à ce langage différent du français, et nous avons lieu de croire qu'on l'appelait langue provençale, sur ce qu'on qualifiait au xiii° siècle du nom de poètes provençaux tous ceux qui se mêlaient de faire des vers ou des chansons en langue vulgaire dans les provinces méridionales du royaume.

Un des plus anciens monumens qui nous soient connus, où il soit fait mention de la langue d'oc, est un acte du iv des nones (ou du 2) de février de l'an 1290, au sujet de Jean Chrétien, capitaine de Montpellier, et des marchands provençaux de la langue qu'on appelle communément la langue d'oc, aux foires de Champagne et de Brie. *A domino Joanne Christiano, capitaneo Montispessuli et mercatorum provincialium de linguâ quæ vulgariter appellatur lingua d'oc.*

Nous trouvons ici une preuve bien claire que lorsque le nom de Languedoc fut mis en usage on le donna au pays qu'on appelait auparavant Provence d'un nom général, ce qu'on peut confirmer par une lettre que Jacques, roi de Majorque, seigneur de Montpellier, écrivit le 21 de novembre de l'an 1289, aux gardes des foires de Champagne, au sujet du même Jean Chrétien, élu capitaine par les consuls de Montpellier et les autres marchands de la langue provençale, *et aliis mercatoribus linguæ provincialis.* Par des lettres du roi Philippe-le-Bel, données à Paris, le lundi, dans l'octave de l'Assomption de l'an 1295, suivant lesquelles le lieu de Valabregues au diocèse d'Usez est compris dans la Provence, *Exposuit nobis*, dit le roi dans ses lettres adressées au sénéchal de Beaucaire, *Rostagnus Coutor, miles de Volobrica, quod cum ipse et quidam alii de Provincia, pro eundo.* Enfin, par des lettres suivant lesquelles le capitaine de Provence, dit de la langue d'oc, aux foires de Champagne et de Brie, fut destitué le 15 d'avril de l'an 1317.

Si donc le nom du langage resta attaché à la province où il était en usage, on ne saurait disconvenir que nous ne pouvions nous servir en 1209 du nom de langue d'oc lorsque ce nom ne paraît dans aucun acte avant l'année 1290.

3.

Après avoir expliqué pourquoi nous nous sommes servi du nom de *Provence* pour désigner des provinces qui ne portent plus ce nom, nous allons expliquer pourquoi nous appellerions ce livre Première partie de la guerre des Albigeois, lorsque véritablement, ni l'Albigeois, ni les Albigeois proprement dits, n'y jouent aucun rôle. Cette note nous est fournie par les savantes dissertations des bénédictins de Saint-Maur.

Les modernes sont partagés touchant cette origine : les uns prétendent que le nom d'Albigeois fut donné aux hérétiques de la province dès le temps de saint Bernard, à cause qu'il y avait alors un grand nombre de ces sectaires à Albi, ou dans le diocèse ; les autres soutiennent au contraire que les hérétiques de Languedoc furent condamnés, dans le concile tenu à Llombers en Albigeois; en sorte qu'on leur aurait donné ce nom dès l'an 1165, que ce concile fut tenu. Basnage, célèbre protestant, réfute l'opinion de ces derniers; il prétend que, comme les hérétiques qui furent condamnés en 1172, dans le concile de Latran, étaient dans la Gascogne et le pays d'Albi, c'est la véritable raison qui les faisait appeler Albigeois, au lieu, ajouta-t-il que Catel et d'autres historiens veulent que cette qualité leur ait été donnée à cause que leur condamnation fut prononcée à Albi; ce fait est faux, poursuit-il; mais, de plus, on ne tire jamais le nom d'une secte du lieu où elle a été condamnée. Ainsi, suivant cet auteur, le nom d'Albigeois aura été en usage dès l'an 1179, pour signifier les hérétiques qui habitaient ce pays et la Gascogne. Mais on ne peut pas tirer cette induction du canon du concile de Latran qu'il cite. Il y est parlé seulement en général des hérétiques nommés Cathares, Patasrens et Poblicains, qui avaient fait des progrès dans la Gascogne, l'Albigeois, le pays de Toulouse et ailleurs. Or, comme le concile ne marque pas qu'ils étaient en plus grand nombre dans l'Albigeois que dans la Gascogne et le Toulousain, et qu'on voit au contraire, par les actes et la mission que le cardinal de Saint-Chrysogone avait faite l'année précédente à Toulouse et aux environs, qu'ils y dominaient encore plus dans l'Albigeois, il s'ensuivrait que, si on leur eût donné alors le nom d'un pays, on aurait dû les appeler plutôt Gascons et Toulousains qu'Albigeois; d'ailleurs, nous ferons voir bientôt que ce dernier nom n'a pas été donné aux hérétiques avant le commencement du xiiie siècle, et qu'ils étaient alors bien plus étendus dans le Toulousain, les diocèses de Beziers et de Carcassonne, que dans celui d'Albi. La difficulté subsiste donc, et si les Albigeois n'ont pas pris le nom de leur condamnation au concile de Llombers (quoiqu'il ne soit pas impossible, malgré ce qu'en dit Basnage, qu'on ne puisse tirer le nom d'une secte du lieu où elle a été condamnée), il est vrai de dire qu'on n'a aucune preuve qu'ils aient été ainsi nommés, parce qu'ils étaient en plus grand nombre à Albi et dans les environs que partout ailleurs.

Enfin, le célèbre M. de Thou, suivi par le père Percin, donne une autre étymologie à ce nom; il le fait dériver d'Alba ou Alps, ancienne capitale du Vivarais, où il suppose que les Vaudois passèrent du Lyonnais, et d'où, ajoute-t-il, ils se répandirent dans le reste de la province. On ne trouve cette étymologie que dans l'édition de l'histoire de M. de Thou, de l'an 1626, et elle manque dans celle de 1604, 1606 et 1609. Au reste, cette opinion est sans fondement, car il n'y a pas lieu de douter que le nom d'Albigeois, donné aux hérétiques du XIIIe siècle, ne vienne du pays de ce nom, dans l'ancienne Aquitaine. Tout consiste à savoir s'ils furent ainsi appelés, ou parce qu'ils furent condamnés dans le pays; ou parce qu'ils y étaient en plus grand nombre que partout ailleurs. Pour connaître la véritable origine du nom d'Albigeois, il faut recourir aux anciens auteurs et aux monumens du temps. Nous n'en trouvons aucun avant la fameuse croisade qui fut entreprise, en 1208, contre ces hérétiques, qui leur ait donné le nom d'Albigeois; tels sont, entre les contemporains, Pierre, le vénérable abbé de Cluny, saint Bernard, abbé de Clairvaux, Roger de Hoveden, Guillaume de Neubrige, Bernard, abbé de Fonteaude au diocèse de Narbonne, qui écrivit, en 1185, un traité contre les Vaudois et les Ariens de la province, et enfin Alain, religieux de Cîteaux et évêque d'Auxerre, mort en 1202. Dans son traité contre les mêmes hérétiques, qu'il dédia à Guillaume VIII, seigneur de Montpellier. Il fallait sans doute que Casimir Oudin n'eût pas lu ce dernier ouvrage, car il avance que l'auteur y fait mention des hérétiques Albigeois. Aucun de ces auteurs ne leur donne ce nom.

Entre ceux qui ont écrit depuis la croisade de 1708, l'un des plus célèbres est Pierre, moine de l'abbaye de Vauxsernai au diocèse de Paris, qui dédia son histoire des Albigeois, ou l'Albieois, comme il y a dans le titre, au pape Innocent III; son témoignage est d'autant plus respectable, qu'il était témoin oculaire de cette croisade, où cet auteur marque clairement dans son épître dédicatoire au pape, l'étymologie du nom d'Albigeois par rapport à ces hérétiques: *unde sciant,* dit-il, *qui lecturi sunt, quia in pluribus hujus operis locis, Tolosani, et aliarum civitatum et castrorum hæretici et defensores eorum, generaliter Albigenses vocantur, eo quod aliæ nationes hæreticos provinciales, Albigenses consueverint appellare.*

On voit par ce que nous venons de dire, qu'avant la croisade de l'an 1208, le nom d'Albigeois pour désigner les hérétiques de la Provence, n'était pas encore connu, et qu'on les appelait Toulousains ou Provençaux. En effet, Pierre de Vauxsernai, lui-même, leur donne communément ce dernier nom; il les appela les hérétiques toulousains. Dans plusieurs endroits de son histoire, Arnauld, abbé de Cîteaux, leur donne le même nom en 1212, et le pape Innocent III, qui en parle si souvent dans ses épîtres, ne les nomme jamais que les hérétiques provençaux ou de Provence; excepté dans une lettre qu'il adressa le 2 juillet de l'an 1215 à Simon de Montfort, dans laquelle il les appelle les hérétiques albigeois; quant à la dénomination de provençaux, elle vient non de ce que la Provence propre fut infestée la première des erreurs, comme le croit un historien moderne, mais de ce que l'on comprenait alors le Languedoc dans la Provence généralement dite. On peut remarquer encore que ce sont les étrangers qui se croisèrent en 1208, qui donnèrent les premiers le nom d'Albigeois aux hérétiques qu'on nommait auparavant provençaux, et qu'on désignait sous divers autres noms. On peut confirmer tout ceci par l'autorité de Robert, religieux de Saint-Maren d'Auxerre, qui écrivait dans ce temps-là et qui finit sa chronique à l'an 1211. Cet auteur, sous les années 1201, 1206 et 1207, donna le nom de Bulgares (*Bulgarorum hæresis*), aux hérétiques de la province, et, sous l'an 1208, il fait plusieurs fois mention des hérétiques albigeois, à l'occasion de la mort du légat Pierre de Castelnau, et de la croisade qui fut publiée en conséquence. C'est ainsi que Guillaume de Nangis, dans la chronique, appelle Bulgares, en 1207, ceux qu'il nomme Albigeois en 1208. *Anno 1207*, dit cet auteur, *Bulgarorum hæresis invaluerat in terrâ comitis Tolosani et principum vicinorum, et anno 1208 Guillelmus, Bituricensis archiepiscopus, parans iter contra Albigenses, in Christo dormivit.* Il résulte de ce que nous venons d'établir, que le nom d'Albigeois, pour signifier les hérétiques de la Provence, n'ayant été en usage que depuis l'an 1208, le sentiment de l'abbé Fleuri, qui prétend que ce nom leur fut donné au milieu du XIIe siècle à cause du grand nombre d'hérétiques que saint Bernard trouve à Albi et aux environs, ne saurait se soutenir; on doit en dire de même de Basniage qui leur donna ce nom dès l'an 1179.

Mais, dira-t-on, il sera du moins vrai que, lorsque le nom d'Albigeois fut donné aux hérétiques aux commencement du XIIIe siècle, ce fut la ville d'Albi et le reste du diocèse qui y donnèrent occasion, comme il est marqué expressément dans Mathieu Paris, auteur anglais, qui vivait vers le milieu du même siècle.

« Circa dies istos (dit cet auteur, sous l'an 1213) hæreticorum pravitas qui Albigenses appellantur, in Wasconiâ, Arumpniâ et Albigesio, in partibus Tolosanis et Aragonum regno adeo invaluit, ut jam non in occulto, sicut alibi, nequitiam suam exercerent : sed errorem suum publicè proponentes ad consensum suum simplices attraherent et infirmos. Dicuntur autem Albigenses ab Albâ civitate, ubi error ille dicitur sumpsisse exordium. »

Il est bien certain que les hérétiques albigeois, qui n'étaient pas différens des Manichéens, des Henriciens, des Pétrobrusiens, des Bons hommes, ne prirent pas leur origine dans la ville d'Albi, et qu'ils avaient infesté diverses provinces du royaume de leur erreur avant que de pénétrer dans l'Albigeois. En effet, s'ils avaient pris leur origine à Albi dans le XIIe siècle, durant lequel ils firent tant de ravage en France et dans les pays voisins : il faut donc avoir recours à une autre raison pour trouver l'étymologie de leur nom.

En 1208, lorsque ce nom fut mis en usage, les hérétiques qu'on appelait auparavant Manichéens, Bulgares, Ariens, Poplicains, Patarins, Cathares, Vaudois, Sabattati ou Insabattati, avaient à la vérité fait de grands progrès dans le diocèse d'Albi, mais beaucoup moins que dans ceux de

Toulouse, Beziers, Carcassonne, Narbonne; aussi le fort de la croisade tomba-t-il sur ces derniers diocèses, où les hérétiques firent beaucoup plus de résistance que dans l'Albigeois, pays qui se soumit volontairement presque tout entier à Simon de Montfort en 1209 : nous inférons de cela que les étrangers qui, suivant Pierre de Vauxsernai, donnèrent alors le nom général d'Albigeois à tous les hérétiques de la province, soit Manichéens ou Ariens, soit Vaudois, le firent ou parce que ces sectaires avaient été condamnés long-temps auparavant au concile tenu à Llombers en Albigeois, ou à cause qu'on comprenait alors sous le nom général de pays d'Albigeois une grande partie de la province, entre autre les diocèses de Beziers et Carcassonne et le Lauragais, qui étaient avec l'Albigeois sous la domination du vicomte Raymond-Roger et qui étaient également infectés par les hérétiques. Ce dernier motif nous paraît le plus raisonnable.

On peut l'appuyer en effet sur divers monumens, qui donnent à tous ces pays le nom de parties d'Albigeois. Guillaume le Breton, auteur contemporain, parlant sous l'an 1208 de la croisade entreprise cette année contre les hérétiques de la province, s'exprime en ces termes : *Proceres regni Franciæ terram provincialem et Albigensem visitârunt.* Or, l'armée des croisés fit alors ses principales expéditions dans les diocèses de Beziers, de Carcassonne; et elle se sépara après la prise de cette dernière ville. L'Albigeois, proprement dit, ne comprenait alors que le seul diocèse d'Albi. Or, Pierre de Vauxsernai, auteur contemporain, parle d'une députation faite en 1213 par Simon de Montfort et les évêques de la terre d'Albigeois au roi d'Aragon, preuve certaine qu'au commencement du XIIIe siècle on comprenait sous le nom d'Albigeois une grande partie de la Provence. Gui, comte de Clermont en Auvergne, dans une donation qu'il fit le 16 avril de l'an 1209, en faveur de Pétronille, sa femme, déclara qu'il voulait aller dans le pays d'Albigeois : *Volens ire versus partes Albigenses*, et, dans son testament qu'il fit vers le même temps, il marque en général qu'il était sur le point de partir contre les hérétiques : *cum jam esset profecturus contra hæreticos*.. Or, nous avons déjà remarqué qu'en 1209 l'armée des croisés borna ses expéditions au diocèse de Beziers et de Carcassonne, où était le fort de l'hérésie. Il faut donc qu'on comprît alors ces deux diocèses, avec l'Albigeois propre, sous le nom général de parties d'Albigeois, soit à cause qu'ils étaient sous une même domination, soit parce que l'Albigeois propre, qui faisait partie de l'Aquitaine, était plus étendu que chacun de ces diocèses, qui d'ailleurs n'avaient pas de dénomination particulière de pays, comme l'Albigeois. Ainsi, ces étrangers auront cru devoir donner ce nom aux autres pays voisins où régnait l'hérésie; nous voyons que le comté de Toulouse même était compris en 1224 sous le nom général de pays d'Albigeois, comme il paraît que la cession qu'Amauri de Montfort fit au mois de février de cette année au roi Louis VIII, de ses droits sur le comté de Toulouse et les autres pays d'Albigeois : *Super comitatu Tolosano et aliâ terra Albigesii*. On trouve une preuve bien claire qu'on comprenait alors la plus grande partie de la province et des pays voisins, sous le nom d'Albigeois, dans les demandes que le roi Louis VIII fit la même année au pape Honoré III. Car ce prince pria le pape d'agir auprès de l'empereur, afin que les terres voisines de l'Albigeois ne fissent aucun obstacle à l'expédition qu'il méditait d'entreprendre contre le comte de Toulouse. *Item petit quod D. papa procuret erga imperatorem quod terra sua vicina Albigesio non noceat regi in hoc negotio.* Or, l'empereur n'étendait sa domination que jusqu'au bord oriental du Rhône. Enfin, pour admettre un grand nombre d'autres preuves, Henri de Vizilles, Nicolas de Chalons et Pierre de Voisins, que le roi envoya pour ses commissaires en 1259, dans les deux sénéchaussées de Beaucaire et de Carcassonne pour restituer les biens mal acquis au domaine sont qualifiées, *inquisitores in partibus Albigensibus*, dans une requête que Pons, évêque de Beziers, leur présenta en 1262; et ils prennent eux-mêmes le titre d'*inquistoires deputati ab illustrissimo rege Francorum, super injuriis et emendit ipsius D. regis in partibus Albigensibus*. Il s'ensuit de là que les différens hérétiques qui, sous divers noms, avaient infecté la province du Languedoc et les pays voisins, durant tout le XIIe siècle furent appelés à la vérité au commencement du siècle suivant, du nom général d'Albigeois, de la ville d'Albi et du pays d'Albigeois, proprement dit. Mais non pas à cause qu'ils y étaient en plus grand nombre que dans les diocèses voisins, ou parce qu'ils avaient pris leur origine dans cette ville.

On pourrait objecter contre notre système le témoignage de Geoffroi, prieur de Vigeois, auteur décédé avant la fin du XIIe siècle, qui, parlant sous l'an 1181 de la mission que Henri, cardinal-évêque d'Albano, entreprit alors dans le Toulousain et l'Albigeois, dit que ce légat marcha à la tête d'une grande armée contre les hérétiques albigeois, *contra hæreticos Albigenses*. On appelait donc dès-lors Albigeois les hérétiques de la province; mais il faudrait vérifier d'abord dans les manuscrits de la chronique de Geoffroi, si le nom d'hérétique albigeois s'y trouve en effet, car on sait assez que le père Labbe qui l'a donné a inséré de lui-même diverses notes dans le texte sans en avertir, au lieu de les renvoyer à la marge ou de les faire exprimer en italique, en sorte qu'il est très-aisé de s'y tromper et de prendre les additions pour le texte lui-même ; quand les mots hérétiques albigeois se trouveraient dans les numéros de cette chronique, cela ne déciderait pas qu'on donnait alors le nom général d'Albigeois à tous les hérétiques de la province comme on fit dans la suite; cela prouverait seulement que les hérétiques du diocèse d'Albi furent l'objet de la mission et de l'expédition du cardinal Henri, évêque d'Albano, comme ils le furent en effet.

C'est ainsi que Pierre de Vauxsernai appelle hérétiques toulousains ceux qui étaient dans cette ville en 1209 et aux environs, et que Robert, abbé du Mont-Saint-Michel, dans sa chronique, donne le nom d'Agenois aux mêmes hérétiques qui s'étaient rassemblés en 1178 aux environs de Toulouse ; *æretici quos Agenenses vocant convenerunt circa Tolosam male sentientes de sacramento altaris.*

Ainsi, les hérétiques qu'on nommait plus communément Cathares, Poplicains, Ariens, Bulgares, Bonshommes, dans le XII siècle, furent nommés quelquefois alors par un nom particulier, Toulousains, Albigeois, Agénois, du nom des pays particuliers qu'ils habitaient jusqu'à la fin du même siècle, ou au commencement du suivant, qu'on les nomma, par une dénomination générale, hérétiques provençaux ou de Provence, à cause que les provinces méridionales du royaume, qu'ils avaient infectées de leurs erreurs, faisaient partie de la Provence prise en général, laquelle comprenait tout le pays où on parlait la langue provençale ou romaine, de même que la France, qui était l'autre partie du royaume, renfermait toutes les provinces où on parlait français. Les peuples qui se croisèrent en 1208 contre les hérétiques, leur donnèrent alors le nom d'Albigeois, à cause qu'ils combattirent d'abord contre ceux de ces sectaires qui étaient établis dans les diocèses de Beziers, Carcassonne et Albi, et dans les domaines de Raymond-Roger, vicomte d'Albi, de Beziers, de Carcassonne et de Rasez, pays qu'ils comprenaient sous le nom général de partie d'Albigeois, parce que l'Albigeois proprement dit était le plus étendu des pays soumis, en sorte que le nom d'Albigeois qui fut d'abord particulier aux hérétiques qui habitaient dans les domaines du même vicomte, fut donné bientôt après, généralement par les étrangers, à tous ceux qui étaient dans les états de Raymond VI, comte de Toulouse, dans le reste de la province et dans les pays voisins.

Cette note et les précédentes montrent suffisamment dans leurs diverses citations que les Français étaient alors considérés comme un peuple aussi à part des Provençaux que les Anglais ou les Bourguignons. C'est donc avec raison que nous nous sommes servi souvent du nom de Français pour désigner les croisés.

TABLE DES MATIÈRES.

LIVRE QUATRIÈME.

I.	Assemblée de chevaliers.	3
II.	Suites et Conséquences.	43
III.	Conseil.	71

LIVRE CINQUIÈME.

I.	Le Suzerain et son Vassal.	111
II.	Ambition, Fanatisme, Vengeance.	135
III.	Encore trois Femmes.	148
IV.	Voyage.	167
V.	Beziers.	191
VI.	Carcassonne.	203
VII.	Le roi d'Aragon.	233
VIII.	Roger.	255

LIVRE SIXIÈME.

I.	Trahison et Dévoûment.	273
II.	Les Légats.	297
III.	Prise de Carcassonne.	325
IV.	Le Médecin.	343
V.	La Lettre.	371
VI.	La dernière Nuit.	381

FIN DE LA TABLE.

LIBRAIRIE

DE

CHARLES LACHAPELLE,

RUE SAINT-JACQUES, 75.

OUVRAGES EN VENTE.

G. TOUCHARD-LAFOSSE.

CHRONIQUES

DU LUXEMBOURG

ET

DES TUILERIES,

PHYSIOLOGIE DES COURS MODERNES.

6 vol. in-8. — 45 fr.

(Les deux premiers volumes sont en vente.)

Le Directoire, la cour Impériale, la Restauration, tels sont les élémens du livre plein d'intérêt et de révélations piquantes que termine en ce moment M. Touchard-Lafosse; la première livraison a été jugée par le public, et l'accueil qu'il a fait à cet ouvrage est le meilleur éloge que nous en puissions faire.

LES RÉVERBÈRES,

Chroniques de Nuit

DU VIEUX ET DU NOUVEAU PARIS,

6 vol. in-8. — 45 fr.

Les piquantes chroniques de l'*OEil-de-Bœuf* étaient un sûr garant du succès qui attendait *les Réverbères*, dans lesquels l'auteur a peint le vieux et le nouveau Paris avec le talent qu'on lui connaît.

RODOLPHE,

OU

A MOI LA FORTUNE.

2 vol. in-8. — 15 fr.

Ce livre a été déchiré par la presse qui a bien eu ses raisons pour cela, car il est une vraie peinture de caractère et d'observation du journalisme, tel que quelques hommes le font.

MARTHE LA LIVONIENNE.

2 vol. in-8. — 15 fr.

La grande figure de Pierre Ier et de la czarine Catherine qui, de fille d'auberge devint impératrice, les mœurs peu connues des habitans du Nord, la catastrophe sanglante qui termina le règne de l'autocrate russe, tels sont les principaux élémens, à l'aide desquels M. Touchard-Laosse a écrit un livre intéressant.

LE BOSQUET DE ROMAINVILLE,

2 vol. in-8. — 15 fr.

Les Amours d'un Poète.

2 vol. in-8. — 15 fr.

LA PUDEUR ET L'OPÉRA.

(*Deuxième édition.*)

4 vol. in-12. — 12 fr.

L'AMOUR D'UNE FEMME,

PAR CHARLOTTE DE SOR,

Auteur des *Souvenirs du duc de Vicence.*

2 vol. in-8. — 15 fr.

AUGUSTE RICARD.

COMME ON GATE SA VIE,

ESQUISSES CONTEMPORAINES.

5 vol. in-12. — 15 fr.

Comme on gâte sa vie n'est pas seulement un roman écrit avec goût et rempli d'intérêt, c'est un livre dont le but et moral, ce qui en fait un ouvrage utile, car la pensée de l'auteur, philosophiquement développée, peut donner plus d'une bonne leçon à qui saura en profiter.

LA CHAUSSÉE D'ANTIN.

2 vol. in-8. — 15 fr.

Ce livre, impatiemment attendu par les nombreux lecteurs d'Auguste Ricard, a paru. L'observateur populaire s'est fait homme du monde pour nous faire connaître la bonne compagnie, et son ouvrage, qui est bien supérieur à tout ce qu'il a écrit jusqu'à ce jour, a produit une certaine sensation dans le monde littéraire. Une deuxième édition est sous presse.

E.-L. GUÉRIN.

LE

TESTAMENT D'UN GUEUX.

2 vol. in-8. — 15 fr.

Un drame fortement conçu, emprunté à une chronique bourgeoise de la restauration, a donné l'idée de ce nouveau roman, dont le genre populaire et le ton de vérité annonce un esprit d'observation habile à saisir les nuances et à les analyser; le Jean Fréju, joueur d'orgue philosophe, lorsque la journée a été mauvaise; Christophe, le garçon teinturier, le type de cette classe ouvrière qui chaque jour s'éclaire et apprend à connaître ses droits, sont surtout tracé avec un abandon qui laisse soupçonner que l'auteur a écrit avec l'original sous les yeux. L'intrigue du *Testament d'un Gueux* était trop intéressante pour échapper aux corsaires littéraires qui alimentent nos entreprises dramatiques; un théâtre des boulevarts a reçu un drame sur ce sujet, qu'il doit bientôt offrir à ses habitués.

Magdeleine la Repentie.

2 vol. in-8. — 15 fr.

C'est l'histoire touchante d'une pauvre fille trahie et abandonnée, alors qu'une promesse sacrée lui donnait la certitude de devenir l'épouse de celui qui la délaisse pour un peu d'or. L'arrivée de Magdeleine dans cette ville de Paris, que tant de gens croyent hospitalière, la lutte qu'elle a à soutenir contre la misère et les grossières séductions de ces corrupteurs de bas étage, la faute inévitable qu'elle commet, son repentir, et le noble dévouement de l'homme qui la réhabilite à ses propres yeux, ont fourni à M. Guérin des scènes aussi dramatiques que vraies, aussi touchantes que naïvement écrites; c'est sans contredit un des meilleurs ouvrage de ce jeune auteur.

LE MARI DE LA REINE,

ou

L'ANGLETERRE EN 1546.

(*Deuxième édition.*)

4 vol. in-12. — 12 fr.

C'est la peinture historique de la cour de Henri VIII, ce tigre couronné qui divorçait avec l'aide du bourreau; le caractère d'un Écossais qui se fait espion pour se venger des oppresseurs de son pays; la situation dramatique de lord Latimer, auquel le roi prend sa femme de son vivant, et veut la rendre veuve ensuite, par un assassinat; l'intrigue compliquée au milieu de laquelle s'agite les principaux personnages de la cour de Henri VIII, donnent à ce roman cette forme originale que nos auteurs ne rencontrent pas toujours; aussi ce livre a-t-il été lu; une deuxième édition en dit plus que tous les éloges.

CHRONIQUES DU PALAIS-ROYAL.

MADAME DE PARABÈRE,

MAITRESSE DE PHILIPPE D'ORLÉANS, RÉGENT DE FRANCE.

2 vol. in-8. — 15 fr.

La régence de Philippe d'Orléans a fourni de nombreux épisodes à nos écrivains. M. Guérin a su glaner un sujet intéressant et des scènes du plus haut intérêt en fouillant dans cette libidineuse époque, et en mettant en scène le financier Law, de désastreuse mémoire, la comtesse de Parabère, si libertine, si intrigante, et le nombreux cortège de ses amans à la tête duquel marchait le régent. C'est un ouvrage écrit avec la verve qu'un semblable sujet exigeait.

LE ROI DES HALLES.

2 vol. in-8. — 15 fr.

Le duc de Beaufort, ce héros de la Fronde, ce grand seigneur qui trouvait la populace bonne compagnie, Mademoiselle de Montpensier, cette Jeanne-d'Arc du sang royal, et les principaux personnages du temps de la Fronde, Gaston, Retz, Condé, Mazarin, figurent dans cette composition historique à laquelle on ne peut adresser qu'un reproche : celui d'avoir été écrit consciencieusement, autrement dit, l'auteur a préféré la vérité historique à la fiction du roman, plus intéressante, sans doute, mais déplacée dans un livre où les principaux évènemens sont connus. Un style concis, animé, des portraits ressemblans, une fidélité scrupuleuse dans le récit des faits, voilà ce qui assure au *Roi des Halles* des lecteurs parmi les gens éclairés.

LE MARQUIS DE BRUNOY,

HISTOIRE DU TEMPS DE LOUIS XV.

2 vol. 8. — 15 fr.

Le marquis de Brunoy est une fastueuse illustration d'une époque si riche en dissipateurs. Le noble fou qui dépensait 300,000 livres pour une procession de village, et qui parodia 89, vingt années avant l'ère révolutionnaire, appartenait aux romanciers. M. Guérin s'en est emparé, et a su donner une couleur originale au personnage que Frédérick-Lemaître, le créateur de *Robert-Macaire*, a cherché, mais vainement, à nous rappeler sur la scène des Variétés. Une postiche, mêlée de couplets, était insuffisante pour retracer un sujet qui exigeait de longues proportions et une plume plus habile que celle des fournisseurs de l'ariette et des quolibets débités par Odry et ses adhérens.

La Modiste et le Carabin.

2 vol. in-8. — 15 fr.

Paul de Kock, ce génie lumineux qui ternit chaque jour, n'aurait pas désavoué, au temps de ses meilleurs romans, *la Modiste et le Carabin*; c'est qu'il y a beaucoup de gaîté, d'observation de mœurs, de détails vrais, et surtout, ce qui est nécessaire dans un ouvrage de ce genre, un drame intéressant et habilement conduit.

MŒURS POPULAIRES.

LA FLEURISTE.

2 vol. in-8. — 15 fr.

L'IMPRIMEUR.

5 vol. in-12. — 15 fr.

LES DEUX CARTOUCHE

DU DIX-NEUVIÈME SIÈCLE.

4 vol. in-12. — 12 fr.

LE SERGENT DE VILLE.

2 vol. in-8. — 15 fr.

UNE FILLE DU PEUPLE,

ET

UNE DEMOISELLE DU MONDE,

ROMAN DE LA VIE INTIME.

2 vol. in-8. — 15 fr.

LE BARON DE LAMOTHE-LANGON.

Les nombreux succès obtenus par cet écrivain, le plus fécond, sans contredit, de l'époque, nous dispensent d'en faire l'éloge. Le public a lu tous les ouvrages de M. Lamothe-Langon, et chacune de ses publications est accueillie avec cet empressement que les précédens de l'auteur justifient et expliquent.

MADEMOISELLE DE ROHAN,

ROMAN HISTORIQUE.

2 vol. in-8. — 15 fr.

Bonaparte et le Doge.

2 vol. in-8. — 15 fr.

MONSIEUR ET MADAME.

2 vol. in-8. — 15 fr.

L'AUDITEUR AU CONSEIL-DÉTAT.

2 vol. in-8. — 15 fr.

LE GAMIN DE PARIS.

5 vol. in-12. — 15 fr.

Les flibustiers dramatiques ont déchiqueté ce livre pour en faire la pièce de ce nom, dans laquelle l'acteur Bouffé a montré un talent si naïf et si vrai.

GAGLIOSTRO,

ou

L'INTRIGANT ET LE CARDINAL.

2 vol. in-8. — 15 fr.

LA PRINCESSE

et

LE SOUS-OFFICIER.

5 vol. in-12. — 15 fr.

LE DIABLE.

5 vol. in-12 — 15 fr.

Le Fils de l'Empereur.

5 vol. in-12. — 15 fr.

LE ROI ET LA GRISETTE.

2 vol. in-8. — 15 fr.

MAXIMILIEN PERRIN.

M. Perrin a su trouver de nombreux lecteurs en adoptant un genre dans lequel Paul de Kock n'avait jadis pas de rivaux; de la gaîté, un peu bouffonne quelquefois, des scènes qui ne manquent pas de vérité, de la facilité dans les détails ont assuré à cet auteur une assez belle place dans notre littérature romancière.

La Demoiselle de la Confrérie.

2 vol. in-8. — 15 fr.

L'AMOUR ET LA FAIM.

2 vol. in-8. — 15 fr.

LA FILLE DE L'INVALIDE.

2 vol. in-8. — 15 fr.

La Servante-Maitresse.

2 vol. in-8. — 15 fr.

La Femme et la Maîtresse.

2 vol. in-8. — 15 fr.

LES MAUVAISES TÊTES.

2 vol. in-8. — 15 fr.

SOIRÉES D'UNE GRISETTE,

EN L'ATTENDANT!

(*Deuxième édition.*)

4 vol. in-12. — 12 fr.

LA GRANDE DAME

ET

LA JEUNE FILLE.

2 vol. in-8. — 15 fr.

Le Prêtre et la Danseuse.

4 vol. in-12. — 12 fr.

LA COMTESSE O*** D***.

LA FEMME DU BANQUIER.

(*Deuxième édition.*)

4 vol. in-12. — 12 fr.

L'aristocratie financière a trouvé un rude historien dans l'auteur des *Mémoires d'une femme de qualité*; on sait la touche fine et délicate avec laquelle cette dame nous a initié aux petits mystères de la cour de Louis XVIII; elle n'a pas été moins heureuse en nous retraçant les infortunes conjugales d'un Turcaret du centre.

ÉDOUARD OURLIAC.

L'ARCHEVÊQUE
ET
LA PROTESTANTE.

4 vol. in-12. — 12 fr.

JEANNE LA NOIRE.

(*Deuxième édition.*)

4 vol. in-12. — 12 fr.

LE BARON DE BILDELBERK.

L'INDUSTRIEL,
OU
NOBLESSE ET ROTURE.

2 vol. in-8. — 15 fr.

Ce roman a fourni à M. de Rougemont le drame si intéressant de la *Duchesse de la Vaubalière*.

LE BRACONNIER
ET
SON SEIGNEUR.

4 vol. in-12. — 12 fr.

LE NOBLE ET L'ARTISAN.

4 vol. in-12. — 12 fr.

JACQUES-COEUR,
ARGENTIER DU ROI CHARLES VII.

2 vol. in-8. — 15 fr.

LA COUR PRÉVOTALE.

5 vol. in-12. — 15 fr.

L. COUAILHAC.

AVANT L'ORGIE,
ROMAN HISTORIQUE.

2 vol. in-8. — 15 fr.

PITIÉ POUR ELLE!

2 vol. in-8. — 15 fr.

SPINDLER.

LES TROIS AS,

2 vol. in-8. — 15 fr.

LE JÉSUITE.

3 vol. in-8. — 15 fr.

LA DANSE DES ESPRITS.

2 vol. in-8. — 15 fr.

Les traductions de l'auteur allemand sont dues à la plume élégante et facile de M. Carle Ledhuy, qui a entrepris de nous faire connaître les œuvres si estimées de Spindler; la *Nonne de Gnadenzell*, *le Jésuite*, ont prouvé que cette tentative n'avait pas été infructueuse pour les éditeurs.

CARLE LEDHUY.

LA BELLE PICARDE.

2 vol. in-8. — 15 fr.

Comment Meurent les Femmes.

2 vol. in-8. — 15 fr.

HYPPOLITE VALLÉE.

PAUVRE JEANNETTE!

2 vol. in-8. — 15 fr.

LA FIGURANTE.

4 vol. in-12. — 12 fr.

LE BIGAME.
4 vol. in-12. — 12 fr.

LES CHEVALIERS D'INDUSTRIE.
4 vol. in-12. — 12 fr.

L'ÉLÈVE
DE
L'ÉCOLE POLYTECHNIQUE.
3 vol. in-12.

ROMANS NOUVEAUX DE DIVERS AUTEURS.

LES VILAINS ET LES CONTREBANDIERS, chroniques jurassiennes, par Bonvallot. 2 vol. in-8. 15 fr.

LA MARQUISE ET LA JOLIE FILLE DES HALLES, par Alfred de Beaulieu. 2 vol. in-8. 15 fr.

LA PAYSANNE ET LE DANDY, par Guy-d'Agde. 2 vol. in-8. 15 fr.

LE DÉMON DU MIDI, par Alfred de Serviez. 2 vol. in-8. 15 fr.

LE VOLEUR ET LA GRISETTE, par Marie Aycard. 2 vol. in-8. 15 fr.

LES DEUX COMMANDEURS, par Anatole Gerber, 2 vol. in-8. 15 fr.

LAURETTE ET JULIA, par madame de Genlis. 1 vol. in-8. 7 fr.

UNE MAITRESSE DE KLÉBER, par Maire, 2 vol. in-8. 15 fr.

L'AMI INTIME, par H. Vallée. 4 vol. in-12. 12 fr.

LA FILLE DU PAUVRE JACQUES, par Desmolière et Chauffer. 4 vol. in-12. 12 fr.

ROMANS NOUVEAUX SOUS PRESSE.

LES NUITS DE VERSAILLES, ou les Grands seigneurs en déshabillé, par E.-L. GUÉRIN. 4 vol. in-8.

L'ESPION RUSSE, ou la Société parisienne, par la comtesse O*** D***. 2 vol in 8.

LA CLOCHE DU TRÉPASSÉ, par le baron de LAMOTHE-LANGON. 2 vol. in-8.

LA MAITRESSE DE MON FILS. 2 vol in-8.

UNE CANTATRICE. 2 vol. in-8.

LES DAMES DE LA COUR, par E.-L. GUÉRIN. 2 vol. in-8.

LE BOUDOIR ET LA MANSARDE, roman entièrement inédit, par Michel RAYMOND. 2 vol. in-8.

LA DUCHESSE DE VALOMBREY, par madame JUNOT d'ABRANTÈS. 2 vol. in-8.

LES DEUX MOINES, par M. LEYNADIÈS. 2 vol. in-8.

NI L'UN NI L'AUTRE, par Auguste RICARD.

UN ROMAN, par G. TOUCHARD-LAFOSSE.

L'AMANT DE MA FEMME, par Maximilien PERRIN. 2 vol. in-8.   15 fr.

LA RUE DE LA FIDÉLITÉ, par le baron de BILDELBERK. 2 vol. in-8.   15 fr.

VIERGE ET MODISTE, par Maximilien PERRIN, 2 vol. in-8.   15 fr.

UN SERVICE D'AMI, par le baron de BILDELBERK, 2 vol. in-8.   15 fr.

REINE ET SOLDAT, par le baron de LAMOTHE-LANGON. 2 vol. in-8.   15 fr.

LAGNY. — IMP. D'A. LE BOYER ET COMP.

EN VENTE:

VEILLÉES D'HIVER, par MM. A. Dumas, C. Nodier, Michel Raymond, F. Soulié, P. Chasles, le Bibliophile Jacob, L. Gozlan, Barginet, E. de Pradel, A. de Calvimont, G. Arago, F. Hennequin, A. Urbain, Charles Rabou, E. Morice et mesdames Desbordes-Valmore, Élisa Mercoeur, 4 vol. in-12, papier des Vosges satiné. 10 fr.
CATHERINE II, par la duch. d'Abrantès, 1 vol. in-8. 7 fr. 50 c.
LE COMTE DE TOULOUSE, par Frédéric Soulié, auteur du Vicomte de Béziers et du port de Créteil, 2 vol. in-8. 15 fr.
ANNUAIRE CHRONOLOGIQUE UNIVERSEL, par M. C. Cauchois, in-8. 6 fr. 50 c.
LE BON VIEUX TEMPS, par P. L. Jacob, bibliophile, 2 vol. in-8. 15 fr.
LE JUSTICIER DU ROI, par V. P. de la Madeleine, 2 vol. in-8. 15 fr.
HISTOIRES CONTEMPORAINES, par la duchesse d'Abrantès, 2 vol. in-8. 15 fr.
ISABEL DE BAVIÈRE, par Alexandre Dumas, 2 vol. in-8. 15 fr.
SCÈNES POPULAIRES, par Henri Monnier, 2 vol. in-8. 3e édition. 15 fr.
MONSIEUR LE MARQUIS DE PONTANGES, par madame de Girardin (Delphine Gay), 2 vol. in-8. 15 fr.
LE CAFÉ PROCOPE, par Roger de Beauvoir, 1 vol. in-8. 7 fr. 50 c.
MÉMOIRES D'UN CAVALIER, par James, auteur de Richelieu, traduits par M. Defauconpret, 2 vol. in-8. 15 fr.
SAVINIE, par madame Bodin, — Jenny Bastide. — 2 vol. in-8.
LAUZUN, par M. Paul de Musset, 2 vol. in-8. 15 fr.
JEAN ANGO, par Touchard-Lafosse, 2 vol. in-8. 16 fr.
MÉDIANOCHES, 2 vol. in-8. 15 fr.

SOUS PRESSE:

Le 3e et 4e des **IMPRESSIONS DE VOYAGE**, par A. Dumas.
SCÈNES DE LA VIE ANGLAISE, par madame Desbordes-Valmore, 2 vol. in-8.
SCÈNES DE LA VIE ESPAGNOLE, par la duchesse d'Abrantès, 2 vol. in-8.
SCÈNES DE LA VIE HOLLANDAISE ET BELGE, par MM. Alphonse Royer et Roger de Beauvoir, 2 vol. in-8.
UN ÉTÉ A MEUDON, par Frédéric Soulié, 2 vol. in-8.

OUVRAGES DE P.-L. JACOB.
(BIBLIOPHILE)

UNE FEMME MALHEUREUSE, roman de mœurs.
 Première partie. — Fille et Femme, 2 vol. in-8.
 Deuxième partie. — Amante et Mère, 2 vol. in-8.
PHYSIOLOGIE DE LA LITTÉRATURE CONTEMPORAINE, suivie de l'*Histoire des Acrobates littéraires*, 2 vol. in-8.

Lagny. — Imp. d'A. Le Boyer et Comp.

www.ingramcontent.com/pod-product-compliance
Lightning Source LLC
Chambersburg PA
CBHW070604230426
43670CB00010B/1406